KB265889

# 나는
# 실패를
# 팔아

# 150억을
# 벌었다

윤동규(메이크패밀리) 지음

# 나는 실패를 팔아 150억을 벌었다

지금 당장
당신의 실패를
팔아라,

○

그것이
당신이 가진
가장 비싼 무기다

모티브

# 목차

**프롤로그**

뜻대로 되지 않는 인생에서, 다시 시작이라는 답을 찾다    9

## 1장 내 인생 이야기: 실패에서 시작된 성공의 공식

1   잘 안 되었는데도 계속했던 이유    15

2   사업을 시작했지만 돈이 안 됐다    18

3   망했다, 그런데 끝이 아니었다    22

4   1인 사업자의 괴로움과 진짜 시작    25

5   관계는 잔고보다 오래 남는다    28

6   사업, 결국 '나'를 찾는 과정이었다    31

7   다시 시작하게 만든 질문 하나    35

8   계속 버틸 수 있었던 이유    38

9   위기의 순간 나를 살린 건 사람    41

10   누가 나에게 기회를 줬는가    45

## 2장 경제적 자유를 이루는 1단계: 마인드셋

11   내 일에 미쳐야 한다    53

12   진짜 실패는 시도하지 않는 것    56

13   돈을 벌려면 돈보다 '사람'을 봐야 한다    59

14   성공보다 성장에 집중하기    62

15   '될까?'보다 '언제 될까?'를 묻자    65

16   의지보다 습관이 남는다    68

17   0에서 시작한다는 마음으로    71

18   결국 '내가 바뀌면 바뀐다'는 법칙    74

19   자기 합리화 대신 자기 책임감    77

20   기적을 바라지 않는다, 다만 준비는 한다    81

# 3장 경제적 자유를 이루는 2단계: 실행력


21 시작이 어려운 게 아니라 지속이 어렵다 · 87

22 하루 1시간, 나를 위한 시간을 반드시 확보하라 · 90

23 내 브랜드의 기준을 세워라 · 93

24 모든 것은 '기록'에서 시작된다 · 97

25 방향 없이 하는 노력은 무의미하다 · 100

26 고객과의 대화를 멈추지 마라 · 104

27 광고는 도구일 뿐, 본질은 나다 · 108

28 팔기 전, 먼저 줘라 · 112

29 작게 시작해도 꾸준히 하라 · 116

30 성장은 눈에 보이지 않아도 쌓인다 · 120


# 4장 경제적 자유를 이루는 3단계: 브랜딩과 시스템


31 나는 브랜딩 전문가가 아니다, 하지만 본질은 안다 · 127

32 브랜딩은 결국 '사람의 기억에 남는 일' · 130

33 지속 가능한 브랜드는 진심에서 온다 · 134

34 무조건 시스템화하지 마라, 맞는 구조를 찾아라 · 138

35 수치화보다 '설명 가능한 성과'를 남겨라 · 142

36 실험하고, 실패하고, 교훈을 남겨라 · 146

37 팔리는 게 먼저가 아니라, 통하는 게 먼저다 · 150

38 콘텐츠는 당신의 또 다른 매출이다 · 153

39 일관된 태도는 브랜드의 기둥이 된다 · 157

40 본질이 강한 브랜드는 '지치지 않는다' · 160


# 5장 경제적 자유를 이루는 4단계: 확장과 지속


41 나를 따라오는 사람과 함께 가라 · 167

42 주위의 한 명을 위해 쓴 콘텐츠가 천 명을 모은다 · 170

43 SNS는 브랜딩의 끝이 아니라 시작이다 · 173

44 초반 성과보다 꾸준한 누적이 중요하다 · 176

45 모르는 건 질문하되, 답은 스스로 찾아라 · 179

46 조직을 만든다면 가장 먼저 정해야 할 것     182

47 결국 '사람'을 모아야 한다     185

48 내가 가지지 않은 역량은 반드시 외주하라     189

49 숫자는 언젠가 따라온다, 지금은 신뢰를 쌓을 때     193

50 끝이 보이더라도, 또 다른 시작을 준비한다     197


## 6장 지속 가능한 성장을 위한 실전 철학


51 고객을 먼저 생각하는 질문법     205

52 콘텐츠는 쌓을수록 브랜드가 된다     208

53 단 하나의 주제로 시장을 이긴다     211

54 문제 해결형 콘텐츠의 힘     215

55 고객의 진짜 반응을 끌어내는 방식     219

56 스토리텔링은 가장 강력한 무기다     223

57 실패담을 팔아야 진짜 팬이 생긴다     227

58 일상을 브랜딩하는 연습     231

59 수치를 넘어선 공감의 마케팅     235

60 하나의 제품, 하나의 태도, 하나의 말투     239

61 고객은 공짜보다 진심을 원한다     243

62 모든 것이 성과로 연결되지 않아도 괜찮다     247

63 작은 브랜드의 강한 팬덤 만들기     251

64 완벽한 제품보다 발전하는 브랜드     255

65 트렌드보다 방향성이 중요하다     258

66 과정을 보여주는 사람이 신뢰를 얻는다     262

67 감정의 진폭이 큰 브랜드가 사랑받는다     266

68 단순하지만 지속 가능한 방법 찾기     270

69 하루 한 문장이 만드는 브랜드의 힘     274

70 사업은 '왜'를 묻는 일이다     278

71 꾸준한 반복, 의미 있는 루틴 만들기     282

72 모든 것은 관계에서 시작된다     286

73 피드백을 두려워하지 말 것     290

74 브랜드에도 감정노동이 필요하다     294

75 고객은 기억에 남는 브랜드를 찾는다     298

76 고객과 대화하는 브랜드는 무너지지 않는다     302

| 77 | 불안정한 수익 구조도 가능하게 하는 힘 | 306 |
|----|---|-----|
| 78 | 작은 성공을 기념하라, 그것이 성장의 에너지다 | 310 |
| 79 | 사업에는 개인의 철학이 묻어난다 | 314 |
| 80 | 브랜딩은 살아 있는 생명체와 같다 | 318 |
| 81 | 결국 모든 길은 사람으로 통한다 | 322 |
| 82 | 한 명이라도 제대로 만나자 | 326 |
| 83 | 데이터보다 더 중요한 감 | 330 |
| 84 | 감은 경험에서 온다 | 334 |
| 85 | 성장보다 회복이 먼저일 때도 있다 | 338 |
| 86 | 위기에서 브랜딩은 강해진다 | 342 |
| 87 | 위로를 넘는 실질적 제안이 필요하다 | 346 |
| 88 | 성공의 기준은 숫자가 아니다 | 350 |
| 89 | 인생의 챕터도 브랜드가 된다 | 354 |
| 90 | 사업가는 결국 다시 시작하는 사람이다 | 358 |
| 91 | 사업을 길게 보는 눈을 길러라 | 362 |
| 92 | 준비된 사람은 기회를 기다릴 줄 안다 | 366 |
| 93 | 브랜딩은 결국 본질의 외침이다 | 370 |
| 94 | 브랜드는 혼자 만들지 않는다 | 373 |
| 95 | 지속 가능성은 작은 원칙에서 시작된다 | 377 |
| 96 | 숫자보다 방향, 속도보다 지속성 | 381 |
| 97 | 성공한 브랜드는 오래된 고객이 만든다 | 385 |
| 98 | 나를 지키는 브랜드가 진짜다 | 389 |
| 99 | 브랜드는 나의 자존감이다 | 392 |
| 100 | 끝이 보이더라도, 나는 또다시 시작할 것이다 | 396 |


**에필로그**


나는 실패를 팔아 150억을 벌었다     399

# 뜻대로 되지 않는 인생에서,
# 다시 시작이라는 답을 찾다

인생은 참 뜻대로 되지 않습니다.

잘해보려고 발버둥칠수록 내리막길에서는 더 빠르게 미끄러져 내려가더군요. 하지만 한때는, 모든 것이 뜻대로 되는 시절도 있었습니다. 원룸에 살던 인생에서 좋은 아파트로 옮겨가고, 소형차를 타던 사람이 외제차 세 대를 굴리고, 170cm의 왜소한 청년이 어여쁜 여자를 만나 결혼까지 했습니다.

그때 저는 이렇게 생각했습니다.

"돈 버는 거, 별거 아니네."

그 오만이 시작이었습니다. 보여주기식 확장, 겉치레 같은 선택들이 시간이 지나서 하나둘씩 돌아와, 결국 제 심장에 꽂히기 시작했습니다. 그때 다시 깨달았습니다. 인생은 참, 뜻대로 되지 않는다는 것을.

그런데 이상하게도, 한없이 미끄러져 내려간 그 자리에서 저는 또 하나를 발견했습니다. 뜻대로 되지 않는 순간 속에도 뜻하지 않게 이루어지는 것들이 있다는 사실을. 뜻하지 않았던 시간, 뜻하지 않았던 공간, 뜻하지 않게 만난 사람들. 그 우연들 덕분에 제 인생은 다시 조금씩 풍요로워지고 있습니다.

그 비결은 거창하지 않았습니다. 시작이었습니다.

실패해도 시작했고, 망해도 다시 시작했습니다. 좌절을 교훈 삼아 또 오르기 위해 움직였습니다. 누군가 이런 말을 하더군요.

"3년의 실수를 메우려면, 두 배의 시간이 필요하다."

저는 3년 동안 무너졌고, 그 대가로 6년을 다시 오르고 있습니다. 그 과정에서 깨달은 단 하나의 진실. 비결은 시작이었고, 핵심은 꾸준함이었습니다. 이 책은 그 꾸준함의 기록입니다. 힘든 날, 누군가를 위해서 그리고 무엇보다 나 자신을 위해 100주 동안 매주 한 편씩 써 내려간 에피소드들.

그 글들이 모여 100개의 이야기, 한 권의 책이 되었습니다.

뜻하지 않았던 시간과 공간이 제게 준 메시지들.

그리고 어느 날, 뜻하지 않게 도착한 메일 한 통.

"대표님, 책을 출간해 드리겠습니다."

그렇게 또 한 번 뜻하지 않았던 사람을 만나 이 책이 세상에 나오게 되었습니다. 이 책은 한 번에 읽는 책이 아닙니다. 매일, 혹은 매주. 힘든 날 하루에 한 편씩 꺼내 읽어 주세요. 기쁜 날에는 읽지 않으셔도 됩니다. 기운이 없고, 다시 시작하고 싶은데 용기가 나지 않는 날. 우울하고 어두운 미래만 보이지만 그래도 해내고 싶은 그날. 그날, 한 편만 꺼내 읽어 보세요.

참, 이 책의 원래 제목은 〈활어〉였습니다.

살아 숨 쉬는 언어. 100주 동안 매주 써 내려간, 사업가들의 심장을 다시 뛰게 하기 위해 쓴 글.

누군가는 그 글을 프린트해 책처럼 묶어 들고 저를 찾아왔습니다. 저는 그 모습을 보며 생각했습니다. 이 이야기가 끝나지 않았으면 좋겠다. 그래서 이 책은 마지막에서 끝나지 않습니다. 에필로그에는 '윤 대표 AI'로 연결되는 QR코드를 담았습니다. 책장을 덮은 이후에도 여러분이 힘든 날, 누군가와 이야기하고 싶은 날, 다시 시작하고 싶은 날, 저의 AI와 대화할 수 있도록 만들었습니다.

이 책은 종이 위에서 끝나는 책이 아닙니다. 여러분의 100일, 100주를 함께 걸어가는 책입니다. 그리고 그 이후에도 계속 이어질 대화입니다. 지금 힘든 시기를 겪고 있는 분이라면 마음을 다잡을 수 있기를 바랍니다. 이미 힘든 시간을 지나온 분이라면 공감과 위로가 되기를 바랍니다. 아직 시작하지 않은 분이라면 이렇게 말해주고 싶습니다. "이런 나도 다시 시작했다." 그리고 지금도, 다시 시작하고 있습니다.

이 책이 여러분의 또 다른 시작이 되기를 바랍니다.

윤동규 드림

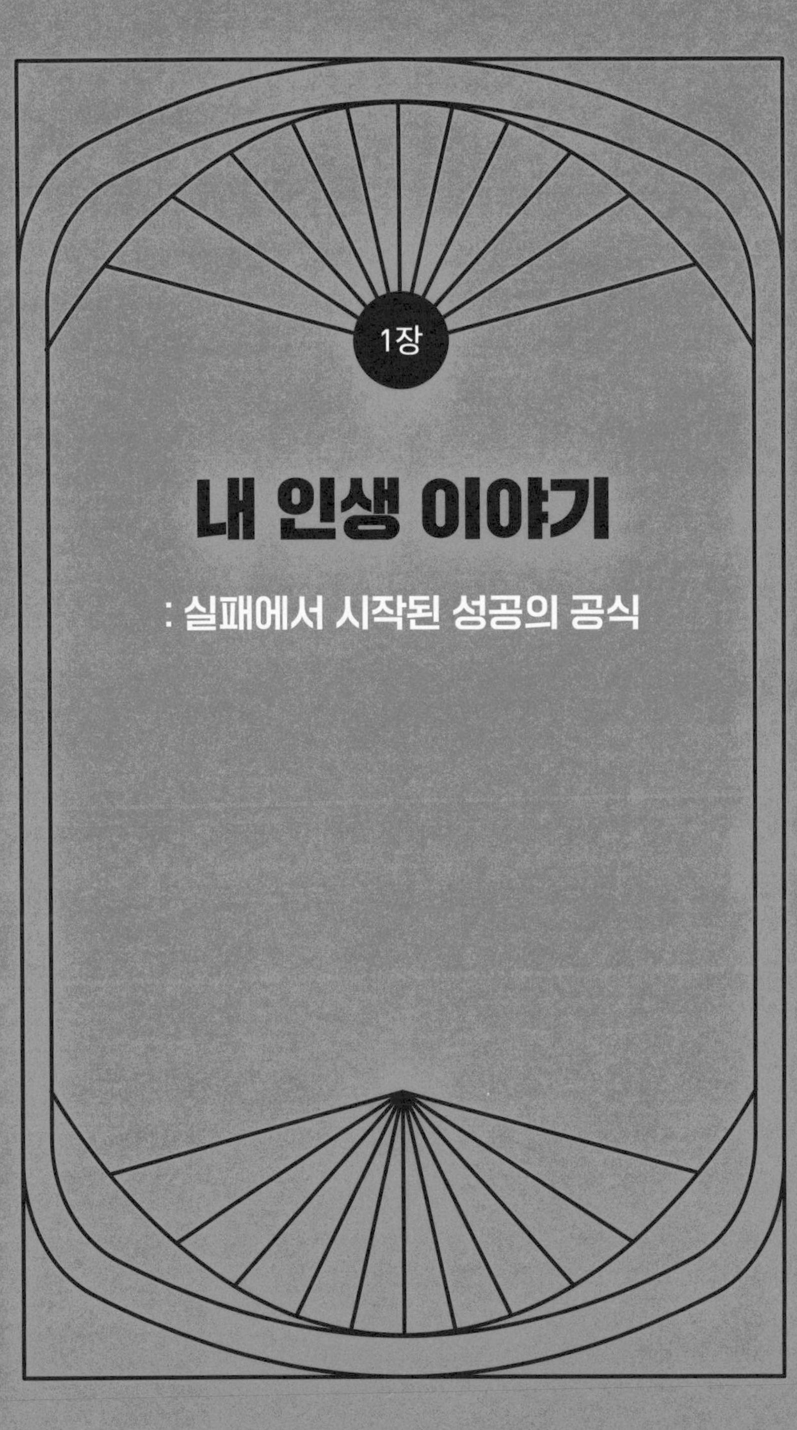
1장

내 인생 이야기

: 실패에서 시작된 성공의 공식

# 1 잘 안 되었는데도 계속했던 이유

처음 사업을 시작했을 때, 솔직히 잘됐다. 특별한 전략이 있었던 것도 아니고, 치밀한 계산이나 철저한 준비가 있었던 것도 아니었다. 돌이켜보면, 그저 운이 좋았다. 그리고 그 운은 아주 빠르게 나를 위로 올려주었다. 통장에 숫자가 늘어나고, 사람들의 태도도 달라지고, 뭔가 이뤄냈다는 착각이 나를 사로잡았다. 그땐 몰랐다. 내가 뭘 잘해서 된 게 아니었다는 걸.

돈은 정말 많이 벌었다. 하지만 돈을 어떻게 써야 하는지, 어떻게 굴려야 하는지에 대한 감각은 없었다. 오늘 버는 돈을 내일의 시스템으로 바꾸지 못했다. 눈앞에 보이는 숫자에 도취돼 '나는 이제 된 사람이야'라는 확신만 커졌고, 실력 대신 자만심으로 사업을 굴리기 시작했다. 정작 중요한 건 하나도 모르고 있었다. 매출보다 중요한 건 구조라는 것. 오늘의 성과가 내일의 생존을 담보해 주지 않는다는 기본적인 사실을 간과했다.

사업이 서서히 기울기 시작했을 때 나는 그 원인을 외부에서 찾았다. 경기가 안 좋다, 광고 효율이 떨어졌다, 고객이 변했다는 식의 핑계만 늘어놨다. 그런데 시간이 지날수록 명확해졌다. 모든 문제의 중심에는 나 자신이 있었다. '내가 만든 시스템이 아니었구나', '나는 단지 흐름을 탔을 뿐이구나'라는 자각이 들었고, 그 순간부터 내리막은 가속이 붙었다. 사람들은 하나둘 떠나갔고, 매출은 급격히 줄어들었으며, 잔고는 바닥을 쳤다. 더 이상은 빠질 수 없다고 생각했던 순간에도 바닥은 계속해서 아래로 향하고 있었다.

그때가 진짜 시작이었다. 돈이 벌리지 않아도, 사람들이 나를 떠나도, 이걸 끝낼 수는 없었다. 처음 벌었던 돈은 운이었지만, 지금 이 위기에서 다시 일어나는 건 온전히 내 몫이라는 사실을 직면했다. 포기하지 않기로 마음먹었을 때, 나는 비로소 사업이라는 세계에 진짜 발을 디딘 셈이었다.

다시 시작하자. 처음부터 차근차근. 숫자에 현혹되지 말고 구조를 보자. 고객을 좇기보단, 내가 가진 걸 점검하고 정비하자. 화려한 매출보다 매일매일 무너지지 않고 반복할 수 있는 작은 시스템을 만들자. 그렇게 다짐하며, 나는 다시 책상 앞에 앉았다. 사업 초반, 너무도 쉽게 흘러갔던 그때를 다시 곱씹었다. '왜 나는 몰랐을까', '왜 그렇게 쉽게 흘려보냈을까' 하는 질문을 스스로에게 수없이 던지면서.

누군가는 말할지도 모른다. 그렇게까지 다시 시작해야 하냐고. 그냥 그만두면 되는 거 아니냐고. 하지만 나는 알고 있었다. 나는 돈이 좋아서, 혹은 단순히 잘되고 싶어서 사업을 했던 게 아니다. 나에게는 이 일을 해야만 하는 이유가 있었고, 그 이유가 지금의 나를 지탱해주는 힘이 되고 있었다.

돌아보면, 그때의 실패는 지금의 내가 있을 수 있도록 도와준 가장 중요한 과정이었다. 나를 철저히 무너뜨린 실패였지만, 동시에 다시 일어설 수 있는 방법을 알려준 실패였다. 나는 여전히 길을 걷고 있고, 아마도 앞으로도 계속해서 넘어질 것이다. 하지만 그때마다 이렇게 다시 일어설 것이다.

내가 계속했던 이유는 하나다. 실패가 끝이 아니기 때문이다. 실패는 단지 구조가 없었다는 신호였고, 나는 지금 그 구조를 만들어가는 중이다. 이제는 운이 아니라 실력으로 다시 올라가고 있는 중이다. 그리고 이 글을 읽는 당신에게 말해주고 싶다. 지금 잘 안되고 있어도 괜찮다고. 중요한 건, 당신이 계속할 수 있느냐는 것이다.

우리가 해낼 수 있는 이유는 단 하나, 지금 멈추지 않았기 때문이다.

## 2 사업을 시작했지만 돈이 안 됐다

사업을 시작했을 당시 나는 한 가지 착각을 했다. 나만 열심히 하면, 그리고 진심을 다하면 언젠가는 반드시 돈이 될 거라고 믿었다. 정확히 말하자면, '돈이 된다'는 건 애초에 당연한 결과처럼 여겨졌고, 사업의 본질보다는 일단 '시작'에 모든 에너지를 쏟아부었다. 지금 돌아보면, 그건 마치 불도저처럼 밀고 나간 도전이었고, 동시에 방향을 잃은 질주이기도 했다.

처음엔 작은 매출도 기뻤다. 매일 입금되는 몇만 원, 몇십만 원이 내 존재 가치를 증명하는 듯 느껴졌다. 그러나 시간이 지날수록 수치로 드러나는 숫자는 늘어났지만, 내 삶은 전혀 나아지고 있지 않았다. 통장에 찍히는 매출이 곧 내 수익은 아니었고, 매달 들어오는 돈보다 나가는 돈이 많다는 사실을 깨달은 건 한참 뒤였다. 당시의 나는 '팔기만 하면 된다'고 생각했고, 실제로 팔았다. 그런데 이상하게도 돈이 남지 않았다. 잘 팔고 있는데도, 정작 내 잔고는 마르기만

했다.

그때 알게 된 사실이 있다. 유통은 돈을 버는 구조가 아니라, 잘못 설계되면 내 돈을 갈아 넣는 구조가 된다는 것이다. 상품은 팔리지만, 마진은 얇고, 광고는 멈출 수 없으며, 고객은 단발성. 나는 분명히 하루하루 일을 하고 있었고, 뭔가를 해내고 있다고 느꼈지만, 그건 '반복'이지 '성장'이 아니었다. 어느 순간부터 사업은 나를 자유롭게 하는 것이 아니라, 내 시간을 구속하고 체력을 고갈시키는 '일터'가 되어가고 있었다.

그래도 그땐 몰랐다. 내 문제가 '노력'이 아니라 '구조'에 있다는 걸. 나는 무언가 열심히 하고 있었고, 그 자체에 만족했다. 그러나 사업은 결과로 말해야 한다. 단지 바쁜 건 아무런 의미가 없다. 매출이 나도, 남는 게 없다면 그건 자선이거나 고장 난 장치일 뿐이다. 마치 물이 새는 배처럼, 퍼내도 퍼내도 바닥이 보이는 상황에서 나는 정신없이 노를 젓고 있었던 거다.

그렇게 시간은 흘렀고, 나는 점점 지쳐갔다. 아무리 노력해도 변화가 없고, 아무리 채워도 부족하기만 한 상황 속에서 문득 이런 생각이 들었다. '혹시 내가 잘못하고 있는 건 아닐까?' 처음으로 진지하게 나를 돌아봤다. 그동안 나는 '돈이 안 되는 이유'를 외부에서 찾고 있었지만, 실상은 내 안에 해답이 있었다. 구조가 잘못됐고, 방향이 틀렸으며, 무엇보다 내 마인드셋이 여전히 '일하는 사람'에 머물러 있었던 것이다.

사업은 돈이 안 된다고 말하는 사람들이 많다. 그런데 나는 이제 그렇게 말하지 않는다. 돈이 안 되는 사업은 없다. 다만, 돈이 되는 방식으로 설계하지 못한 사람만 있을 뿐이다. 내가 그랬다. 돈을 벌고 싶다고 말하면서도, 돈이 들어오는 경로를 설계하지 않았다. 그저 바쁘게 움직이고 콘텐츠를 만들고 광고를 돌리면서 '언젠가 잘 되겠지'라는 막연한 기대에 의존했던 것이다.

이제는 안다. 매출은 목적이 아니라 지표다. 그 숫자 하나에 매몰되지 않고, 내 구조가 작동하고 있는지, 고객이 다시 돌아오고 있는지, 나 없이도 시스템이 굴러가는지를 봐야 한다. 사업의 본질은 매일 새롭게 벌이는 전쟁이 아니라, 내가 만든 흐름이 얼마나 안정적으로 유지되고 있는가에 달려 있다.

그리고 그렇게 깨닫고 나서부터, 나는 조금씩 방향을 잡기 시작했다. 팔리는 제품이 아니라, '다시 찾는 제품'을 만들기 시작했고, 즉흥적인 콘텐츠가 아니라 브랜드의 흐름을 잇는 콘텐츠를 만들었다. 매일 수치를 체크하기보다는, 한 명의 고객이 남긴 후기를 더 오래 들여다보기 시작했다. 고객은 말하고 있었다. 다만 내가 듣지 않았을 뿐이다.

돈이 안 되는 사업을 오래 했다. 하지만 그 시간 덕분에 돈이 되는 구조가 얼마나 귀하고, 또 명확한지를 알게 되었다. 지금도 완벽하진 않다. 다만, 그때처럼 아무 생각 없이 뛰어들진 않는다. 이제는 방향을 정한 후에 걷는다. 돈이 안 되는 길이라는 걸 알아도 한참 걸어가야 깨닫는 경우도 있다. 나도 그랬다. 하지만 한 가지는 확실하다. 그 길이 틀렸다는 걸 알게 되는 순간, 진짜 사업은 그때부터 시작된다는 것을 말이다.

# 3 망했다, 그런데 끝이 아니었다

사업을 하다 보면, '망했다'는 말이 입에 붙을 때가 있다. 어찌 보면 그 말은 상황의 심각함을 표현하기보다, 내 마음이 버티기 힘들다는 신호일지도 모른다. 나 역시 그랬다. 하루에도 몇 번씩 '아, 망했다'는 말이 속에서 올라왔다. 눈앞에 닥친 현실보다, 그 현실을 감당해야 하는 나 자신이 더 버거웠던 시절이었다.

처음엔 돈이 들어오지 않아도 버틸 수 있었다. 이게 원래 과정이라는 걸 알았으니까. 그런데 한 달, 두 달, 시간이 지날수록 고정비는 나가고, 카드값은 쌓이고, 통장 잔고는 바닥을 드러냈다. 직원 월급을 주기 위해, 거래처 대금을 막기 위해, 나는 계속해서 대출을 받고, 내 신용을 갉아먹었다. '이 정도야 견딜 수 있지' 하던 마음은 어느 순간 '이건 정말 끝인가' 하는 생각으로 바뀌어 있었다.

진짜 망할 뻔했다. 장부를 보면 알 수 있었다. 숫자는 거짓말을 하지 않으니까. 매달 적자. 현금흐름은 파산 직전. 돌이켜보면, 그때는 하루하루가 생존이었다. 무슨 사업 성장이나 브랜딩 같은 개념은 사치처럼 느껴졌다. 그저 오늘을 넘기기 위해, 다음 주를 버티기 위해, 나는 더 싸게 사고 더 많이 팔기 위해 발버둥 쳤다. 그런데 그렇게 팔면 팔수록, 내 에너지는 소모됐고, 남는 것은 없었다.

그 시절 나는 절망에 가까운 감정을 자주 느꼈다. 그런데 이상하게도, 그 끝에서 다시 일어설 수 있었다. 완벽하게 재정이 회복됐거나, 갑자기 기적 같은 매출이 터졌기 때문은 아니었다. 그저 더 이상 잃을 게 없다고 생각하니까, 오히려 담담해졌던 것이다. 이젠 무너질 것도 없고, 내려갈 데도 없고, 망가질 것도 없는 순간. 나는 비로소 망했다는 그 말의 진짜 의미를 이해했다.

망했다는 건 끝이 아니라, 다음 페이지를 넘길 기회라는 것. 중요한 건, 그 페이지를 넘길 용기가 나에게 있느냐는 거였다. 그리고 용기는 생각보다 가까운 데 있었다. 사람과의 대화 속에서, 책 속 문장 한 줄에서, 밤늦게까지 켜둔 불빛 아래서 내가 썼던 낙서 같은 계획표에서. 그 조각들이 내게 '아직 끝난 게 아니다'라는 메시지를 던져주곤 했다.

나는 그때 처음으로 '재설계'라는 단어를 떠올렸다. 실패한 게 아니라, 잘못 설계했을 뿐이라고. 구조가 틀렸고, 방향이 어긋났고, 내가 중요하게 생각해야 할 가치를 놓쳤을 뿐이라고. 그러자 비로소 다음이 보였다. 돈을 버는 것보다, 내가 왜 이 일을 시작했는지를 돌아보게 됐다. 내 이름으로 된 사업, 내 이름으로 만든 콘텐츠, 내가 만든 제품이 누군가에게 의미가 있었는지를 고민했다. 그리고 거기서 실마리를 찾았다.

망했다고 느낄 때 중요한 건, '망했다'는 말보다 '그래서' 이후를 어떻게 써 내려가느냐다. 나는 그 이후에 집중하기 시작했다. 완벽한 재기, 기적 같은 부활 같은 건 없었다. 대신 작은 습관 하나를 바꾸고, 작은 구조 하나를 바꾸고, 내 마인드 하나를 다시 세우는 일이 반복됐다. 그렇게 매일 아주 조금씩 전진했다.

그리고 지금 이 글을 쓰고 있는 나는, 여전히 완벽하진 않지만, 분명히 다시 일어섰다고 말할 수 있다. 이제는 망했다는 말을 쉽게 꺼내지 않는다. 왜냐하면 그 말의 무게를 알게 되었고, 그 끝에서 내가 누구였는지를 기억하고 있기 때문이다. 망했던 나는 무능한 사장이 아니라, 방향을 잃은 한 사람에 불과했다. 그리고 지금의 나는, 방향을 다시 잡은 사람이다.

망한 줄 알았던 그 시간들은 결국 나에게 가장 중요한 교과서였다. 그 시간을 버텨낸 내가 지금 여기까지 올 수 있었다. 그러니 당신도 기억했으면 좋겠다. 진짜 망한 건, '망했다'고 말하고 아무것도 하지 않는 순간이다. 그 외의 모든 시간은 다시 시작할 수 있는 순간이다.

# 4 1인 사업자의 괴로움과 진짜 시작

혼자 사업을 한다는 건 상상 이상이다. 자유롭고 간섭받지 않으며, 내가 모든 것을 결정할 수 있다는 점에서 분명 매력적이다. 하지만 그 이면에는 고립감과 끝없는 책임의 무게가 늘 함께한다. 누구도 내 결정을 대신해주지 않는다. 방향을 잘못 잡아도, 브레이크를 밟지 못해 사고가 나도, 원망할 사람은 없다. 전부 나의 몫이다.

처음 혼자 사업을 시작했을 때는 오히려 그 자유로움이 좋았다. '이제 내 일은 내가 만든다'는 생각이 자존감을 높여줬고, 매출이 조금만 나와도 세상을 다 가진 것처럼 느껴졌다. 그러나 시간이 지날수록 현실이 보이기 시작했다. 해야 할 일은 늘어났고, 결정해야 할 일도 많아졌다. 마케팅부터 회계, 제품 관리, 고객 응대까지. 하루 종일 일하고도, 해야 할 일의 반도 끝내지 못한 채 노트북을 닫는 날이 많아졌다.

가장 고된 순간은 외로움이었다. 어려움이 닥쳤을 때, 함께 머리를 맞대고 고민해줄 사람이 없다는 사실이 서서히 마음을 갉아먹었다. 사업을 하면서 마주치는 문제는 단순한 계산이나 공식으로 풀 수 있는 게 아니다. 감정이 섞이고, 인간관계가 얽히고, 때론 예기치 않은 변수들이 한꺼번에 덮쳐온다. 그때 내가 할 수 있는 건 그저 조용히 받아들이는 것뿐이었다.

누구에게 털어놓을 수도 없었다. 주변 사람들에게는 '괜찮아, 잘되고 있어'라고 말하고, 속으로는 '오늘도 무너졌구나'라는 생각을 반복했다. 그렇게 진짜 감정과 겉모습 사이의 간극은 점점 벌어졌고, 어느 순간부터 나는 나 자신에게조차 거짓말을 하고 있었다. 정말 괜찮은 건지, 아니면 그렇게 믿고 싶은 건지조차 헷갈렸다.

그러다 문득 이런 생각이 들었다. 지금 이 일이 내 인생의 진짜 시작일 수도 있겠다고. 누구도 돌봐주지 않는 이 상황이, 결국 내가 진짜 사업가로 성장할 수 있는 유일한 과정일지도 모른다고. 내가 처한 이 고독과 무게가, 사실은 '내가 모든 걸 선택하고 책임질 수 있는 사람'이라는 것을 증명하는 시간이라는 걸 깨달은 것이다.

그렇게 나는 혼자인 시간을 견디는 법을 배워갔다. 스스로에게 말 걸고, 작은 문제도 내 손으로 해결해 내며, 하루하루 버텨냈다. 처음엔 혼잣말이었지만, 점점 내 안의 목소리가 커지기 시작했다. 그리고 그 목소리는 점점 뚜렷한 방향성을 갖기 시작했다. '내가 하고 싶은 건 무엇인가?', '이 일을 통해 정말 이루고 싶은 건 뭔가?'라는 질문에 대한 답이 조금씩 보이기 시작한 것이다.

혼자서 모든 걸 책임져야 했기에 나는 '나'를 더 깊이 들여다봐야 했다. 이 과정에서 나는 단순히 사장이 아닌, '생존자'가 되었다. 외부의 인정보다 내 내면의 확신이 더 중요해졌고, 이 확신은 매출이나 성과에 상관없이 나를 움직이는 동력이 되었다.

많은 사람들이 '1인 사업'이라는 단어에 환상을 갖는다. 출근하지 않고도 돈을 벌고, 내 시간에 맞춰 자유롭게 일하며, 내가 좋아하는 일을 하며 산다는 그림. 틀린 말은 아니지만, 그 그림이 완성되기까지는 상상보다 훨씬 많은 무채색의 시간들이 존재한다. 진짜 1인 사업은 멋보다는 버팀이고, 꾸밈보다는 본질이다.

나는 그 과정을 지나며 비로소 '혼자서도 무너지지 않는 힘'을 얻게 되었다. 물론 아직도 완전한 건 아니다. 지금도 매일 시험대에 오른다. 하지만 분명한 건 있다. 내가 나를 이해하게 된 지금, 어떤 상황이 와도 다시 일어날 수 있다는 믿음이다.

1인 사업자는 어쩌면 전투력과 회복력을 동시에 갖춰야 하는 사람이다. 무너질 수도 있지만, 다시 일어날 수 있다는 것을 몸으로 아는 사람. 나는 그 과정을 통해 사업가로서가 아니라, 인간으로서 단단해지고 있다고 믿는다.

# 5 관계는 잔고보다 오래 남는다

　　사업을 하며 가장 먼저 무너진 건 사람들과의 관계였다. 일이 바쁘다는 핑계로 전화를 미뤘고, 마음이 복잡하다는 이유로 약속을 취소했다. 숫자와 데이터, 광고와 매출 같은 것들에만 집중하다 보니, 정작 나를 지지해주던 사람들의 얼굴은 흐릿해졌고, 곁에 있어준 이들의 말은 점점 작아졌다. 나는 그제야 깨달았다. 돈은 언젠가 사라지지만, 관계는 시간이 지나도 남는다는 사실을.

　　한창 돈을 벌던 시절에는 이런 말이 허황되게 느껴졌다. '관계도 결국은 이해관계 아니야?'라며, 수익에 도움이 되지 않는 인간관계는 자연스럽게 정리해도 된다고 믿었다. 실제로 그렇게 행동했고, 나름의 기준을 만들어 인간관계를 관리했다. 하지만 그랬던 내가 무너졌을 때, 내게 손을 내밀어 준 사람은 한때 내가 불필요하다고 여겼던, 아주 오래된 지인이었다. 어떤 조건도 없었고, 어떤 이익도 없었다. 그냥 "괜찮아?"라는 그 한마디가 나를 일으켰다.

사람은 힘들 때 그 사람의 관계가 드러난다. 나는 그제야 비로소 관계가 잔고보다 훨씬 오래가는 가치라는 걸 체감하게 됐다. 매출은 월 단위로 변하고, 통장은 하루아침에 바닥날 수 있지만, 한 사람과 오랜 시간 쌓아온 신뢰는 웬만한 위기 속에서도 사라지지 않는다. 때로는 그 관계 하나가, 내 모든 재산보다 더 단단한 방패가 되었다.

나는 실패의 밑바닥에서 비로소 사람을 다시 보게 됐다. 그전까지는 '사람을 얻으면 매출이 따라온다'는 말이 교과서적인 이야기처럼 느껴졌지만, 그 이후로는 진리처럼 여겨졌다. 고객과의 관계, 협력사와의 관계, 직원과의 관계, 그리고 무엇보다도 가장 먼저 나를 믿어준 사람들과의 관계. 내가 손을 놓았던 그것들이 결국 나를 다시 끌어올린 힘이 되었다.

'사람을 챙기는 게 먼저'라는 말이 있다. 나는 이 말을 뒤늦게 받아들였고, 지금은 그것을 철학으로 삼고 있다. 누구보다 빠르게 움직이고 싶을 때일수록, 누군가의 속도에 맞춰 한 번 더 걸어주는 사람이 되기로 했다. 매출보다 그 사람이 더 중요하다고 생각하면, 이상하게도 돈도 따라왔다. 억지로 쫓지 않아도 자연스럽게.

지금도 나는 종종 사람 때문에 마음이 힘들다. 때로는 배신도 겪고, 오해도 생기고, 답답할 만큼 소통이 안 되는 순간도 있다. 하지만 그럼에도 불구하고 나는 사람을 놓지 않는다. 그건 이제 내가 정한 기준이기 때문이다. 돈은 잃어도 다시 벌 수 있지만, 신뢰는 한 번 잃으면 다시 쌓기 어렵다. 사업에서 제일 값비싼 손실은 재고도 아니고, 광고비도 아니다. 관계다.

이제 나는 관계를 중심으로 사업을 한다. 내가 팔고 싶은 걸 먼저 고민하기보다, 내가 관계 맺고 싶은 사람은 누구인지부터 생각한다. 그리고 그 사람이 원하는 것을 함께 찾는다. 그 결과, 매출은 생겼고, 브랜드는 쌓였으며, 나를 따르는 사람들이 생겼다. 이 모든 건 결국 관계에서 시작된 일들이다.

잔고는 언젠가 숫자가 줄어든다. 그러나 좋은 관계는 시간이 지날수록 더 단단해진다. 나를 지지해주는 단 한 사람이라도 있다면, 나는 여전히 이 일을 계속할 수 있다. 그래서 오늘도, 나는 그 한 사람을 위한 글을 쓰고, 그 한 사람을 위한 콘텐츠를 만들고, 그 한 사람을 위한 서비스를 고민한다. 왜냐하면 나는 알고 있다. 그 한 사람이 결국, 나를 다시 세우는 사람이 될 수 있다는 것을.

# 6 사업, 결국 '나'를 찾는 과정이었다

사업을 시작했을 땐 그저 돈을 벌고 싶었다. 가난이 싫었고, 매번 눈치 보며 살아가는 것도 답답했다. 누구에게도 기대지 않고 내 힘으로 살아가고 싶었다. 그 마음 하나로 시작한 일이었지만, 시간이 지나면서 나는 한 가지 사실을 점점 분명히 깨닫게 되었다. 이 모든 과정은 결국 '나'를 찾는 여정이었다는 것. 누가 시킨 것도 아니고, 누가 정해준 방향도 아닌데, 나는 매일같이 나 자신과 싸우고, 나 자신에게 실망하고, 또 기대하게 됐다.

처음에는 내가 무언가를 만드는 사람인 줄 알았다. 제품을 만들고, 서비스를 만들고, 시스템을 짜는 사람. 그런데 아니었다. 사업을 한다는 건, 결국 나를 만들어가는 일이었다. 나는 하루에도 수십 번씩 선택의 기로에 섰고, 매번 나의 가치관과 원칙, 내면의 깊이를 시험당했다. 어떤 날은 고객을 속여 이익을 남기고 싶었고, 어떤 날은 직원에게 화를 내며 나 자신을 변명하고 싶었다. 하지만 그럴수록 결국 돌아오는 질문은 하나였다. "나는 어떤 사람이고 싶은가?"

그 질문은 잔인할 정도로 나를 직면하게 했다. 아무리 많은 돈을 벌어도 내가 존중받지 못하면 허무했고, 아무리 외적인 성과가 좋아도 내가 나를 좋아하지 않으면 그건 지속될 수 없었다. 거울 앞에 선 내가 낯설지 않은 사람이어야 했다. 그리고 그 사람은 결국, 내 사업의 브랜드가 되고, 얼굴이 되고, 에너지의 원천이 되었다.

나는 내 약점을 수없이 마주쳤다. 감정 조절이 어렵고, 실수를 인정하지 못하고, 때때로 질투에 휘둘렸다. 누군가 잘되는 걸 보며 흔들렸고, 매출이 떨어지면 밤잠을 설치며 불안에 시달렸다. 사업은 그런 내 민낯을 가감 없이 드러내는 무대였다. 포장하지 못했고, 감췄다가도 드러나버렸다. 그래서 사업이 잔인하다고도 느꼈지만, 동시에 나를 가장 솔직하게 만들어주는 고마운 훈련장이기도 했다.

이 과정에서 나를 단단하게 만든 건, 아주 사소한 반복들이었다. 새벽에 일어나 글을 쓰고, 하루의 일정을 기록하고, 감사할 일을 생각하고, 말실수를 정리하고, 다음 날 할 일을 미리 적어두는 일. 별것 아닌 그 습관들이 내 하루를 정돈했고, 내가 어떤 사람인지 스스로에게 납득시켜주는 근거가 되어줬다. 그게 쌓이면서 나는 '일하는 사람'이 아니라 '나로 살아가는 사람'이 되기 시작했다.

이상하게 들릴 수도 있지만, 나는 사업 덕분에 나를 사랑하게 됐다. 망해도 계속 시도하는 나를, 무너져도 다시 일어나는 나를, 매일 흔들려도 하루를 마무리하는 나를. 그 과정을 통해 나는 내가 꽤 괜찮은 사람이라는 걸 알게 됐다. 어쩌면 우리가 일이라는 틀 안에서 끊임없이 무언가를 시도하는 이유는, 그 결과보다 그 과정을 통해 '나'를 확인하고 싶기 때문일지도 모르겠다.

처음 사업을 시작할 때는 나를 앞세울 수 없었다. 자신이 없었고, 무언가 보여줄 게 없었다. 그래서 자꾸 남의 걸 따라 했다. 남이 잘하는 걸 벤치마킹하고, 트렌드라는 이름으로 내 목소리를 묻었다. 하지만 돌아보면, 남을 흉내 낼수록 내 브랜드는 흐릿해졌다. 나를 지워가며 만든 브랜드는 사람들에게 기억되지 않았고, 그런 나조차도 내가 믿을 수 없었다.

어느 순간부터 생각이 바뀌었다. 내가 부족하더라도, 지금의 나를 전면에 세우는 것이 가장 강력한 전략이라는 걸 알게 됐다. 어설퍼도 내 이야기, 내 목소리, 내 생각을 담은 콘텐츠는 사람들에게 닿았고, 내 불완전함은 오히려 누군가에게 공감이라는 선물이 되어 돌아왔다. 그렇게 나는 사람들과 연결되기 시작했다.

이제 나는 내가 만든 서비스, 내가 만든 브랜드, 내가 만든 콘텐츠가 결국 '나'라는 사람의 확장이라고 믿는다. 제품을 파는 게 아니라, 내가 어떤 사람인지 보여주는 일을 하고 있다고 생각한다. 그래서 사업을 통해 성장한다는 건, 단지 외적인 성공을 의미하는 게 아니라, 내면의 성장을 동반하는 일이다. 내가 성장하지 않으면, 내 사업도 성장하지 않는다. 내가 진심이 없으면, 사람도 따라오지 않는다.

사업은 결국 나를 찾는 과정이다. 외부의 성공보다 내부의 납득이 우선이어야 한다. 숫자보다 가치, 유행보다 철학, 성과보다 방향.

나는 이 원칙을 붙잡고 다시 시작했다. 그리고 지금도 여전히 나를 찾는 중이다. 아마 이 여정은 평생 끝나지 않을 것이다. 하지만 괜찮다. 그게 바로 내가 이 일을 하는 이유이자, 계속 나로 살고 싶은 이유이니까.

# 7 다시 시작하게 만든 질문 하나

사람들은 보통 위기를 맞으면 '무엇을 해야 할까'를 고민한다. 하지만 진짜 중요한 질문은 '왜 그걸 해야 하지?'다. 나 역시 그랬다. 수많은 선택의 갈림길에서 방향을 정하지 못하고 허둥대던 시절, 결정적인 순간에 나를 다시 일으켜 세운 건 하나의 질문이었다.

"나는 왜 이 일을 시작했지?"

처음에는 돈 때문이었다. 정확히 말하면, 돈이 주는 안정감. 월세가 밀리는 걱정 없이 살고 싶었고, 누군가에게 기대지 않고 내 힘으로 모든 걸 해결하고 싶었다. 내가 버는 만큼 쓰고, 남에게 부끄럽지 않은 삶을 살고 싶었다. 그렇게 생각하며 달려왔는데, 어느 순간부터 방향을 잃었다. 돈을 벌기 시작하자 또 다른 욕심이 생겼고, 성과를 따라가다 보니 원래 내가 왜 시작했는지조차 흐릿해졌다.

그리고 결국, 처음보다 더 무너졌다.

사람들은 말한다. 사업은 마라톤이라고. 그런데 그 마라톤이 평지일 거라는 생각은 안 한다. 오르막도 있고, 내리막도 있고, 길이 끊긴 곳도 있다. 그런데 마라톤을 완주하는 사람들은 달리는 동안 끊임없이 스스로에게 질문을 던진다. '지금 잘 가고 있는 걸까?' '내가 왜 이걸 하고 있었지?' 이 질문들이 방향을 잃지 않게 해준다.

내게 그 질문이 찾아온 시점은 아이러니하게도, 모든 걸 잃었다고 느꼈을 때였다. 지갑도, 자존감도, 믿었던 사람도, 미래도 다 희미해질 때. 그때 혼자 벽에 기대 앉아, 처음으로 스스로에게 물어봤다. "지금 이 상황에서 네가 진짜 원하는 게 뭐야?"

그 물음은 명확한 대답을 주진 않았지만, 중요한 걸 일깨워줬다. 나는 여전히 '사람'과 함께 뭔가를 만들어가고 싶다는 마음이 있었고, 내가 한 경험을 누군가에게 전하고 싶다는 바람이 있었다. 그러니까, 나는 여전히 이 일을 하고 싶었던 거다. 방향이 틀어졌을 뿐, 완전히 잘못된 길을 가고 있었던 건 아니었다.

그때부터 다시 정리를 시작했다. 이전에는 무작정 달리는 데만 집중했다면, 그 이후에는 멈춰 서서 주변을 돌아봤다. 무엇이 나를 지치게 했는지, 무엇이 나를 흔들리게 했는지, 그리고 앞으로 어떻게 달라지고 싶은지를 하나하나 적어보았다. 수첩에는 수없이 많은 질문과 자문자답이 빼곡히 쌓여갔다. 처음엔 아무 의미 없는 낙서처럼 보였지만, 그 낙서들이 모여서 새로운 방향성을 만들어 줬다.

질문은 단순하지만, 그 안에 담긴 힘은 엄청나다. 질문 하나가 내게 다시 시작할 용기를 줬고, 질문 하나가 다시 사람을 만나게 만들었다. 그리고 결국 그 질문은 나를 지금의 자리까지 다시 이끌어 줬다.

이후부터 나는 선택의 순간마다 질문부터 했다. "지금 이 일, 진짜 내가 원하는 방향인가?" "내가 이 말을 하는 이유는 뭘까?" "이 선택이 나의 미래에 어떤 영향을 줄까?" 그 질문들은 나를 혼란 속에서 건져 주는 나침반이 되었다.

누군가 내게 묻는다. "윤대표님, 어떻게 다시 시작할 수 있었어요?" 나는 대단한 계획이나 전략이 있었던 게 아니다. 단지, 너무 솔직하게 나에게 물었고, 아주 조심스럽게 그 대답을 받아들였을 뿐이다. 그리고 그 과정이 나를 바꿨다.

사업을 하며 무수히 많은 질문을 마주한다. 매출이 떨어질 때, 직원이 그만둘 때, 고객이 컴플레인을 걸어올 때, 혹은 가족과 갈등이 생겼을 때. 그런데 그 모든 상황의 중심에는 나라는 사람이 있다. 그렇기에 어떤 외부의 문제보다 먼저, 나 스스로에게 질문을 던지는 것이 중요하다. 나를 설득하지 못하면, 누구도 설득할 수 없다. 내가 나를 믿지 못하면, 그 누구의 신뢰도 오래 가지 않는다.

'다시 시작하게 만든 질문 하나'는 그저 나를 되돌아보게 한 도구가 아니다. 그것은 내 사업의 철학이 되었고, 삶의 기준이 되었다. 이제 나는 더 이상 무작정 달리지 않는다. 항상 묻는다. 그리고 그 답이 흐릿해질 때면, 다시 천천히 멈춰 선다. 그렇게 나는 조금씩, 나에게 정직한 방향으로 걸어간다.

# 8 계속 버틸 수 있었던 이유

　　사업을 하다 보면, 버텨야 하는 순간이 온다. 아니, 매일같이 온다. 생각보다 자주 오고, 예상보다 깊다. 나는 그 시간을 '지옥의 간헐적 재방문'이라고 부른다. 상황이 나빠질 때는 예고도 없이 밀려온다. 마치 깜빡 졸다가 중앙선을 넘어버린 운전자처럼, 언제 그랬냐는 듯 모든 것이 무너진다.

　　지금 생각해 보면, 내가 그 시간들을 어떻게 버텼는지 나도 신기하다. 한 달 안에 결제를 못 맞추면 줄줄이 무너질 것 같은 날도 있었고, 마치 아무도 내 말을 들어주지 않는 것처럼 외로웠던 날도 있었다. 그런데 그럼에도 나는 버텼다. 포기하고 싶었던 순간에도, 뭔가가 나를 일으켜 세웠다. 그리고 그 '뭔가'는 대단한 전략이나 시스템이 아니었다. 그냥, 몇 가지 아주 단순하고도 깊은 감정이었다.

　　첫 번째는, 책임감이다. 나는 항상 누군가와 함께 일해왔다. 혼자서 사업을 한다고 생각한 적은 단 한 번도 없었다. 내 옆엔 직원이 있었고, 거래처가 있었고, 나를 응원해주는 가족과 지인들이 있었다. 내가 쓰러지면, 그들에게 미치는 영향이 컸다. 사실 그들을 생각해서 버텼다기보단, 내가 그들에게 실망스러운 사람이 되기 싫었다. 내 이름을 걸고 한 약속이었기에 무너질 수 없었다. '내가 그 약속을 지키는 사람이라는 걸 증명해야 한다'는, 그 단순한 다짐이 의외로 나를 오래 버티게 했다.

두 번째는, 미련이었다. 솔직히 말해서 사업이라는 게 항상 논리적이고 합리적인 선택으로만 유지되진 않는다. 때론 감정이, 그중에서도 '미련'이라는 정체불명의 감정이 버티는 원동력이 되기도 한다. 내가 쏟아부은 시간, 정성, 돈, 관계… 그것들을 도저히 쉽게 포기할 수 없었다. 무너져도 후회하지 않을 정도로 부딪혀보고 싶었고, 안 되더라도 내 눈으로 그 끝을 직접 확인하고 싶었다. 미련이 사라질 때까지는 물러설 수 없었다. 그리고 그 미련이 나를 매일 새벽 5시에 일어나게 했고, 아무도 보지 않는 영상 하나를 또 찍게 만들었고, 다시 이메일을 보내게 만들었다.

세 번째는, 나 자신에 대한 믿음이었다. 무너질 듯 무너지지 않은 건, 결국 내가 나를 믿었기 때문이다. 정확히는, 내가 '한 번쯤은' 해낼 수 있다는 기대감이었다. 사람들은 나를 보면 현실적이라고 하지만, 나는 이상주의자에 가까운 사람이다. 현실이 아무리 지옥 같아도, 반드시 돌아설 날이 온다고 믿는다. 거기엔 근거가 없다. 다만, 지금까지 내가 버텨온 모든 시간들이 그 근거가 되어줬다. 나를 누구보다 가까이에서 봐온 내가, 나에게 다시 말해주는 것이다. "너는 해낼 거야."

　그리고 마지막으로, 내 일을 좋아했기 때문이다. 이 말은 무척 뻔하고 식상하게 들릴 수 있다. '좋아하는 일만 하며 살 수는 없어'라고 말하는 사람들도 많다. 나도 그 말에 동의한다. 하지만 단 하나, 나에게는 일이 단지 돈을 버는 수단이 아니라, 내 삶을 설명하는 방식이었다. 나는 사람을 만나고, 그들의 이야기를 듣고, 내 이야기를 전하며 살아가는 것이 좋았다. 내가 만든 브랜드, 내가 전한 콘텐츠, 내가 던진 질문 하나가 누군가의 인생을 바꾸기도 한다는 걸 알게 되었을 때, 이건 단순한 사업이 아니었다. 나는 이 일을 사랑했다. 그리고 사랑하는 일은, 쉽게 포기되지 않는다.

　버틴다는 건 어쩌면 승리보다 더 어려운 일이다. 멋진 성공보다 훨씬 고독하고 외로운 과정이다. 아무도 보지 않을 때도, 내가 나를 붙들고 가야 하는 시간이다. 그런데 이상하게도, 그렇게 버티다 보면 어느새 다시 길이 열린다. 한 명의 고객이 다시 찾아오고, 한 통의 전화가 기회가 되며, 한 줄의 메시지가 힘이 되어준다.

　내가 지금까지 버틴 이유는, 결국 단 하나다. 포기하지 않았기 때문이다. 그럴 수 있었던 건 내가 가진 어떤 특별한 재능 때문이 아니라, 내가 이 일을 시작했던 이유가 여전히 나를 지키고 있었기 때문이다. 아무리 흔들려도 그 이유 하나가 내 중심을 잡아줬고, 흔들리면서도 중심을 놓지 않았기에 나는 계속 걸어올 수 있었다.

# 9 위기의 순간 나를 살린 건 사람

사업을 하다 보면 모든 걸 다 잃었다고 느껴지는 순간이 찾아온다. 그럴 땐 숫자도, 계획도, 시스템도 아무 의미가 없다. 자존감은 바닥으로 꺼지고, 누군가가 "괜찮아질 거야"라고 말해도 그 말 한마디가 더 아프게 느껴질 정도로 예민해진다. 나에게도 그런 순간이 분명히 있었다. 아니, 한 번도 아니고 여러 번이었다. 그때마다 나를 붙잡아준 건, 의외로 복잡한 전략이나 기획안이 아니라, '사람'이었다.

내가 무너질 뻔한 그 날, 누군가 아무 말 없이 커피 한 잔을 내밀었다. 그건 "힘내"라는 말보다 더 강력했다. 대단한 조언도 아니고, 현실적인 해결책도 아니었지만, 그 커피 한 잔에서 '당신을 보고 있어요'라는 신호를 받았다. 나 혼자가 아니라는 것, 누군가가 여전히 내 옆에 있다는 사실. 그건 내가 다시 일어설 수 있는 이유가 되었다.

문득, '사람'이라는 단어가 얼마나 무겁고 강한 에너지를 품고 있는지를 생각하게 된다. 우리가 왜 사람에게 기대고, 사람에게 실망하고, 사람을 통해 성장하는지를 떠올려보면, 결국 사업이라는 것도 본질은 '사람'에서 시작해 '사람'으로 끝나는 일이라는 걸 인정하지 않을 수 없다.

거래처, 고객, 직원, 파트너… 이 모든 관계 속에 실은 '내가 만든 작은 공동체'가 존재한다. 그 공동체가 단단해지면 외부의 위기에도 흔들리지 않는다. 반대로 공동체가 허약하면, 아무리 탄탄한 재무제표를 갖고 있어도 한순간에 무너질 수 있다. 나는 그걸 몸으로 겪었다. 한때는 숫자만 보던 사람이었다. 매출, 순이익, ROAS… 머릿속엔 늘 차트와 수치가 가득했다. 그런데 진짜 위기 앞에선 그 숫자들이 날 구해주지 못했다. 오히려, 내가 지금까지 쌓아온 관계들이, 그리고 그 안에서 맺어온 사람들과의 신뢰가 나를 살렸다.

그중 가장 기억에 남는 건, 아무 말 없이 내 일을 도와준 직원이었다. 내가 매출을 걱정하며 혼자 끙끙 앓고 있을 때, 그는 조용히 매장 정리를 하고, 리뷰 답글을 달고, 다음 주 홍보 아이디어를 준비하고 있었다. "대표님, 이건 그냥 제가 좋아서 하는 거예요." 그 말이 전부였다. 나는 그 순간 생각했다. '아, 이 사람을 위해서라도 다시 일어나야겠구나.'

그리고 고객 중에도 있었다. 어느 날 한 분이 긴 리뷰를 남겼다. "처음엔 별 기대 없이 샀는데, 제품보다도 대표님이 하는 이야기 덕분에 팬이 됐어요. 어떤 일을 하시든 응원할게요." 장사를 하다 보면 이런 리뷰 하나가 정말 사람을 살린다. 그건 단순한 피드백이 아니라, 존재에 대한 인정이기 때문이다. '나라는 사람이 누군가에게 의미가 있구나' 하는 확신. 그것이 때로는 자금 유입보다 더 큰 힘이 된다.

물론, 나를 힘들게 한 사람도 있었다. 나를 오해한 사람, 나를 외면한 사람, 나를 비난한 사람… 하지만 돌아보면 그들 덕분에 더욱 단단해졌다. 그들의 말 속에서 내가 놓치고 있던 부분을 발견했고, 결국 그 비판조차도 나를 정리하고 리셋하게 만들어준 계기가 됐다. 결국 좋은 사람이든 나쁜 사람이든, '사람'이라는 존재 자체가 내 성장에 깊숙이 영향을 미쳐왔다는 걸 인정할 수밖에 없다.

사업은 고립된 전투가 아니다. 혼자 해내야 한다고 착각하기 쉽지만, 실제로는 수많은 사람의 도움을 받으며 가는 마라톤이다. 누군가는 물을 건네주고, 누군가는 옆에서 페이스를 맞춰주고, 누군가는 내가 쓰러졌을 때 다시 일으켜 세운다. 문제는 내가 그 사람들의 존재를 인정할 줄 아는가다. 그리고 그 사람들에게도 나 역시 힘이 되어줄 수 있는가이다.

지금 돌아보면, 위기의 순간에 나를 다시 일으킨 건 '혼자가 아니라는 감각'이었다. 매출이 잠시 떨어진 건 다시 올릴 수 있지만, 관계가 무너지면 다시 쌓는 데 훨씬 더 많은 시간과 에너지가 필요하다. 그래서 지금도 나는 숫자보다 사람을 본다. 얼마나 버느냐보다, 누구와 함께하느냐가 더 중요하다는 걸 안다. 사람은 비용이 아니라, 자산이다.

누군가 내게 묻는다. "대표님은 사업에서 가장 중요한 게 뭐라고 생각하세요?" 나는 망설임 없이 대답한다. "사람이요. 결국 사람입니다."

# 10 누가 나에게 기회를 줬는가

많은 사람들이 사업을 시작할 때, 이렇게 말하곤 한다. "좋은 기회만 생기면 나도 한번 해보고 싶다." 그 말이 나에게는 늘 모호하게 들렸다. 마치 누군가가 내 앞에 선물 상자를 들고 와주기만을 기다리는 사람처럼 느껴졌기 때문이다. 그런데 그 '기회'라는 게 어디선가 선물처럼 등장하는 걸까? 내가 경험한 바에 따르면, 기회는 절대 우연처럼 오지 않았다. 기회는 언제나 '사람'을 통해, '관계'를 통해 왔다.

처음 사업을 시작했을 때 나는 그런 걸 몰랐다. 내가 열심히 하면 언젠가는 눈에 띌 거라고 생각했다. 좋은 제품, 좋은 기획, 좋은 마케팅… 이런 것들이 언젠가는 사람들에게 자연스럽게 전달되고, 그렇게 기회가 열릴 거라고 믿었다. 그런데 현실은 그 반대였다. 제품이 좋아도, 콘텐츠가 매력 있어도, 누군가 그것을 '알아봐 주는 사람'이 없으면 그저 흘러가는 바람이었다. 누구도 내게 손을 내밀지 않았고, 나는 점점 지쳐갔다.

그러다 어느 날, 정말 우연처럼 찾아온 한 통의 연락. 내 콘텐츠를 인상 깊게 본 한 사람이 작은 인터뷰를 제안했고, 나는 아무런 기대 없이 응했다. 그 인터뷰가 끝난 뒤, 작은 변화가 시작됐다. 소수지만 나를 진심으로 알아봐 준 몇 사람이 생겼고, 그중 한 명이 내게 기회를 줬다. 단순한 제안이었지만, 그 제안은 내 삶의 방향을 조금씩 바꿔놓았다. 그 이후로 나는 알게 됐다. 기회란 건 '내가 만든 나'를 누군가가 인정해줄 때 생기는 것이고, 그 누군가가 없으면 절대 오지 않는다는 걸.

기회는 '운'이 아니다. 철저하게 사람과 연결되어 있다. 그리고 그 사람은 보통 '아무도 보지 않을 때' 내가 무엇을 어떻게 하고 있는지를 지켜보고 있는 경우가 많다. 누군가가 나를 믿고 한 번 도와주기로 결정하는 순간, 그건 기회라는 이름으로 포장되어 온다. 하지만 그 기회는 단지 결과일 뿐이다. 그 전까지의 내가 쌓아온 시간, 노력, 태도… 그 모든 것들의 집합체가 만들어낸 결과다.

나는 이 진실을 받아들이기까지 꽤 오래 걸렸다. 한때는 나도 '기회를 만드는 기술'을 배우려고 수많은 강의와 책을 뒤졌다. 기회를 부르는 말투, 기회를 만드는 콘텐츠, 기회를 낚는 인간관계의 기술… 다 해봤다. 그런데 돌아보니, 정작 기회를 만든 건 그 모든 걸 하고 있다는 사실조차 모르고 꾸준히 나를 만들어가던 순간들이었다. 매출이 없던 날에도 글을 쓰고, 피드백이 없던 날에도 영상을 찍고, 반응 없는 DM에도 다시 인사말을 건네던 그 시절. 바로 그 시간들이 기회를 부르고 있었다.

한 사람 한 사람이 기회의 씨앗이었다. 어떤 고객은 내 제품을 사용하고 주변 사람들에게 소개해줬고, 어떤 파트너는 나보다 내 브랜드를 더 진심으로 이야기해줬다. 누군가는 내가 몰랐던 내 강점을 말해줬고, 누군가는 실패한 줄 알았던 시도에서 진짜 가능성을 읽어줬다. 그들은 내가 쌓아올린 작은 벽돌들 위에 '기회'라는 문을 달아줬다. 그러니까 결국, 나에게 기회를 준 사람들은 단순히 '운이 좋은 누군가'가 아니라, 내가 그동안의 삶과 태도를 통해 '끌어당긴' 사람들인 셈이다.

지금도 누군가는 기회를 기다리며 멈춰 서 있다. 어떤 사람은 "내가 부족해서 아직은 때가 아니다"라며 준비만 하다가 기회를 흘려보내고, 어떤 사람은 "나만 왜 안 되는 걸까"라며 세상을 원망한다. 하지만 분명하게 말할 수 있다. 기회는 누구에게나 주어지는 게 아니다. 그것은 철저하게 준비된 사람에게만, 그것도 가끔 아주 짧은 순간 머물다 간다. 그 짧은 순간을 잡을 수 있는가 아닌가는, 결국 지금 무엇을 하고 있느냐에 달려 있다.

그러니 나는 묻고 싶다. 지금 당신은 어떤 사람으로 기억되고 싶은가? 어떤 모습으로 누군가의 뇌리에 각인되고 싶은가? 내가 내 인생의 기회를 설계하고 싶다면, 지금 이 순간에도 누군가가 나를 떠올릴 수 있도록 살아가야 한다. 그게 기회를 끌어오는 유일한 방식이다.

기회는 사람을 통해 온다. 사람은 기억을 통해 당신을 판단한다.

그 기억을 만드는 건, 결국 당신의 '지금'이다.

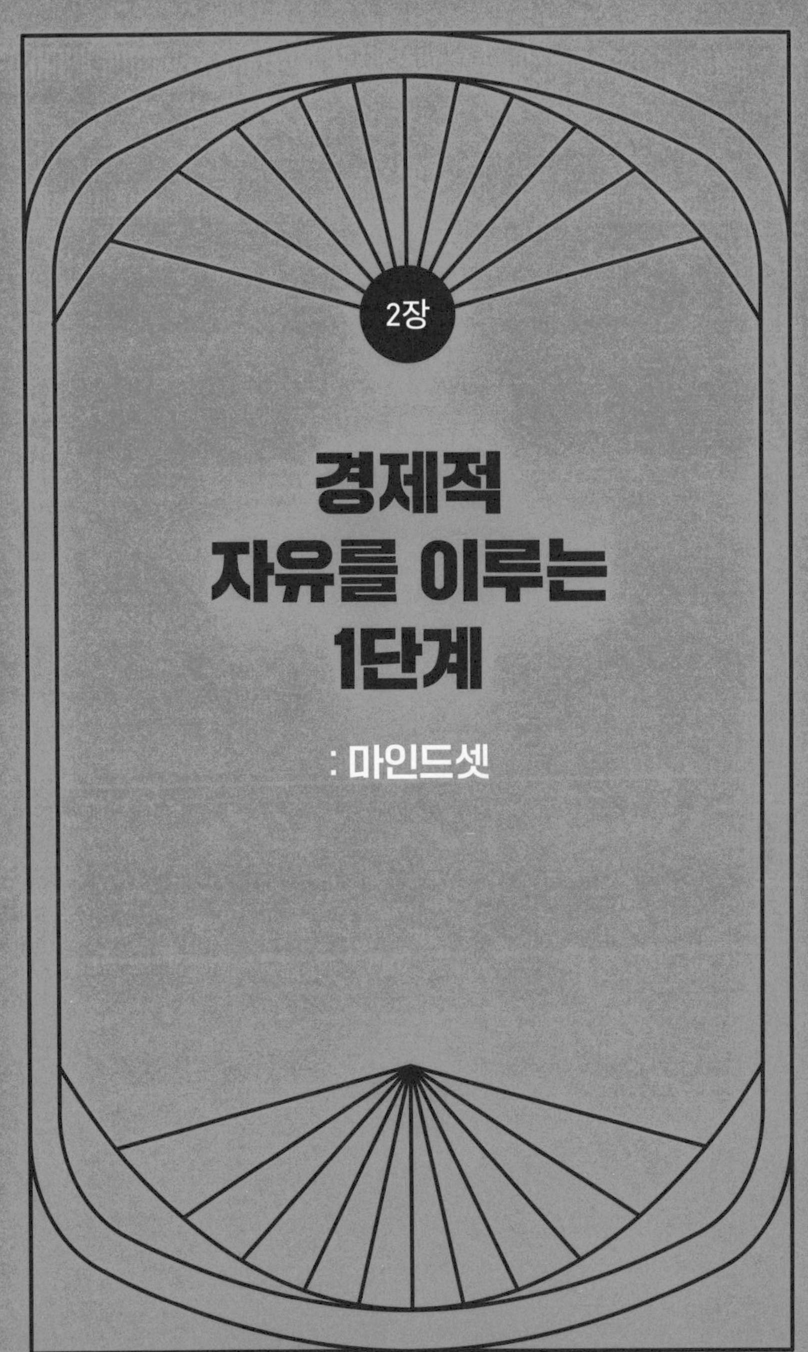
2장

경제적
자유를 이루는
1단계

: 마인드셋

# 11 내 일에 미쳐야 한다

처음 사업을 시작했을 때, 나는 그냥 열심히 하면 된다고 생각했다. 누구보다 더 오래 일하고, 누구보다 더 부지런하면 자연스럽게 성과가 따라올 줄 알았다. 하지만 현실은 그런 식으로 흘러가지 않았다. 열심히는 모두가 한다. 누군가는 나보다 더 치열했고, 누군가는 더 전략적이었으며, 또 누군가는 아예 '미쳐 있었다'. 나는 그제야 알았다. 이 일에서 살아남으려면, 단순한 성실함이나 노력으로는 안 된다는 것을. 말 그대로 미쳐야 한다는 것을.

여기서 말하는 '미친다'는 건 단지 몰입하라는 의미가 아니다. 남들이 이해하지 못해도 괜찮다는 태도, 오직 그것 하나만 생각해도 설레고 가슴이 뛰는 상태, 그게 미침이다. 매일 아침 눈을 뜨면 가장 먼저 떠오르는 게 내 일이고, 밤에 잠들기 직전까지도 머릿속을 맴도는 게 바로 그 일이면 된다. 그런 삶은 피곤하고 버겁기도 하지만,

동시에 가장 순수한 동력이다. 나는 그 동력 덕분에 매일을 버텼다.

한창 유통사업을 할 때, 나는 하루 14시간씩 배송지를 체크하고, 고객 문의에 답을 달고, 공급처와 씨름했다. 누가 시킨 것도 아닌데 스스로 감당했다. 당시에는 '이렇게 안 하면 안 되니까'라고 생각했지만, 지금 돌아보면 그건 책임감 이상의 몰입이었다. 내가 팔던 제품이 어떤 사람에게 어떤 가치를 주는지, 그 사람이 다시 나를 기억해줄지를 끝없이 상상했다. 한 번은 배송 박스 하나에 짧은 손편지를 넣었던 적이 있다. 단 한 줄, '오늘 하루도 잘 지나가시길 바랍니다.'라는 문장이었다. 그 고객은 내게 장문의 감사 메일을 보냈고, 그날 이후 열 명 넘는 사람에게 내 스토어를 소개해줬다. 미쳤다고 밖에 설명할 수 없는 일이다.

이런 경험이 반복되면서 나는 내 일에 조금씩 중독되어 갔다. 누군가는 "윤대표는 너무 일밖에 몰라요"라고 말했지만, 그건 칭찬이었다. 나는 내가 하고 있는 일에 진짜로 빠져 있었고, 그건 어느새 내 삶 전체를 움직이는 축이 됐다. 여기서 중요한 건 억지로 미친 척하는 게 아니라는 거다. 겉으로만 열정적인 척해 봤자 오래가지 않는다. 진짜 미쳐 있는 사람은, 그 일이 없으면 불안하고, 그 일을 하지 않으면 허전하다. 그런 감정은 연기할 수 없다.

그런데 대부분의 사람들은 이렇게 말한다. "나도 미치고 싶은데, 아직 뭔가 확신이 없어서요." 확신이 생기길 기다리는 동안 기회는 지나간다. 확신은 하는 과정에서 만들어진다. 미쳐야 확신이 생기는 거지, 확신이 있어야 미칠 수 있는 게 아니다. 내가 처음 글을 쓰기 시작했을 때도, 아무런 반응이 없었다. 조회 수도, 좋아요도, 공유도 없었다. 하지만 난 계속 썼다. 나 자신에게 확신을 심어주기 위해서였다. 그렇게 1년이 지나고, 나를 지켜보던 사람들이 하나둘 나타나기 시작했다. 그들은 내가 미쳐 있다는 걸 알았고, 그래서 함께하고 싶다고 말했다.

사업은 미친 사람들의 놀이터다. 누군가는 '왜 그렇게까지 해?'라고 묻지만, 나는 '그렇게까지 하지 않으면 안 되니까'라고 답한다. 내 일이니까, 내가 만든 일이니까, 내가 끝까지 책임져야 하니까. 그 마음이 쌓이고 쌓여 브랜드가 되고, 서비스가 되고, 결국 돈이 된다. 사람들이 보기엔 돈이 먼저인 것 같지만, 실제로는 그 '미침'이 먼저였다.

내가 이렇게 말할 수 있는 건, 실제로 미쳐본 사람이기 때문이다. 진짜로 내가 하는 일에 미쳐본 사람만이, 그 일로부터 기쁨도, 성장도, 수익도 얻을 수 있다. 미치지 않으면 안 되는 이유는 단 하나다. 이 길은 길고, 외롭고, 버겁기 때문이다. 적당히 해서는 견딜 수 없다. 미쳐야 한다.

지금 당신이 하고 있는 일에 충분히 빠져 있는가? 누가 시키지 않아도 스스로 하고 싶은 일인가? 그 일이 잘 안 풀릴 때조차 더 깊이 파고들고 싶은가?

그렇다면 당신은 이미 준비되어 있다. 그게 아니라면, 지금부터라도 하나쯤은 미쳐볼 가치가 있다.

## 12 진짜 실패는 시도하지 않는 것

　　한때 나는 실패라는 단어를 너무나도 두려워했다. 실패는 내게 '망했다'는 말과 다르지 않았다. 자존심이 부서지고, 주변의 시선이 따갑고, 나 자신이 작아지는 그 모든 상황을 의미했다. 그래서였을까? 처음 몇 번은 쉽게 도전하지 못했다. 시작도 하기 전에 수백 번 시뮬레이션을 돌렸고, 머릿속에서 이미 수십 번 무너졌다. 그렇게 시작도 못 하고 지나쳐 버린 기회들이 지금도 머릿속에 생생하다. 아마 그중 하나만이라도 진짜 해봤다면, 지금의 나는 전혀 다른 삶을 살고 있었을지도 모른다.

　　사업을 하다 보면 '될지 안 될지 모르겠어서'라는 이유로 멈추는 경우를 정말 많이 본다. 하지만 솔직히 말하자. 어떤 사업이든 처음부터 '된다'고 확신할 수 있는 건 거의 없다. 확신은 시도한 사람에게만 찾아온다. 더 정확히 말하면, 실패를 경험한 사람에게만 찾아온다. 나는 이걸 깨닫는 데 3년이 걸렸다. 그 시간 동안 나는 너무 많은 걸 머리로만 판단했고, 결국 몸으로 겪지 않은 판단은 대부분 틀렸다는 걸 알게 됐다.

실제로 내가 했던 수많은 시도 중에 성공한 건 극히 일부였다. 오히려 대부분은 실패에 가까웠다. 하지만 그 실패들 덕분에 방향이 생기고, 기준이 생기고, 내 사업의 스타일이 만들어졌다. 실패를 두려워한 시절에는 그런 성장조차 없었다. 가만히 제자리에서 성공만을 기다리고 있었던 나는, 결국 아무것도 얻지 못했다. 지금 돌이켜보면 그 시절이야말로 진짜 실패의 연속이었다.

내가 만난 수많은 창업자 중에 가장 인상 깊었던 사람은, 다섯 번 연속으로 망한 사람이다. 처음에는 외식업, 두 번째는 커머스, 세 번째는 강의, 네 번째는 콘텐츠 제작, 다섯 번째는 플랫폼. 모든 시도에서 손해만 봤고, 주변에서는 '그만 좀 하라'는 말이 쏟아졌지만, 그는 멈추지 않았다. 왜냐고 물었을 때 그가 한 말은 단순했다. "안 해보면 진짜 내가 뭘 잘하는지 모르니까요." 그리고 여섯 번째 사업에서, 그는 자신이 좋아하는 '사람과의 연결'을 제대로 살려내며 성공했다. 실패라는 건, 결국 나 자신을 더 잘 알게 해주는 길이라는 걸 그에게 배웠다.

시도하지 않으면 아무 일도 일어나지 않는다. 내 브랜드도, 내 고객도, 내 수익도 시작조차 되지 않는다. 그리고 더 무서운 건, 아무것도 하지 않았다는 사실이 시간이 지나면 나 자신을 잠식해버린다는 것이다. 스스로를 무능하다고 느끼게 만들고, '난 원래 안 되는 사람'이라는 잘못된 확신을 심어준다. 그렇게 스스로를 납득시키면서 주저앉는다. 그게 진짜 무서운 실패다.

반대로 시도한 사람은 다르다. 결과가 안 좋더라도 배운 게 있다. 그 사람은 다음 시도를 더 정교하게 준비할 수 있고, 다음번엔 더 오래 버틸 수 있다. 실패는 '경험'으로 전환되고, 그 경험은 결국 '실력'이 된다. 실력이 쌓이면 자연스럽게 기회가 찾아온다. 그걸 받아낼 수 있는 사람이 되는 것, 그게 우리가 사업에서 원하는 성공의 정체다.

나는 실패를 피하고 싶지 않다. 실패를 통해 얻은 감정, 통찰, 깨달음들이 지금의 나를 만든 가장 큰 재산이기 때문이다. 누군가는 실수했다고 고개를 숙이지만, 나는 그 실수를 자랑스러워하고 싶다. 왜냐면 그 실수들이 있었기에 지금 나는 멈추지 않고 계속 가고 있기 때문이다.

진짜 실패는 시도하지 않는 것이다. 그 어떤 결과보다도, 어떤 손해보다도 무서운 건 기회 앞에서 멈춰 서는 우리의 발걸음이다.

# 13 돈을 벌려면 돈보다 '사람'을 봐야 한다

처음 사업을 시작했을 때, 나는 늘 돈을 바라봤다. 매출, 수익, 이익률. 하루 단위로 숫자를 들여다봤고, 매일 목표 금액을 맞추지 못하면 밤에 잠을 못 이뤘다. 광고 효율이 떨어지면 미친 듯이 새 전략을 짜고, 팔리지 않으면 제품 탓을 했다. 고객은 그냥 '돈을 쓰는 사람'으로만 보였고, 내가 할 일은 그 사람들에게 제품을 하나라도 더 파는 거라고 믿었다. 지금 생각해 보면, 참 우습다. 제품은 그냥 핑계였고, 결국 내가 바라본 건 오직 돈이었다.

하지만 이상하게도, 그렇게 돈만 바라볼수록 돈은 멀어졌다. 광고비는 계속 나가는데 매출은 정체되고, 고객은 쉽게 이탈했다. 그리고 무엇보다, 나는 너무 지쳤다. 돈을 좇는 일이 이렇게 피로할 줄은 몰랐다. 매일매일 결과에만 집착하다 보니, 내가 이 일을 왜 시작했는지도 잊어버렸다. 그때 처음으로 질문을 바꿔봤다. "이 돈은 도

대체 어디서 오는 걸까?" 그리고 그 질문의 답은, 너무 당연한 데에 있었다. 바로 '사람'이었다.

돈은 사람에게서 나온다. 아주 단순한 사실인데도, 우리는 이걸 너무 자주 잊는다. 고객이 내 제품을 살 때, 그건 단순한 지출이 아니라 '신뢰'의 표현이다. 이 사람이 나에게 돈을 주는 이유는, 내가 가진 제품이나 서비스가 그 사람의 문제를 해결해 준다고 믿기 때문이다. 즉, 내가 돈을 버는 건 고객이 나를 신뢰했기 때문이다. 이걸 깨닫고 나니 모든 게 달라졌다.

그때부터 나는 제품보다 사람을 보기 시작했다. 고객이 왜 이걸 사는지, 뭘 고민하는지, 어떤 감정으로 내 페이지를 클릭하는지를 관찰했다. 후기 하나에도 민감해졌고, DM 한 줄에도 진심을 담아 답변했다. 단순한 텍스트가 아니라, 진짜 대화가 시작되기 시작했다. 나는 그동안 고객을 '타깃'이라 부르며 전략을 짰지만, 실상은 '관계'를 만들어야 했던 거다. 그 관계 안에서 신뢰가 생기고, 신뢰가 만들어낸 흐름이 돈이 되는 것이었다.

그 무렵 나에게 가장 큰 변화가 일어났다. 숫자에 대한 집착이 점점 줄어들었다. 매출도 중요하지만, 그보다 더 중요한 게 생긴 것이다. 나는 나의 제품을 통해 누군가가 조금이라도 위로받고, 조금이라도 편안함을 느꼈다는 메시지를 받기 시작했다. 한 고객은 내가 만든 콘텐츠를 보며 울었다고 했다. 어떤 고객은 이 제품 때문에 삶이 조금은 나아졌다고 고백했다. 그런 이야기를 들으면서 처음으로 '돈을 벌고 있다는 게 이런 기분이구나' 싶었다. 그 순간, 돈은 결과일 뿐이라는 걸 알게 됐다. 핵심은 사람이고, 내가 진심으로 그 사람을 대하는가였다.

지금도 나는 매출을 본다. 하지만 이제는 고객의 얼굴이 먼저 떠오른다. 어떤 사람인지, 무슨 상황인지, 어떻게 도와줄 수 있을지를 먼저 고민한다. 그 사람에게 필요한 걸 정확히 이해하면, 자연스럽게 팔릴 제품이 생긴다. 억지로 만들지 않아도 된다. 마케팅을 위한 문장을 쓰지 않아도 된다. 내 말이 그 사람에게 닿으면, 그걸로 충분하다.

그래서 나는 이제 이렇게 말한다. 돈을 벌려면 돈을 보지 말고, 사람을 보라고. 그 사람이 지금 어떤 문제를 겪고 있는지, 어떤 해결책을 찾고 있는지, 어떤 말 한마디에 위로받는지를 먼저 보라고. 그게 진짜 사업이다. 숫자를 올리는 기술보다 사람을 읽는 감각이 먼저다. 그 감각이 길러지면, 매출은 뒤따라온다. 늘 그렇다. 늘 그랬다.

# 14 성공보다 성장에 집중하기

　　사업을 하면서 가장 자주 들은 말이 있다. "대표님, 이번 달 매출 얼마 나오셨어요?" "요즘 잘되시죠?" 이 질문에는 항상 '성공'이라는 단어가 숨어 있다. 잘되느냐, 안 되느냐. 성공했느냐, 실패했느냐. 사람들은 늘 이분법적인 프레임으로 사업을 해석하려 한다. 그리고 나 역시 처음에는 그 틀 안에 갇혀 있었다.

　　성공이라는 단어는 듣기에 참 기분이 좋다. 성공한 사람이라고 불리는 것도, 성공한 사업이라고 소개되는 것도 어느 순간부터는 일종의 방패처럼 느껴졌다. 괜히 어깨가 펴지고, 말하는 톤이 달라지고, 표정에도 자신감이 묻어난다. 하지만 이상했다. 숫자가 올라갈수록, 사람들은 박수를 쳐주는데, 나는 점점 더 불안해졌다. 잘되고 있는데 왜 이렇게 불편할까? 뭔가 단단하지 못한 기분. 지금의 성공이 내 실력 때문이 아니라 단지 타이밍이나 운이었을지도 모른다는 두려움이 나를 붙잡고 있었다.

그리고 어느 순간 깨달았다. 나는 지금 '성공'에 집중한 것이지, '성장'에 집중하고 있지 않다는 걸.

성공은 결과다. 성장 없이 만들어낸 성공은 오래가지 못한다. 반짝이는 숫자, 일시적인 인기, 갑자기 몰린 유입. 이런 것들은 아무리 좋아 보여도 금방 끝난다. 마치 허공에 쌓아올린 탑처럼, 바람 한 번에 무너질 수 있다. 나도 그랬다. 한때 매출이 치솟던 시절, 나는 그 흐름을 유지하는 데만 정신이 팔려 있었다. 시스템도 없고, 팀도 정비되지 않았고, 고객과의 관계도 느슨해졌는데도, 겉으로는 잘나가는 사업가처럼 보이려고 애썼다.

그러다 모든 게 한 번에 무너졌다. 계절이 바뀌듯 흐름이 바뀌고, 광고 효율이 떨어지고, 고객들의 반응이 줄어들면서 매출도 함께 빠졌다. 그런데 더 무서운 건, 내가 아무런 준비가 되어 있지 않았다는 거였다. 나는 성장하지 않았기에 이 변화에 대처할 수 없었다.

그 이후 나는 방향을 완전히 바꿨다. 다시 0에서 시작한다는 마음으로 하나하나를 되짚었다. 무엇을 잘못했는지, 어떤 과정을 건너뛰었는지, 무엇을 배우지 않았는지를 살폈다. 그리고 그때부터 결과보다는 과정에 집중하기 시작했다. 숫자보다 반복에 집중하고, 유입보다 메시지에 집중했다. 내가 매일 쓰는 문장 하나, 영상 하나, 상담 하나에 정성을 담았다. 그리고 느리더라도, 확실히 내가 자라고 있다는 감각을 가지려고 했다.

성장은 당장 눈에 띄지 않는다. 하루 이틀 만에 매출이 100만 원씩 오르거나, 고객 수가 갑자기 폭증하는 일은 없다. 오히려 어제보다 조금 나아졌는지를 묻는 것. 어제보다 말투가 부드러워졌는지, 고객을 대하는 태도가 성숙해졌는지, 콘텐츠의 밀도가 깊어졌는지 그런 작은 변화들에 집중했다. 그러다 보면 진짜 성장이라는 게 축적된다.

성장은 결국 나를 지켜주는 힘이 된다. 한 번 망해도 다시 시작할 수 있는 이유는, 그동안 내가 성장해왔기 때문이다. 시스템을 만들 줄 알고, 브랜드의 감도를 이해하고, 고객의 흐름을 읽을 줄 알게 되면 사업은 다시 일어설 수 있다. 반면 성공에만 집중한 사람은 단 한 번의 실패에도 무너진다. 왜냐하면 그들은 자신을 키운 적이 없기 때문이다.

나는 이제 말한다. 성공은 지표일 뿐이다. 중요한 건 그 성공을 만들어낸 내가 누구인지, 얼마나 단단한지를 스스로에게 묻는 것이다. 나는 지금도 성장 중이다. 성공이 멈춰도, 성장은 계속될 수 있다. 그래서 나는 매출보다 내 내면의 밀도를 본다. 얼마나 배웠는지, 얼마나 변화했는지, 얼마나 버텼는지. 이 질문에 떳떳하게 대답할 수 있다면, 나는 이미 성공했다고 믿는다.

우리가 진짜 추구해야 할 건, 더 많은 돈도 더 많은 팔로워도 아니다. 내가 어제보다 나아졌다는 감각, 더 깊이 있게 말할 수 있고, 더 정교하게 행동할 수 있고, 더 따뜻하게 사람을 대할 수 있다는 그 자존감. 그것이 사업을 오래 하게 만드는 본질이며, 결국 성공도 따라오게 만드는 진짜 힘이다.

# 15 '될까?'보다 '언제 될까?'를 묻자

처음 사업을 시작했을 때, 나는 매일같이 같은 질문을 반복했다. "이거… 될까?" 단순한 의문이 아니라, 거의 체념에 가까운 혼잣말이었다. 아직 해보지도 않았는데, 이미 스스로에게 반신반의하며 물었다. 될 것 같지 않은 일을 굳이 왜 해야 하나 싶은 순간도 많았다. 그때는 몰랐다. 그 질문 자체가 이미 내 발목을 잡고 있었다는 사실을.

'될까?'라는 질문은 겉으로는 가능성을 확인하려는 말처럼 보인다. 하지만 실제로는 그 가능성을 회피하려는 방어기제다. 마음속 깊은 곳에서는 알고 있다. 내가 이 일을 계속하면 힘들 것이고, 중간에 상처받을 수도 있고, 기대만큼 결과가 나오지 않을 수도 있다는 걸. 그래서 아예 처음부터 이 일이 될지 안 될지를 묻는 거다. 가능성을 점검하려는 게 아니라, 실패했을 때 덜 아프기 위한 일종의 보험을 드는 것이다.

나는 그 질문을 너무 오래 끌고 다녔다. 매번 어떤 선택의 순간마다, 어떤 행동의 기로에서마다 "될까?"라고 물었고, 대부분은 그 물음에 답조차 하지 못한 채 행동을 미뤘다. '될까?'라고 계속 묻는 동안, 아무 일도 일어나지 않았다. 시간만 흘렀고, 나는 멈춰 있었다.

어느 날 우연히 누군가의 강연에서 이런 말을 들었다. "되는 게 아니라, 될 때까지 하는 겁니다." 그 순간, 뒤통수를 세게 얻어맞은 기분이었다. 나는 지금까지 결과가 '될지' 안 될지를 따졌지만, 진짜 중요한 건 그 일을 어디까지 끌고 갈 수 있는지를 나 스스로에게 물어야 했던 거다. 그리고 질문을 바꾸기로 했다.

'될까?'가 아니라 '언제 될까?'

이 단어 하나가 주는 변화는 상상 이상이었다. '언제 될까?'라는 질문은 전제를 바꾼다. '된다'는 건 이미 확정된 사실이고, 다만 시점이 문제일 뿐이라는 신념에서 출발한다. 그렇게 마음을 고치니, 행동이 바뀌었다. 안 될지도 모른다는 생각에 머뭇거리던 발걸음이, 될 거니까 지금부터 하나씩 해보자는 에너지로 바뀌었다. 그리고 정말 신기하게도, 일들이 서서히 풀려가기 시작했다.

'언제 될까?'라고 묻는다는 건 단지 낙관주의가 아니다. 그것은 자기 자신에 대한 책임이다. 일이 안 될 때, 실패했을 때, 환경 탓이나 사람 탓을 하게 되는 건 '될까?'라고 물었던 사람의 특징이다. 왜냐면 처음부터 자신도 안 될 가능성을 염두에 두고 있었기 때문이다. 반면 '언제 될까?'라고 믿고 움직인 사람은 실패를 해도 다시 도전할 수 있다. 왜냐하면 그에게 실패는 끝이 아니라 하나의 경로였기 때문이다.

사업은 원래 쉽지 않다. 열 명이 도전해서 아홉 명은 중간에 포기하고, 한 명만 남는다는 이야기도 허투루 나온 말이 아니다. 그런데 그 한 명은 어떤 특별한 능력을 가졌기 때문이 아니다. 그저 물음의 방향이 달랐을 뿐이다. 계속해서 '언제 될까?'라고 묻고, 아직 안 됐으면 그 시점을 당긴다. 안 되는 이유를 찾는 대신, 되는 방법을 찾는다. 내 경험으로는 그것이 전부였다.

나는 지금도 매일 생각한다. "이게 언제 될까?" 하지만 예전과는 다르다. 이 질문은 나를 불안하게 하지 않는다. 오히려 스스로를 다잡고, 조금 더 나아가게 만드는 말이다. 내게 남은 시간과 자원과 사람들을 떠올리며, 그 '언제'를 앞당기기 위한 준비를 한다. 그리고 확신한다. '될까?'라고 물었던 시절보다 지금이 훨씬 단단해졌다고.

당신이 지금 어떤 일을 시작하려는 사람이라면, 혹은 이미 시작했지만 지지부진해서 조급함을 느끼고 있다면, 질문을 바꿔보자. '이게 되긴 할까?' 대신 '이게 언제쯤 될까?'라고. 단어 하나가 바뀌는 순간, 마음의 구조가 바뀌고, 행동의 방향이 달라진다. 그리고 그게 결국 결과를 만든다.

되냐 안 되냐는 이제 중요하지 않다. 결국 당신이 그 일을 어디까지 끌고 갈 수 있느냐가 가장 중요한 문제다. '될까?'라는 질문은 당신을 멈추게 하지만, '언제 될까?'라는 질문은 반드시 당신을 걷게 만든다. 나는 지금도 묻고 있다. 그리고 계속 움직이고 있다. 언젠가, 되니까.

# 16 의지보다 습관이 남는다

처음 사업을 시작했을 때, 나는 의지가 전부라고 생각했다. '의지가 있으면 안 되는 일도 되게 할 수 있다'는 말을 믿었다. 그래서 매일을 다짐으로 시작했고, 또 매일을 결심으로 마무리했다. 새벽에 눈을 뜨면 '오늘은 반드시!' 하고 이를 악물었고, 밤이 되면 자책하며 반성문을 썼다. 그런데 몇 달이 지나고 나서야 깨달았다. 나의 의지는 오래가지 못했고, 매일이 반복되는 변명과 미뤄짐의 늪에 빠져 있었다는 걸.

의지는 대단히 강력해 보이지만, 사실 하루를 넘기기 어렵다. 컨디션이 좋지 않거나, 기분이 살짝 꺾이거나, 예상치 못한 일이 하나 끼어들면 의지는 금세 방향을 잃는다. '오늘 하루는 쉬고 내일부터 제대로 하자'는 유혹 앞에서 의지는 참으로 무력해진다. 그 순간의 변명 하나에, 몇 주, 몇 달 동안 공들여온 리듬이 무너진다.

그런데 습관은 다르다. 습관은 스스로를 설득할 필요가 없다. 무의식적으로, 반복적으로, 별다른 의식 없이 움직인다. 아침에 일어나면 자동으로 물을 마시는 것처럼, 가게 문을 열기 전에 자연스럽게 매출 앱을 확인하는 것처럼, 누가 시키지 않아도 하게 되는 일. 그것이 바로 습관이다.

습관은 의지보다 더 깊게 뿌리 내린다. 그래서 변덕에도 강하고, 기분에도 덜 휘둘린다. 나는 어느 시점부터 '의지를 태우지 않는 방법'을 고민하기 시작했다. 매일 아침 각오를 새롭게 다지는 대신, 나도 모르게 반복될 수 있는 패턴을 만드는 데 집중했다. 예를 들어, 출근하자마자 앉아서 하루를 계획하는 루틴, 아침마다 30분간 기록하는 습관, 매일 같은 시간에 SNS에 글을 올리는 규칙 같은 것들. 처음엔 불편했지만, 두 달쯤 지나고 나니 익숙해졌다. 그리고 그때부터 무너지지 않기 시작했다.

사업은 짧은 의지로 이뤄지는 게 아니다. 오히려 매일매일의 루틴이 모이고, 그 루틴이 나의 브랜드가 되고, 그 브랜드가 매출이 된다. 반복이 나를 만들고, 반복이 회사를 만든다. 처음엔 억지로라도 밀어붙여야 하는 시간이 필요하다. 그걸 '의지의 시간'이라고 부른다면, 그 이후는 습관이 이어가는 시간이다. 의지는 시동을 걸고, 습관은 주행을 이어간다.

내가 만난 수많은 사장님들 중에도 꾸준히 사업을 잘하는 사람들은 예외 없이 '습관의 괴물'이었다. 큰 결심은 잘 하지 않았다. 대신 사소한 일들을 어김없이 해냈다. 매일 고객 응대를 체크하고, 매일 발송 상태를 점검하고, 매일 콘텐츠 하나씩을 업로드했다. 큰 계획보다 작은 반복. 의지보다 꾸준한 루틴. 그들이 가진 힘은 '꾸준함' 하나였다.

나는 이제 의지를 믿지 않는다. 대신 환경을 믿는다. 어떤 행동이 자동으로 반복될 수 있는 환경을 만들고, 그것을 내 일상에 녹여내는 일이 가장 중요하다는 걸 알게 됐다. 내게 필요한 건 '결심'이 아니라, '패턴'이다. 그래서 지금도 나는 환경을 조정하고, 리듬을 설계하며, 일상을 최적화한다.

만약 당신이 요즘 자꾸 무너지고 있다면, 스스로를 자책하기보다 환경을 바꿔보길 권한다. 아침에 일어나는 시간을 30분 앞당겨도 좋고, 작업 공간을 바꿔도 좋고, 매일 쓰는 문구나 책상을 정리하는 것만으로도 큰 변화가 시작될 수 있다. 습관은 작은 시작에서 출발한다. 그리고 그 습관이 당신을 끌고 간다. 의지가 무너졌을 때에도, 습관은 멈추지 않는다.

그러니 매일 결심하지 말자. 매일 반복하자. 의지를 끌어올리기보다, 습관을 설계하자. 그게 당신을 끝까지 데려갈 유일한 힘이다.

# 17 0에서 시작한다는 마음으로

사업을 하다 보면 어느 순간부터 '나는 꽤 해봤다'라는 생각이 스멀스멀 올라온다. 처음엔 겸손하게 배우겠다고 고개를 숙였지만, 매출이 조금 나기 시작하면 슬그머니 고개가 들리고, 나보다 늦게 시작한 사람이 조언하면 속으로는 '그래도 난 너보다는 오래했는데'라는 생각이 들기도 한다. 그렇게 사람은 변한다. 내가 그랬다.

하지만 정말 중요한 건, 어느 위치에 있든 '0에서 다시 시작한다'는 마음을 잃지 않는 것이다. 지금의 성과는 언제든 사라질 수 있고, 세상은 내 성취에 관심 없으며, 매일매일 처음 보는 문제들이 나를 시험하기 때문이다. 나는 지금도 자주 그때를 떠올린다. 아무것도 없던 시절, 월세 낼 돈도 부족하던 시절, 계좌에 몇 천 원 남았던 그 순간을. 간절했고, 절박했고, 그래서 무엇이든 배울 준비가 되어 있었던 그때를.

그 시절의 나는 잘하려 하지 않았다. 일단 부딪혔다. 실수를 하더라도, 욕을 먹더라도, '하겠다'고 말하고 먼저 움직였다. 그리고 그게 나를 여기까지 이끌었다. 그런데 이상하게도, 어느 정도 경험이 쌓이고 나니까 몸이 무거워졌다. 뭔가 새로운 걸 하려고 하면 복잡한 생각이 앞섰다. "이건 돈이 될까?", "이건 내가 할 일이 아닐지도 몰라", "괜히 시작했다가 이미지 깎이는 거 아니야?" 처음에는 없었던 잡념들이 나를 가로막기 시작했다.

그때 깨달았다. 내가 '처음 마음'을 잃어버렸다는 것을. 그리고 그 처음 마음은 단순히 열정이나 열의가 아니라, '내가 아무것도 아니다'라는 인식에서 오는 겸손함이었다. 세상에 내가 아는 게 거의 없다는 걸 인정했기 때문에 뭐든 받아들일 수 있었고, 그래서 뭐든 할 수 있었다.

사업을 7년째 하면서 많은 사람들을 만났다. 그중 오래가는 사람들은 공통적으로 한 가지 특성을 가지고 있었다. '아무리 잘돼도 자기 자신을 과대평가하지 않는다'는 것. 그들은 항상 "지금도 배우고 있다"고 말했고, "나는 아직 멀었다"고 이야기했다. 그 말이 진짜 진심인지 아닌지보다는, 그 태도 자체가 그들을 계속 전진하게 만든다는 걸 느꼈다.

사업이라는 건 본질적으로 끝이 없다. 시장은 계속 바뀌고, 고객도 변하고, 내가 만들어놓은 방식도 언젠가는 통하지 않게 된다. 그러니 중요한 건 늘 '처음처럼' 새롭게 배우고, 새롭게 생각하고, 새롭게 시도하는 자세다. 10년을 했다면 10년 치의 자만이 아니라, 10

년 치의 오류를 반복하지 않을 기회를 얻은 것이다. 그렇게 생각하면 오래 했다는 건 오히려 더 치열하게 '0의 자세'를 가져야 한다는 뜻이다.

나는 지금도 스스로에게 자주 묻는다. "지금 너는 정말 배우고 있니?"라고. "지금 이 선택이 경험에서 나온 것인지, 변명에서 나온 것인지?"라고. 그리고 스스로가 "그때 그 마음으로 다시 돌아가자"라고 다짐하는 순간, 다시 눈이 반짝인다.

성장은 축적의 결과이기도 하지만, 반복된 시작의 결과이기도 하다. 늘 제자리에서 다시 뛰는 자세, 그게 없으면 정체된다. 나는 더 이상 '잘하자'는 말을 믿지 않는다. 대신 '처음처럼 해보자'는 말을 믿는다. 그 자세로 지금도 하루하루 사업을 하고 있다.

내가 지금 어떤 위치에 있든, 어떤 타이틀을 달고 있든, 내일 무너질 수 있다는 사실을 잊지 않는다. 그것이 나를 겸손하게 만들고, 나를 진짜 성장하게 만드는 유일한 태도다.

# 18 결국 '내가 바뀌면 바뀐다'는 법칙

사람들은 늘 변화를 바란다. 매출이 오르길 바라고, 직원이 변하길 바라며, 시장이 나에게 유리하게 돌아서길 원한다. 그런데 이상하게도 정작 그 변화의 중심에 있어야 할 '자신'은 쉽게 바꾸려 하지 않는다. 내가 먼저 바뀌지 않으면서 바깥세상이 바뀌길 바라는 건, 아무 훈련도 하지 않고 경기에서 이기고 싶다는 말과 같다. 너무나 당연한 실패의 공식이다.

나는 초창기 사업을 하면서 이런 생각을 자주 했다. "광고가 잘못된 것 같다." "제품이 약한 것 같다." "운이 좀 더 따라줬다면." 그렇게 핑계를 외부로 돌리는 데 익숙했다. 그런데 매번 비슷한 문제로 발목이 잡히는 경험을 반복하고 나니, 어느 순간 문득 이런 생각이 들었다. "이게 계속 반복되는 거라면, 문제는 나한테 있는 게 아닐까?"

불편한 진실이었다. 나 자신이 바뀌지 않는 한 아무리 시스템을 바꾸고, 제품을 갈아엎고, 마케팅 전략을 새롭게 짜도 본질은 그대로라는 걸 그제서야 받아들일 수 있었다. 결국 세상을 보는 시각, 문제를 대하는 태도, 실패에 대한 해석 방식—이 모든 것이—모두 내가 가진 프레임 속에서 이뤄지는 일이라는 걸 깊이 깨닫게 됐다.

이후부터는 모든 문제에 앞서 이렇게 질문하기 시작했다. "이 문제를 만든 건 누구지?" 그리고 불편하지만 그 답이 대부분 '나'일 때, 무릎을 꿇고 진짜 해결책을 찾기 시작했다. "내가 어떻게 바뀌면 이 상황이 바뀔까?"라고 묻기 시작했다.

가장 먼저 바뀌야 했던 건 '해결 중심'이 아니라 '탓 중심'으로 굳어진 사고방식이었다. 누구 탓인지 찾는 일은 당장의 분노를 풀어줄 순 있어도, 그 어떤 결과도 바꾸지 못했다. 반면 "어떻게 바꿀까?"라고 접근했을 때부터는 실제로 내 행동이 변했고, 그것이 결과를 조금씩 움직이기 시작했다.

그리고 한 가지 중요한 걸 더 배웠다. 내가 바뀌면, 주변 사람들도 바뀐다는 사실이다. 신기하게도 내가 말투를 바꾸면 상대의 반응도 달라지고, 내가 태도를 바꾸면 상황의 흐름도 조금씩 수그러들었다. 나는 처음엔 그저 나라도 변하자고 시작했는데, 결과적으로 팀원들의 자세가 달라졌고, 고객과의 관계도 눈에 띄게 부드러워졌다. 마치 물 위에 돌을 하나 던졌을 뿐인데 파문이 점점 커져가는 것처럼, 내 변화가 주변을 움직이는 동력이 되기 시작한 것이다.

사업을 하며 가장 자주 마주하게 되는 적은 경쟁자가 아니다. 변하지 않는 자기 자신이다. 매일 반복되는 실수, 고쳐야 할 줄 알면서도 고치지 못하는 습관, 변명을 합리화하는 뻔한 대사들⋯ 이 모든 것들이 나를 제자리걸음하게 만든다. 그런데 그걸 인정하고 나면, 전혀 새로운 세상이 열린다. 바꿀 수 없는 것을 붙잡고 괴로워하기보다, 내가 바꿀 수 있는 것부터 바꾸는 쪽으로 중심이 옮겨간다.

바뀌어야 하는 건 언제나 환경이 아니라 사람이다. 그중에서도, 가장 먼저 바뀌어야 할 사람은 바로 나 자신이다. 이 단순하고 뻔한 진실을 진짜로 이해하게 된 순간부터, 나는 더 이상 사업을 외롭고 버거운 일이 아니라 '내 성장을 위한 가장 강력한 훈련장'으로 받아들이게 되었다.

그렇게 바뀌었다. 사람을 대하는 방식이 달라졌고, 문제를 마주할 때 반응하는 속도도 변했다. 예전 같으면 정신이 아득해졌을 상황에서도, 이제는 "오, 또 왔네. 이번에는 어떻게 바뀌어야 하지?"라고 생각한다. 물론 이게 하루아침에 되는 일은 아니다. 꾸준히 나를 점검하고, 반성하고, 성장의 방향을 확인하는 습관이 필요하다. 하지만 한번 익숙해지면, 이 삶의 태도는 인생 전체를 통째로 바꿔놓는다.

나는 믿는다. 매출의 상승, 조직의 변화, 브랜드의 성장⋯ 이 모든 변화는 결국 '내가 바뀌었을 때'만 일어난다. 아무리 비싼 수업을 듣고, 뛰어난 멘토를 만나도, 내가 변하지 않으면 아무 일도 일어나지 않는다. 그러니 변화는 언제나 나에게서 시작되어야 한다. 그게 이 험한 사업 판에서 끝까지 살아남을 수 있는 유일한 법칙이다.

# 19 자기 합리화 대신 자기 책임감

사업을 하다 보면, 예상치 못한 일들이 끊임없이 터진다. 광고비를 수백만 원 쏟아부었는데 매출이 전혀 오르지 않는다든가, 믿었던 직원이 갑작스럽게 퇴사한다든가, 공들여 만든 콘텐츠가 아무 반응 없이 묻혀버리는 일. 이런 상황이 반복되면 자연스럽게 머릿속에 떠오르는 생각이 있다. "내가 뭘 그렇게 잘못했을까?" 아니면 "이건 내가 어쩔 수 없었던 일이야."

사람은 누구나 자신을 보호하려는 본능이 있다. 그 본능이 만들어내는 대표적인 반응이 바로 '자기 합리화'다. 내가 부족해서 실패한 것이 아니라, 시장이 안 좋았기 때문이라고, 시대 흐름이 변했기 때문이라고, 운이 나빴기 때문이라고 스스로를 설득한다. 그렇게 말해두면 그 순간은 마음이 조금 편해진다. 내가 틀린 게 아니라 세상이 나빴던 거니까.

하지만 문제는 그다음이다. 자기 합리화는 다음 스텝으로 나아가지 못 하게 만든다. 원인을 외부로 돌리는 순간, 나는 아무것도 바꿀 수 없는 존재가 된다. 결국 반복되는 실패의 굴레 안에서 아무런 배움 없이 제자리걸음을 하게 된다. 더 무서운 건 시간이 갈수록 이 자기 합리화가 '내 세계의 진실'처럼 굳어지면서 점점 더 무능해진다는 점이다. 나도 한동안 이런 구덩이 안에 깊게 빠져 있었다.

사업 초반엔 모든 일이 내 손을 거쳐야 했고, 매출이 떨어지면 밤잠을 설치며 탓할 대상을 찾아 헤맸다. 그땐 모든 게 외부 때문이라고 믿었다. 광고 대행사, 배송업체, 고객, 직원, 파트너… 내 손은 점점 바깥으로만 뻗어나갔다. 그런데 아무리 탓해도 상황은 변하지 않았다. 매출은 회복되지 않았고, 직원은 나를 떠났으며, 고객은 돌아오지 않았다.

그러다 문득 이런 생각이 들었다. "만약 모든 게 내 책임이라면 어떻게 했을까?" 이 말은 굉장히 불편하다. 하지만 동시에, 엄청난 힘을 가진 문장이기도 하다. 내가 책임진다면, 내가 바꿀 수 있다는 말이 되니까. 그때부터 나는 모든 결과에 대해 책임지는 연습을 시작했다. 단순히 '내 탓이오'를 읊는 게 아니라, 진짜로 '내가 어떤 선택을 했고 그 선택이 어떤 결과를 가져왔는지'를 냉정하게 들여다보는 시간이었다.

불편했다. 때로는 자존심이 상했고, 때로는 창피했다. 하지만 그 과정이 쌓이면서 진짜 힘이 생겼다. 실수를 반복하지 않게 되었고, 상황을 남 탓하며 지나치지 않게 되었고, 가장 중요한 건, 위기 상황에서도 '내가 지금 바꿀 수 있는 것'을 고민할 수 있게 되었다는 점이다.

사업은 늘 예측 불가능한 흐름 속에 있다. 그래서 누구나 불안하고, 실수하고, 후회하게 된다. 이건 어쩔 수 없는 일이다. 하지만 그 순간, 선택지는 분명히 존재한다. '변명'할 것이냐, '책임'질 것이냐. 변명을 선택하면 오늘은 편할지 몰라도 내일은 더 불안해진다. 책임을 선택하면 오늘은 불편하겠지만, 내일은 조금 더 단단해진다. 이게 반복되면 결국 그 사람은 '문제를 해결하는 사람'이 된다. 그 사람만이 진짜 사업가로 성장한다.

내가 만난 수많은 자영업자들, 대표님들, 코칭을 받으러 온 사람들 중에서도 성장하는 사람들의 공통점은 바로 여기에 있다. 그들은 늘 자신을 점검하고, 책임의 무게를 감당하며, 개선의 여지를 먼저 본다. 그들은 실패했을 때 가장 먼저 '내가 뭘 놓쳤지?'를 되묻는다. 그렇게 질문을 바꾸는 순간부터, 그들은 이미 다음 단계로 넘어갈 준비를 마친 셈이다.

자기 합리화는 때로 당신을 보호하는 도구가 될 수도 있다. 하지만 그 도구에 의존하는 순간, 진짜 변화를 놓친다. 반면 자기 책임감은 당신을 성장시키는 발판이다. 무겁고 힘들지만, 그 위에 서는 순간부터 당신은 '주도권'을 가진 사람이 된다. 사업에서도, 삶에서도 마찬가지다.

내가 지금 이 자리에 서 있을 수 있었던 이유? 그건 결국 어느 순간, 더 이상 세상을 탓하지 않기로 마음먹었기 때문이다. 불합리한 상황, 잘 안 풀리는 흐름, 말 안 통하는 사람들… 그런 것들을 다 감안하고도 내가 '결정권자'라는 사실을 잊지 않았기 때문이다. 진짜 사업가는 '모든 결과에 내가 들어 있다'는 걸 인정하는 사람이다.

이제는 말할 수 있다. 나의 변화는 변명하지 않는 데서 시작됐다고. 그리고 그 변화는 내 브랜드, 내 팀, 내 고객에게도 분명한 영향을 주었다고. 책임질 준비가 되어 있는 사람에게는, 세상도 조금은 더 기회를 주는 것 같다. 아니, 그 사람 스스로 기회를 만들어낸다고 믿는다.

# 20 기적을 바라지 않는다, 다만 준비는 한다

솔직히 말하면, 처음 사업을 시작했을 땐 나도 기적을 바랐다. 딱히 누가 그렇게 하라고 시킨 것도 아닌데, 왠지 모르게 '한 방'이라는 걸 기대했던 것 같다. 어느 날 갑자기 내 제품이 입소문을 타서 불티나게 팔린다든지, 유명한 인플루언서가 내 브랜드를 알아보고 무료로 홍보를 해준다든지, 아니면 우연히 찾아온 기회 하나가 나를 끌어올려줄 거라는 막연한 믿음 같은 것. 돌이켜 보면, 아무런 논리도 없었고, 전략도 없었다. 그냥 잘되길 바랐고, 그게 전부였다.

하지만 시간이 지나면서 한 가지를 분명히 알게 되었다. 기적은 절대로 '기다리는 사람'에게 오지 않는다는 사실이다. 기적은, 꾸준히 움직이는 사람에게 아주 조용하게 다가온다. 그리고 그 기적을 기회로 바꾸는 사람은, 이미 수없이 준비해 온 사람뿐이다.

누군가는 이렇게 말할 수도 있다. "그래도 기적은 존재하잖아요.

그런 운 좋은 사람들 많던데요?" 맞다. 있다. 어쩌다 한 번은 그런 사람이 눈앞에 나타난다. 하지만 그게 당신이 될 확률은, 솔직히 말해서, 거의 없다. 그리고 중요한 건 기적이 있느냐 없느냐가 아니다. 문제는 그 기적이 왔을 때 내가 그것을 '받아낼 수 있는 상태'인가다. 아무리 좋은 기회가 눈앞에 와도, 그걸 잡을 준비가 되어 있지 않다면, 기적은 그냥 지나가 버린다. 마치 내릴 준비가 안 된 정류장에서 지나치는 버스처럼.

준비된 사람은 다르다. 매일같이 연습하고, 매일같이 고민하고, 매일같이 실패하고 다시 시도한다. 그 사람은 기적 같은 일이 생겼을 때 그걸 운명처럼 당연하게 받아들인다. 왜냐하면 이미 그 상황을 수백 번 시뮬레이션해 봤고, 어떻게 반응할지도 알고 있기 때문이다.

나는 기적을 바라지 않는다. 대신, 매일을 준비한다. 콘텐츠를 쌓고, 고객 반응을 정리하고, 내 생각을 글로 남기고, 나의 이야기를 녹여낸다. 오늘은 결과가 없어도 내일을 위한 기반이 되고, 내일도 실패하더라도 다음 주에 꺼내쓸 수 있는 무언가가 된다. 그러다 보면 언젠가, 진짜 말도 안 되는 기회 하나가 눈앞에 도착한다. 그리고 나는 그때, 머뭇거리지 않고 말할 수 있다. "이건 내 차례다."

사업은 그런 거다. 마치 비가 언제 올지 모르지만, 매일 우산을 챙기고 다니는 것처럼 사는 일이다. 사람들은 그걸 답답하다고 말할 수도 있다. 매일 준비만 하느냐고, 언제 터질지 모르는 기회 때문에 에너지를 낭비하고 있는 거 아니냐고. 하지만 정작 기회는 늘 그런 사람 곁에 먼저 나타난다. 우연이 아니라, 반드시 찾아오게 되어 있다.

한때 나는 하루아침에 바뀌는 인생을 꿈꿨다. 하지만 지금은 안다. 내 인생을 바꾸는 건 하루아침에 일어나는 일이 아니라, 하루하루가 쌓여서 만들어지는 흐름이라는 걸. 내가 준비하지 않은 일은 절대 내 것이 될 수 없다는 걸. 그래서 나는 오늘도 준비한다. 기적이 와도 놀라지 않기 위해. 오히려 "와줘서 고마워"라고 말할 수 있기 위해.

이 책을 읽고 있는 당신도 지금 준비 중이라면, 충분하다. 느리더라도 쌓고 있다면, 이미 절반은 온 것이다. 그리고 반드시 기억해라. 우리가 준비를 멈추지 않는다면, 기적이란 건 그냥 평범한 하루의 옆자리에 앉게 되어 있다는 것을.

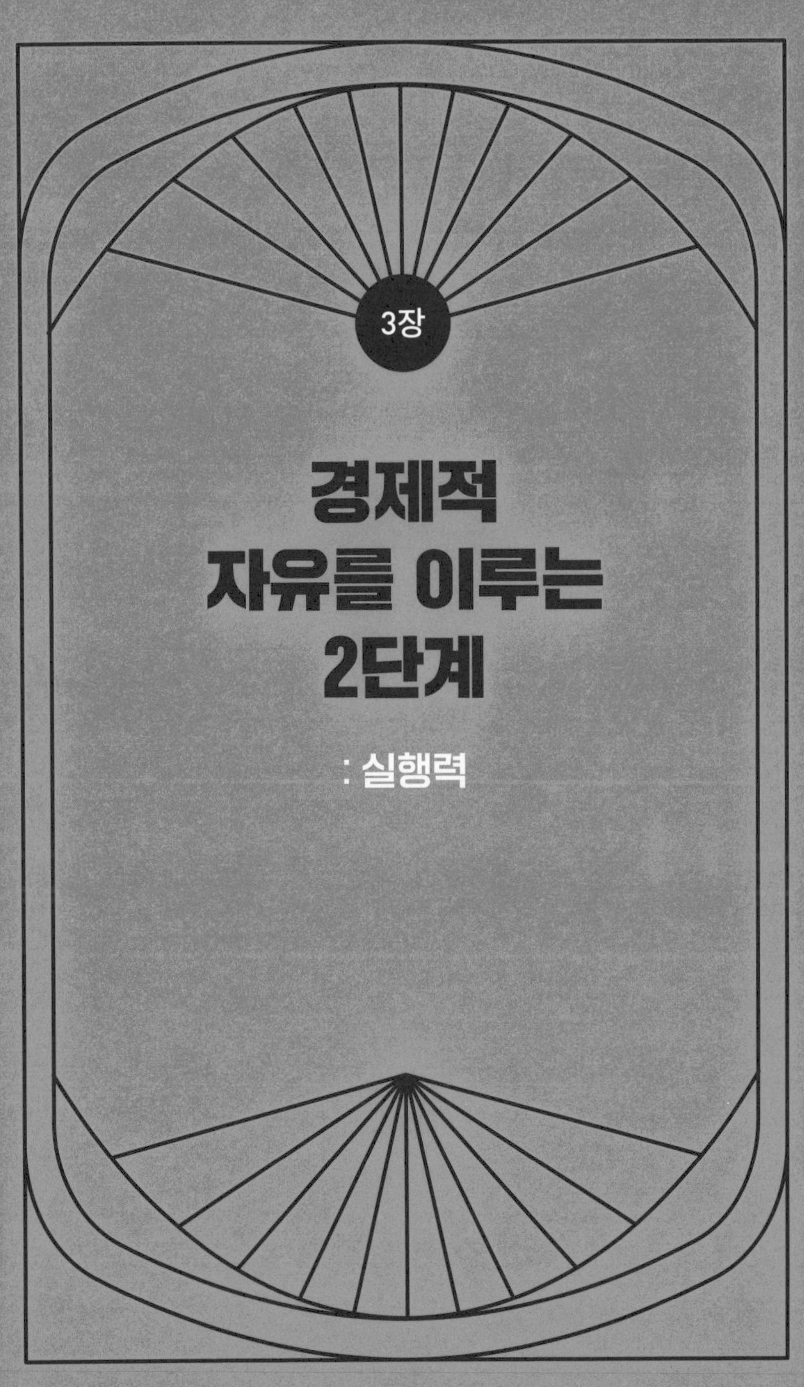
3장

경제적
자유를 이루는
2단계

: 실행력

# 시작이 어려운 게 아니라 지속이 어렵다

처음 뭔가를 시작할 때, 우리는 늘 '용기'라는 단어를 사용한다. "용기 내서 시작해라", "처음이 제일 어렵다"는 말을 너무나 쉽게 한다. 그래서일까. 어떤 일을 막 시작했을 땐 사람들의 반응도 뜨겁고 응원도 많다. 혼자 스스로도 대단한 결심을 했다고 자부심을 느낀다. 주변에서도 "와, 진짜 너 대단하다"라며 칭찬이 쏟아진다. 그런데 묘하게도 그 분위기는 2주를 넘기지 못한다. 그리고 그다음부터는 응원이 아닌 무관심과, 스스로에게서 피어오르는 의심이 자리를 잡기 시작한다.

나는 이 지점을 수없이 겪었다. 콘텐츠도 그랬고, 사업도 그랬고, 심지어 다이어트도 예외는 아니었다. 처음 시작할 땐 뭐든 할 수 있을 것 같았다. 하지만 하루, 이틀, 일주일, 한 달이 지나면서 갑자기 감정이 식는다. 왜? 시작은 흥분이고 지속은 반복이기 때문이다.

지속은 정말 지루하다. 재미도 없고, 주변 사람도 관심을 꺼버리고, 심지어 나 자신조차도 "이거 언제까지 해야 하지?"란 회의감이 몰려온다. 이때 많은 사람들이 착각한다. '내가 흥미를 잃었으니 이건 나랑 안 맞는 일이다', '계속해도 의미가 없다'는 생각이 머리를 지배한다. 그리고 결국엔 하나씩 손을 놓는다. 그렇게 시작은 많지만, 끝을 본 건 단 하나도 없는 사람이 된다.

나는 오히려 묻고 싶다. 당신이 지금 지루하고, 방향이 안 보이고, 반응이 없어서 힘들다면, 그건 당연한 것이다. 그것이 지속이라는 과정이기 때문이다. 아무 반응이 없는 구간, 그것이 진짜 실력이고 진짜 사업가가 만들어지는 지점이다. 대부분이 포기하는 그 타이밍에서 꾸역꾸역 버티고 있는 사람만이 결국 결과를 마주하게 된다.

사업은 대단한 영감이나 창의력보다는 '반복'에서 결정 난다. 같은 문장을 백 번 쓰고, 같은 제품을 천 번 소개하고, 같은 이야기를 만 번 하는 사람만이 브랜드를 만든다. 그리고 바로 그 반복의 순간들 속에서 디테일이 만들어진다. 반복을 통해 처음엔 보이지 않던 흐름이 보이고, 고객의 감정선이 보이고, 내가 내 일을 대하는 자세가 다듬어진다.

이 지속의 영역에서는 목표보다 루틴이 중요하다. "이번 달 500만 원 벌어야지"가 아니라, "매일 아침 1시간씩 고객 리뷰를 정리하자"가 맞는 것이다. 왜냐하면 목표는 멀리 있고 루틴은 지금 할 수 있기 때문이다. 그리고 진짜 성과는 '지금 할 수 있는 걸 얼마나 잘 쌓았느냐'에 따라 결정된다.

나는 이 말을 자주 되뇐다. "시작은 아무나 한다. 지속은 아무나 못 한다. 그러니 나는 아무나가 되지 않겠다."

이 책을 읽는 당신이, 혹시 시작은 했는데 너무 힘들고 멈추고 싶다면, 지금 당신이 바로 그 경계에 있다는 뜻이다. 대부분은 지금쯤 멈춘다. 하지만 당신이 진짜 결과를 원한다면, 멈추면 안 된다. 다시 한번 처음처럼, 아니 처음보다 더 단단하게 루틴을 만들고 꾸준히 가야 한다.

성공은 겉으로 봤을 때는 기적처럼 보인다. "어느 날 갑자기"라는 식으로. 하지만 그 기적은 사실 수백 번의 루틴 끝에 도착하는 선물이다. 누군가는 "요즘 잘되셨네요"라고 말할지도 모른다. 하지만 나는 대답할 것이다. "잘된 게 아니라 안 멈춘 것뿐입니다."

# 22 하루 1시간, 나를 위한 시간을 반드시 확보하라

　　　　　　사업을 시작하면 모든 시간이 일로 바뀐다. 아침에 눈을 떠서 핸드폰을 확인하는 순간부터 머릿속은 고객 문의, 배송 일정, 콘텐츠 기획, 광고 세팅 같은 단어들로 가득 찬다. 친구와 통화를 해도 일 이야기, 가족과 밥을 먹어도 무의식적으로 매출 걱정을 한다. 나라는 사람이 점점 사라진다. 아니, 나라는 사람이 오직 '일'이라는 틀 속에 갇힌 하나의 기능처럼 변해버린다.

　나 역시 그랬다. 사업이 잘될수록 시간이 없어졌고, 더 많은 매출을 위해 더 많은 사람들을 만나야 했고, 고객이 늘어날수록 휴대폰은 쉴 틈 없이 울렸다. 그런 날들은 바쁘고, 성취감도 느껴지긴 하지만 이상하게도 허전했다. 분명히 잘하고 있는 것 같지만, 어딘가가 비어 있는 느낌. 몸은 점점 지치고, 마음은 쉽게 예민해지고, 아무도 건드리지 않아도 혼자 무너지고 싶은 날이 늘어났다.

이제는 안다. 그게 바로 '나'를 챙기지 않은 대가였다.

'하루에 단 1시간.' 이 말을 듣고 대부분은 말도 안 된다고 생각할 수 있다. 하루 종일 바쁘고 정신이 없는데 어떻게 1시간이나 온전히 나를 위해 쓴단 말인가? 하지만 반대로 생각해보자. 내가 하루에 단 1시간도 나에게 줄 수 없다면, 이 일을 내가 왜 하는 걸까?

사업은 곧 '나'로부터 시작되고, '나'라는 브랜드로 구축되며, 결국 '나'라는 사람을 얼마나 매력적으로 유지할 수 있느냐에 따라 성패가 갈린다. 그러니 하루 중 단 1시간, 그것도 고작 24분의 1을 나에게 쓰지 못한다면, 어느 순간 사업은 나를 갉아먹기 시작할 것이다. 성과는 나오더라도, 내 안은 텅 빈 껍데기가 되어갈 가능성이 높다.

이 1시간은 단순한 휴식이 아니다. 그냥 소파에 누워 넷플릭스를 보는 시간이나, 휴대폰을 만지작거리는 시간이 아니다. 이건 오롯이 나 자신에게 묻는 시간이다. '나는 지금 잘 가고 있는가?' '지금의 나, 괜찮은가?' '무엇이 나를 지치게 했고, 무엇이 나를 살게 만드는가?'

나는 매일 아침, 이 시간을 루틴처럼 만든 뒤에 비로소 사업의 리듬이 생기기 시작했다. 꼭 명상이나 거창한 자기계발을 하라는 이야기가 아니다. 좋아하는 음악을 들을 수도 있고, 산책을 할 수도 있고, 커피 한 잔에 온전히 집중할 수도 있다. 중요한 건 그 시간 동안만큼은 나 자신을 위해 에너지를 채우는 것이다. 그래야 하루를 밀어낼 수 있는 '내 힘'이 생긴다.

많은 사람들이 성장은 무조건 '노력'이라고 생각한다. 하지만 진짜 성장에는 '회복'이 먼저다. 회복 없이 노력만 하면 그것은 소진이다. 나는 소진된 채로 너무 오래 버텼고, 그 대가로 많은 사람들을 실망시켰다. 그중엔 나 자신도 포함돼 있었다. 나를 가장 외면한 사람이 바로 나였던 시절. 아무도 나를 위해 시간을 내주지 않아서가 아니라, 내가 나에게 시간을 내주지 않았기 때문에 생긴 문제였다.

하루 1시간은, 말하자면 내 인생의 컨트롤 타워와도 같다. 이 시간이 있어야 내 사업의 방향을 체크할 수 있고, 멈춰 있는 줄도 모르고 앞으로만 달리는 실수를 피할 수 있다. 이 시간을 확보하지 않으면, 나는 결국 누군가의 시간표에 휘둘리게 된다. 고객의 시간, 시장의 흐름, 알고리즘의 속도에 맞춰진 하루는 나라는 사람을 지워버리고, 내가 원하는 삶과 점점 멀어지게 만든다.

당신은 하루에 1시간, 오롯이 스스로를 위해 쓰고 있는가? 당신은 당신에게 시간을 주고 있는가? 만약 그렇지 않다면, 그 어떤 마케팅 전략도, 브랜딩 철학도 결국 의미가 없을지 모른다. 왜냐하면 이 모든 것은 당신이 건강하고 온전하게 '버티고 있을 때'에만 작동하기 때문이다.

하루 1시간을 확보하자. 그것이 당신의 다음 10년을 버틸 힘이 된다. 하루 1시간을 자신에게 주자. 그것이 당신의 브랜드가 오래가는 유일한 방법이 될 것이다.

# 내 브랜드의
# 기준을 세워라

사업을 하다 보면 수없이 많은 선택의 순간을 마주하게 된다. 어떤 제품을 선택할 것인가, 어떤 가격대를 유지할 것인가, 어떤 마케팅을 할 것인가. 그 모든 선택의 끝에는 반드시 하나의 질문이 따라온다. "이게 내 브랜드에 맞는가?" 그리고 이 질문에 흔들림 없이 대답할 수 있는 사람만이 긴 시간 동안 사업을 끌고 갈 수 있다.

처음 사업을 시작할 땐 모든 게 다 좋아 보이고, 다 해보고 싶어진다. 제품을 하나 팔아서 매출이 나오면 '이게 대세인가?' 싶은 생각이 들고, 누군가의 성공한 사례를 보면 '나도 저렇게 해볼까?'라는 유혹이 밀려온다. 그건 지극히 자연스럽다. 특히 초창기엔 성과에 굶주리게 되어 있기 때문이다.

하지만 사업은 '무엇을 하느냐'보다 '무엇을 하지 않느냐'가 훨씬 중요하다. 다 해보는 건 누구나 할 수 있다. 그러나 한 가지를 끝까지 밀고 가는 건 아무나 할 수 없다. 그걸 가능하게 만드는 것이 바로 브랜드의 '기준'이다.

내가 하는 말, 내가 올리는 콘텐츠, 내가 고르는 이미지, 내가 쓰는 어조, 내가 제안하는 가격. 이 모든 것이 결국 브랜드를 만든다. 이 중 하나라도 기준이 없다면 고객은 혼란스러워한다. 오늘은 진지한 전문가 같다가도 내일은 재밌는 친구처럼 다가오고, 다음 날은 또 과하게 싸게 팔기 시작하면 고객은 묻는다. "도대체 이 브랜드는 뭐야?"

처음 내가 만든 브랜드는 기준이 없었다. 단가만 맞으면 어떤 제품이든 팔았고, 유행이 도는 콘텐츠는 일단 따라 했고, 고객이 뭐라 하기 전에 가격부터 내렸다. 그 결과 매출은 조금 나왔지만, 나라는 사람과 브랜드에 대한 인식은 전혀 쌓이지 않았다. 소비자는 제품을 샀지, 나를 기억하진 않았다. 그렇게 일회성 거래만 반복되었다.

기준은 '이것이 바로 나다'라는 선언과도 같다. 내가 원하는 브랜드의 성격은 어떤지, 내가 상대하고 싶은 고객은 누구인지, 이 브랜드가 어떤 가치를 품고 있는지를 분명히 해야 한다. 예를 들어 '내 브랜드는 불필요한 설명 없이 본질만 전한다'는 기준이 있다면, 그에 맞춰 콘텐츠도 짧고 명확해야 하고, 제품 페이지도 복잡하지 않아야 하며, 고객 대응도 딱 떨어져야 한다. 모든 운영 방식이 그 기준과 일치해야 브랜드가 정체성을 갖는다.

브랜드는 꾸며내는 게 아니다. 어떤 철학이 있고, 어떤 태도를 가지고 있는지 명확하게 보여줘야만 비로소 '브랜드'라는 옷을 입을 수 있다. 그리고 그 기준은 결국 창업자의 삶에서 온다. 내가 어떤 사람인지, 어떤 생각을 가지고 살아왔는지, 어떤 이야기를 세상에 던지고 싶은지가 브랜드에 녹아들게 된다.

그래서 기준을 세운다는 건 단순히 마케팅 전략을 정하는 일이 아니다. 나 자신을 파악하고, 내 삶의 결을 브랜드에 투영하는 일이다. 그 기준이 흔들리지 않으면 고객도 흔들리지 않는다. 사람들은 본능적으로 일관성 있는 브랜드에 끌리게 되어 있다. 브랜드는 결국 신뢰고, 신뢰는 기준에서 비롯된다.

하나만 더 얘기하자면, 기준은 곧 '거절의 기준'이기도 하다. 기준이 없으면 뭐든지 받아들이게 되고, 그렇게 무리하게 사업을 운영하다 보면 결국은 수습도 안 되는 방향으로 흘러간다. 하지만 기준이 있으면 유혹이 와도 단호하게 선을 긋게 된다. "이건 우리 브랜드와 맞지 않습니다." 이렇게 말할 수 있는 용기, 그게 사업을 오래하게 만드는 힘이다.

나 역시 여러 번 흔들렸다. 남들이 돈 버는 방식이 눈에 보이면 가슴이 뛰었다. '나도 저거 하면 되지 않을까?' 하는 마음에 몇 번 손을 댔다가 돌아오는 건 늘 후회뿐이었다. 내 고객도, 내 브랜드도, 결국은 내가 아니라고 느끼는 걸 금세 눈치챘다. 그때야 확실히 알았다. '내 브랜드는, 나라는 사람이 진짜라고 믿는 것만 해야 한다'는 걸.

브랜드의 기준은 거창할 필요 없다. 다만 단단해야 한다. 그리고 무엇보다, 내 삶과 맞닿아 있어야 한다. 그래야 오래 버틸 수 있고, 반복할 수 있고, 진심이 묻어난다.

그 기준이 곧 당신의 브랜드다.

# 24 모든 것은 '기록'에서 시작된다

처음부터 잘하는 사람은 없다. 대신 꾸준히 적는 사람은 있다. 사업을 하며 가장 얕보는 것이 '기록'이다. 다들 머릿속으로만 생각하고 판단한다. "그건 내가 기억하고 있지", "나중에 정리하지 뭐"라고 넘기다가 중요한 전환점을 놓치고 만다. 작은 매출 변화, 고객의 반응, 광고 하나의 성과조차 그 순간 적지 않으면 그냥 사라진다. 그리고 우리는 놓친 그 조각 하나 때문에 길을 잃는다.

기록은 단순한 메모를 넘는다. 나라는 사람을 경영자로 만들고, 내 브랜드를 '존재'로 바꿔주는 일이다. 아무것도 없는 상태에서 시작한 사업이 어떻게 성장하는지, 어떤 흐름을 타고 변화했는지를 파악하려면 반드시 기록이 남아 있어야 한다. 내가 무엇을 시도했고, 어떤 실패를 했고, 무엇이 효과적이었는지를 남겨놓지 않으면 반복은커녕 복기조차 불가능하다. 결국, 기록은 같은 실수를 두 번

하지 않기 위한 최소한의 안전장치다.

한때 나도 기록을 귀찮아했다. 매출도 잘 나오고, 고객 반응도 괜찮으니 '기억해 두면 되겠지' 했다. 그런데 시간이 지나 보니, 그 기억이라는 건 의외로 부정확했다. 잘됐던 시기가 언제였는지, 왜 잘됐는지, 어떤 글이 반응이 좋았는지 떠오르지 않았다. 왜냐하면 그 순간은 지나간 다음엔 모두 비슷하게 느껴지기 때문이다. 결국 나는 중요한 데이터를 놓쳤고, 똑같은 오류를 되풀이했다.

기록을 한다는 건 내가 하고 있는 모든 행위에 '의도'를 넣는 것이다. 고객이 왜 반응하지 않았는지 분석하고, 왜 재구매가 없었는지 확인하고, 어떤 시점에 매출이 급감했는지 추적하는 것. 이런 걸 '기록'이라고 부른다. 단순히 장부를 적는 게 아니라, 나와 사업 사이의 대화를 쌓아 가는 것이다.

기록이 쌓이면 '감'이 생긴다. 초반에는 이 감이 전혀 없다. 무슨 글이 통할지, 고객이 뭘 좋아하는지, 제품 가격을 어떻게 설정해야 하는지 감이 전혀 안 잡히는데, 이건 재능이 부족해서가 아니라 '이전의 나'를 복기할 수 있는 근거가 없기 때문이다. 기록은 생각을 정리하고 방향을 세우는 데 결정적인 기준이 되어준다. 내가 느낀 감정, 배운 교훈, 받은 피드백, 모두 기록해 두면 언젠가는 그것이 내 사업의 '공식'이 된다.

처음부터 거창하게 할 필요는 없다. 하루 10분이면 충분하다. 오늘 어떤 일이 있었고, 무엇이 좋았고, 무엇이 별로였는지를 정리하는 것부터 시작하면 된다. 손으로 써도 좋고, 메모 앱에 정리해도 좋다. 중요한 건 그걸 '습관'으로 만드는 것이다. 하루하루는 사소해 보여도 그 조각들이 쌓이면 방향이 되고, 기준이 된다.

사업은 결국 수많은 선택의 연속이다. 그리고 그 선택이 옳았는 지를 알기 위해 우리는 기록을 통해 돌아보아야 한다. 오늘의 결정 이 어땠는지, 어떤 변화가 있었는지 되돌아보지 않으면 내일 같은 상황에서 똑같이 실수한다. 우리가 원하는 건 우연한 성공이 아니 라 반복 가능한 성공이다. 그리고 그걸 가능케 하는 유일한 수단이 바로 기록이다.

기록을 하게 되면 어느새 나라는 사람의 흐름이 보인다. 아침에 무엇을 했고, 오후에 어떤 아이디어가 떠올랐고, 고객 반응에 어떤 기분이 들었는지. 그렇게 나만의 일지가 만들어지면, 내가 언제 집 중력이 좋고 언제 흐트러지는지까지 분석할 수 있다. 이건 마치 내 사업에 '로그'를 남기는 일이다. 그렇게 나는 과거의 나를 마주하고, 더 나은 미래를 준비할 수 있게 된다.

기록은 결국 내 삶과 사업을 '보이게' 만든다. 나도, 내 고객도, 그 리고 내 브랜드도 모두 더 명확하게 파악할 수 있게 된다. 기록 없는 사업은 나침반 없는 항해와 같다. 아무리 좋은 배를 타고 있어도 결 국 어디로 가는지 알 수 없다.

이제 시작해도 늦지 않았다. 오늘 하루, 단 한 줄이라도 써보자. '오늘 내가 한 일 중에 가장 잘한 건 무엇일까?' 그 질문 하나에서 기 록은 시작된다. 그리고 그 기록은 언젠가 당신의 가장 강력한 무기 가 된다.

# 25 방향 없이 하는 노력은 무의미하다

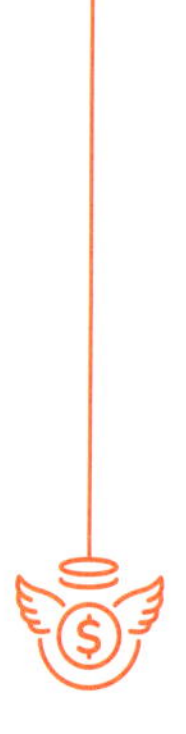

　　노력은 아름답다. 누가 그렇게 말했다. 나도 그 말을 믿고 살았다. 하지만 시간이 지날수록 뭔가 이상하다는 느낌이 들었다. 나는 분명히 남들보다 더 열심히 일했고, 더 많은 시간과 에너지를 쏟아부었다. 그런데 이상하게 결과는 늘 제자리였고, 때로는 뒷걸음질까지 쳤다. 무엇이 잘못됐을까?

　　결국 답은 '방향'이었다.

　　노력이란 건 방향이 정해졌을 때만 의미가 있다. 목표가 불분명하고, 어디로 가야 할지 모르는 상태에서의 노력은 그저 에너지 낭비일 뿐이다. 사업도 마찬가지다. 가게 문을 열고, 제품을 만들고, 콘텐츠를 올리는 행위 자체는 중요하지만, 그 모든 움직임이 어느 방향을 향해 있는지가 없다면… 아무리 뛰어봤자 제자리다. 오히려 지치기만 한다.

　　많은 사람들이 사업을 시작할 때, 열정부터 앞세운다. 나도 그랬

"

다. 무언가 해보겠다는 의지는 충만했고, 당장 결과가 나올 거라는 착각 속에서 수많은 시도들을 했다. 그런데 방향 설정이 안 된 상태에서의 시도는 그냥 방황이다. 방황 속의 노력은 오히려 자신을 더 지치게 만들고, 결국 자기 신뢰감까지 깎아먹는다.

방향을 잡는다는 건 단순히 목표 숫자를 세우는 것이 아니다. "월매출 5천", "1년에 1억", 이런 숫자 자체가 방향이 되는 건 아니다. 방향은 그 숫자를 왜 달성하고 싶은지에 대한 이유에서 출발한다. 내가 진짜 원하는 삶이 무엇인지, 어떤 상태가 되었을 때 만족감을 느끼는지, 그리고 그곳에 도달하기 위해 어떤 방식이 나에게 맞는지를 고민하고 정리하는 것이 먼저다.

나는 이커머스 사업을 하며 방향 없이 정말 많은 일을 벌였다. 제품을 몇십 개씩 소싱하고, 광고비를 마구잡이로 쓰고, 유행하는 플랫폼마다 계정을 열었다. 하루에도 수십 개의 일을 했고, 스케줄표는 빽빽했다. 그런데 신기하게도 결과는 엉망이었다. 그러다 어느 순간, 멈추고 되짚어보니 내가 하는 모든 일이 중심이 없다는 걸 깨달았다. 나는 그냥 바쁜 사람이었지, 성과를 만들어내는 사람이 아니었다.

그 이후부터는 무엇이든 시작하기 전에 반드시 질문을 던졌다. "이 일이 지금 내가 정한 방향과 연결되어 있는가?", "이 콘텐츠가, 이 제품이, 이 회의가, 내가 원하는 브랜드의 이미지와 가치에 부합하는가?" 그 질문 하나만으로도 정말 많은 낭비를 줄일 수 있었다.

방향을 정했다면 이제 중요한 건 그 방향으로 얼마나 꾸준히 가는가다. 한 번 방향을 잡았다고 해서 끝이 아니다. 우리는 매일 수많은 유혹과 외부 자극 속에서 흔들린다. '이게 더 잘 팔린대', '이건 유행이래', '지금 이걸 안 하면 늦는다더라' 같은 말들에 쉽게 흔들린다. 그래서 더욱 기록이 필요하고, 기준이 필요하고, 돌아볼 시간이 필요하다.

방향 없이 움직이는 사업은 계절 따라 흔들리는 바람 같다. 겨울엔 추워서 멈추고, 봄엔 괜히 설레다가, 여름엔 덥다고 쉬고, 가을엔 또 뭔가 해볼까 고민하다 또 겨울이 온다. 그런 루틴에서 벗어나기 위해서는 '내가 어디로 가고 있는지'를 끊임없이 되묻는 것이 가장 중요하다.

방향이 있으면 그 과정에서 지치더라도 다시 회복할 수 있다. 왜냐하면 내가 가고자 하는 목적지가 분명하니까. 반대로 방향이 없으면 아무리 노력해도 '내가 왜 이 고생을 하고 있는지'에 대한 설명이 불가능해진다. 그때부터는 노력이라는 말도 하기 민망한 그냥 '버티기'가 된다.

내가 하고 있는 사업이 어디를 향하고 있는지, 지금 이 순간의 노력이 어떤 그림을 완성해가고 있는지, 한 번쯤 시간을 들여 점검해보자. 매출이 잘 나오는 것보다 중요한 건 그 매출이 '지속될 수 있는 구조인지' 확인하는 일이다. 반짝 결과에 취해 방향을 잃는 순간, 지금까지 해온 모든 것이 허무하게 무너질 수도 있다.

지속 가능한 성공은 방향이 있을 때만 가능하다. 지금 당장 성과가 보이지 않더라도, 내가 설정한 방향을 향해 조금씩 나아가고 있다면 괜찮다. 우리는 결국 '결과'가 아니라 '방향'을 따라가야 한다. 방향만 정확하다면, 길은 반드시 열리게 되어 있다.

# 고객과의 대화를 멈추지 마라

사업이 막막하게 느껴지는 순간이 있었다. 제품은 준비됐고, 광고도 집행했고, 누군가는 분명 내 브랜드를 보고 있을 텐데… 왜 아무 일도 일어나지 않는 걸까? 나는 무언가를 하고 있었지만, 사실 아무와도 '대화'하고 있지 않았다. 나 혼자 말을 하고 있었던 거다. 사업의 기본이 사람이라면, 그 핵심은 결국 고객과의 대화다. 팔기 위해 말하는 것이 아니라, 진짜로 묻고, 듣고, 반응하는 일. 그걸 멈추면 사업도 함께 멈춘다.

많은 사람들은 팔기 위한 콘텐츠를 만든다. '왜 이 제품을 사야 하는지', '얼마나 좋은지', '지금 사면 어떤 혜택이 있는지'를 늘어놓는다. 하지만 고객은 그런 일방적인 설득에 쉽게 지치고, 또 무뎌진다. 이미 너무 많은 광고 문구와 세일 메시지 속에 살아가는 시대이기 때문이다. 이제는 누가 더 많이 외치는가가 아니라, 누가 더 잘 듣는가의 싸움이다. 고객이 무슨 말을 하고 있는지, 어떤 감정 상태에 있는지, 어떤 문제를 겪고 있는지를 진짜로 듣는 브랜드만이 오래 살아남는다.

나는 한때 제품을 너무 믿었다. "이 정도 퀄리티에 이 가격이면 무조건 팔리겠지." 그런데 아니다. 고객은 제품이 아니라 '이야기'를 산다. 나의 이야기, 브랜드의 철학, 고객과 공유하고 싶은 가치. 이게 없으면, 아무리 뛰어난 제품도 단발성 소비로 끝난다. 다시 찾아오는 고객이 없다면, 그건 좋은 제품이 아니라 그냥 '일회성 거래'일 뿐이다.

고객과 대화한다는 건 단순히 DM을 주고받고, 댓글에 답변을 다는 것이 아니다. 그들이 나에게 말을 걸기 전, 내가 먼저 말을 걸 줄 알아야 한다. 그리고 그 말이 영업 멘트처럼 들리지 않아야 한다. 때로는 내 실수에 대해 먼저 이야기해야 하고, 때로는 솔직한 비하인드도 나눌 수 있어야 한다. 그 진정성이 쌓이면, 고객도 점점 입을 연다. '나를 위해 존재하는 브랜드'라는 인식을 갖게 되는 것이다.

실제로 나는 인스타그램을 운영하면서, 댓글 하나하나를 정성껏 달았다. 어떤 날은 단 하루 종일 DM에 답만 하다 하루가 끝나기도 했다. 하지만 이상하게도 그런 날일수록 매출은 오르고, 브랜드에 대한 신뢰도는 높아졌다. 고객은 브랜드의 '말'보다 브랜드의 '태도'를 본다. 묻고, 듣고, 응답하는 그 태도 하나로 브랜드는 살아있는 존재가 된다.

요즘은 대화의 통로도 다양해졌다. 인스타그램, 블로그, 카카오톡 채널, 이메일, 심지어 오프라인 공간까지. 그런데 이상하게도 대부분의 브랜드는 그 통로를 '공지사항' 전달용으로만 사용한다. 정보를 전달하기 위해 만들어진 채널은 그 자체로 폐쇄적일 수밖에 없다. 반대로 고객과 소통하기 위한 채널은 고객의 이야기를 듣기 위해 열려 있어야 한다. '말하는 브랜드'보다 '듣는 브랜드'가 더 오래간다는 사실을 잊지 말자.

나도 처음에는 무서웠다. 고객의 반응이 두려웠다. 혹시 악플이라도 달리면 어쩌지? 혹시 불만이 생기면 어떻게 대응하지? 하지만 막상 소통을 시작하고 나면 알게 된다. 고객들은 생각보다 너그럽고, 무엇보다 '나와 이야기하려는 브랜드'에 감동받는다. 그 감동이 결국은 브랜드 충성도라는 이름으로 돌아온다.

대화를 멈추면, 브랜드는 점점 딱딱해진다. 유연함을 잃고, 고객의 변화에 반응하지 못하고, 결국 시장의 흐름에서 멀어진다. 반면, 끊임없이 고객과 대화하는 브랜드는 계속 살아 움직인다. 고객의 말 속에서 아이디어가 나오고, 불만 속에서 개선점이 보이며, 칭찬 속에서 자신감을 얻는다.

나는 오늘도 고객과 대화를 시도한다. 어떤 날은 반응이 없을 수도 있다. 하지만 괜찮다. 그 시도 자체가 의미 있는 기록이 되고, 브랜드의 방향성을 확인하는 계기가 되기 때문이다. 그리고 언젠가는 그 대화의 조각들이 모여 큰 신뢰를 만든다는 걸 믿는다.

브랜드의 힘은 결국 얼마나 많은 고객과 '진짜 대화'를 해봤느냐에 달려 있다. 눈에 보이지 않는 성과 같지만, 가장 탄탄한 기반이 된다. 당신의 브랜드는 고객과 무슨 이야기를 하고 있는가? 혹시 아직 아무 말도 하지 않고 있다면, 오늘이 바로 첫 문장을 꺼내야 할 때다.

# 27 광고는 도구일 뿐, 본질은 나다

처음 광고를 시작했을 때, 나는 광고가 모든 걸 해결해 줄 거라고 믿었다. 매출이 오르지 않는 것도, 브랜드가 알려지지 않는 것도, 사람들이 반응하지 않는 것도 모두 광고 예산이 부족해서라고 생각했다. 그래서 내 손에 돈이 조금이라도 생기면 광고에 쏟아부었다. 클릭 수가 늘어나고, 노출이 많아지고, 간혹 주문이 들어오면 스스로를 토닥였다. "역시 광고가 답이야."

하지만 시간이 지나고 나서야 알게 되었다. 광고는 그저 확대기일 뿐, 본질을 바꾸지는 못한다는 걸. 광고가 보여주는 건 내가 만든 브랜드의 현재 상태 그대로다. 제품이 매력 없다면 광고로도 팔리지 않고, 메시지가 애매하다면 아무리 큰 예산을 써도 소비자의 마음을 흔들 수 없다. 광고는 진실을 비추는 거울이지, 환상을 만들어 주는 마법이 아니다.

사업을 하면서 나는 셀 수 없이 많은 광고를 집행했다. 하루에 몇 십만 원씩 썼던 날도 있고, 과감하게 일주일 예산을 몰아 넣어본 날 도 있었다. 그런데 이상하게도 돈을 쏟아부은 만큼 결과가 나오지 않는 경우가 많았다. 반대로, 아주 적은 예산을 쓰고도 예상보다 높 은 반응을 얻는 경우도 있었다. 이 차이를 만든 건 광고 기술이 아니 라, 내가 전하고자 했던 본질적인 메시지였다.

광고는 일종의 확성기다. 내가 누구인지, 무엇을 말하는 사람인 지, 어떤 문제를 해결해 줄 수 있는지를 더 멀리, 더 넓게 전달해주 는 역할을 한다. 그런데 확성기를 아무리 켜도 그 안에 담긴 말이 엉 성하면, 결국 사람들은 등을 돌릴 수밖에 없다. 그래서 광고를 고민 하기 전에 반드시 해야 할 질문은 이것이다. "나는 지금 무엇을 말하 고 있는가?"

사람들은 이제 광고를 보는 눈이 아주 예리해졌다. 어떤 말이 진 짜인지, 어떤 제품이 그냥 포장뿐인지, 단 몇 초 만에 감지한다. 우 리는 이미 너무 많은 자극에 익숙해진 소비자들의 세상에 살고 있 다. 그런 세상에서 광고가 효과를 발휘하려면, 그 속에 담긴 '진짜 나'가 드러나야 한다. 허세도 과장도 아닌, 진심이 느껴져야 한다.

그렇다고 광고를 무시하자는 건 아니다. 광고는 여전히 강력한 도구다. 하지만 그 도구를 사용하는 손이 누구냐에 따라 결과는 전 혀 달라진다. 어떤 사람은 같은 광고비로 브랜드의 이미지를 쌓고 고객을 확보하며 장기적인 자산을 만든다. 반면 또 어떤 사람은 단 기 매출에만 급급해서, 매번 광고를 돌려야만 유지되는 구조에 갇히고 만다.

　광고를 제대로 활용하기 위해서는 우선 순서를 분명히 해야 한다. 광고가 첫 번째가 되어선 안 된다. 광고는 세 번째쯤 되어야 한다. 첫 번째는 제품이어야 하고, 두 번째는 그 제품이 담고 있는 이야기여야 한다. 광고는 그 이야기의 전달자 역할을 할 뿐이다. 즉, 내가 전달할 이야기가 없다면 광고는 헛수고가 될 가능성이 높다.

　나는 스스로에게 자주 묻는다. "광고를 통해 보여주고 싶은 나는 어떤 사람인가?" 이 질문에 대한 대답이 명확해질수록 광고의 방향도 명확해진다. 그리고 광고를 할 때마다 브랜드에 어떤 조각을 더하고 있는지를 점검하게 된다. 이 조각들이 쌓여 하나의 그림이 되고, 그 그림이 나라는 사람의 사업 전체를 설명하게 되는 것이다.

　광고가 잘되지 않는다고 너무 조급해하지 마라. 광고는 정답을 알려주는 시험지가 아니다. 오히려 내가 얼마나 준비되어 있는지를 점검해주는 시험 자체에 가깝다. 광고에서 반응이 없을 땐, 광고를 의심하기 전에 '나'를 먼저 돌아봐야 한다. 내 말이 진심이었는지, 내 메시지가 고객의 언어였는지, 내 제품이 실제로 가치가 있었는지를 말이다.

　광고는 사업의 전부가 아니다. 광고는 사업을 널리 알릴 수 있는 기회일 뿐이다. 이 기회를 기회로 만들기 위해선, 평소에 얼마나 나를 정제하고 다듬어왔는지가 중요하다. 광고는 단지 돋보기를 들이대는 일일 뿐이다. 그 아래에 놓인 내 브랜드가 어떤 상태인지가 결국 성패를 좌우한다.

본질이 없는 광고는 결국 시간과 돈을 허공에 날리는 일이다. 하지만 본질이 분명한 사람, 자신만의 철학이 있는 브랜드라면 광고는 거대한 확성기 이상의 가치를 만들어낸다. 고객은 결국 광고가 아닌 사람에게 반응한다. 그리고 그 사람이 진짜일수록, 브랜드는 더 오래 기억된다.

# 28

# 팔기 전,
# 먼저 줘라

사업 초기에 나는 뭔가를 주는 것이 '손해'라고 생각했다. 이윤을 남겨야 하는 장사에 왜 공짜를 껴야 하는가. 줄 게 없는데 뭘 주냐고, 일단 팔아야 뭘 줄 수 있지 않겠냐고. 그게 나의 논리였다. 하지만 시간이 지나고, 수많은 시도와 실패를 반복하면서 하나의 진실에 도달했다. 주지 않으면 팔 수 없다는 것. 그리고 더 정확히 말하자면, '먼저' 주지 않으면 '계속' 팔 수 없다는 것.

내가 팔고 싶은 제품이 아무리 좋고, 내가 전하고 싶은 이야기가 아무리 정당하더라도 사람들은 그걸 믿어주지 않는다. 이유는 단순하다. 그들에게 나는 아직 '아무것도 아닌 사람'이기 때문이다. 신뢰가 없는 상태에서 사람들은 지갑을 열지 않는다. 그들에게 내가 어떤 사람인지, 내가 어떤 진심을 가지고 있는지를 보여주는 과정이 반드시 필요하다. 이 과정을 위해 '주는 것'만큼 확실한 방법은 없다.

무조건 무언가를 공짜로 나눠주라는 말이 아니다. 더 중요한 건 진심과 맥락이다. 내가 진심으로 가치 있다고 믿는 것을 내어주고, 그것을 통해 상대방이 도움을 받았다고 느낀다면, 그 순간부터 우리는 연결된다. 그 연결이야말로 장기적으로 사업을 성장시키는 힘이다. 내가 진짜 주고자 했던 것이 콘텐츠든, 경험이든, 제품의 일부이든 상관없다. 중요한 건 '이 사람, 그냥 팔려고만 하는 게 아니구나'라는 인식을 심어주는 것이다.

한때 나도 이벤트를 통해 샘플을 뿌려보고, 한정판 할인이라는 이름으로 가격을 낮춰봤다. 그런데 그게 단순한 마케팅 수단에 불과하다면, 사람들은 금방 등을 돌린다. 진짜 중요한 건 '왜 이걸 주는지'에 대한 설명이다. '받은 만큼 돌려줘야겠다'는 마음이 들게 만드는 건 '얼마짜리를 주느냐'보다 '왜 주느냐'다. 결국 주는 행위에도 브랜드 철학이 담겨야 한다.

나는 어느 시점부터 '받고 싶은 마음보다 주고 싶은 마음'을 훈련했다. 처음엔 억지로라도 했다. 지금 당장 이게 어떤 효과를 낼지 계산하지 않고, 내가 가진 작은 무언가를 꺼내 보였다. 그것이 콘텐츠일 때도 있었고, 소비자들과의 대화일 때도 있었고, 무료로 나눠준 정보일 때도 있었다. 놀랍게도, 그 과정 속에서 진짜 고객이 생기기 시작했다. 주기 전엔 몰랐다. 내가 가진 게 이렇게 '필요한 것'이었는지를.

많은 사람들이 이렇게 말한다. "나는 아직 줄 게 없어요." 그런데 잘 들여다보면 다 가지고 있다. 지금까지 살아온 이야기, 실패하면서 배운 교훈, 누군가의 문제를 해결해본 경험, 혹은 단지 같은 자리에 서 있다는 공감력조차도 충분한 자산이다. 세상이 원하는 것은 완성된 상품이 아니라, 누군가의 진심에서 출발한 해결책이다. 우리가 가진 것을 누군가에게 먼저 꺼내 보이는 용기만 있으면 된다.

팔려면 주어야 한다. 그게 가장 확실한 진심 전달 방식이다. 정보든, 경험이든, 마음이든 내가 먼저 건네야 한다. 줬다고 바로 돌아오는 건 아니다. 오히려 아무 반응이 없을 수도 있다. 하지만 그 경험이 쌓이고, 기억이 쌓이고, 그 기억이 신뢰가 될 때, 우리는 그제서야 진짜 '팔 수 있는 사람'이 된다.

내가 사업을 하며 만난 수많은 고객 중에 지금까지 남아 있는 사람들을 보면, 공통점이 있다. 처음부터 내가 무언가를 '먼저' 건넸던 사람들이라는 점이다. 그게 아주 사소한 콘텐츠였든, 10분짜리 짧은 통화였든, 단순한 메일 한 통이었든. 그 사람들은 내가 먼저 준 기억을 가지고 있다. 그리고 시간이 지나며 그것을 기반으로 관계를 만들었고, 그 관계가 지금의 브랜드를 만들었다.

팔려고만 하지 말자. 줄 수 있는 걸 먼저 찾아보자. 그게 당신이 가진 진짜 자산일 수도 있다. 팔고 싶은 것이 많을수록, 줘야 할 것도 많다. 지금 팔리지 않는다고 조급해하지 마라. 오히려 그건 줄 수 있는 무언가가 아직 덜 쌓였다는 신호일 수 있다.

우리는 결국 '먼저 줬던 것'으로 기억된다. 그리고 그 기억이 '살 만한 사람'이라는 인상을 남긴다. 사업은 거래가 아니다. 관계다. 관계는 신뢰에서 시작되고, 신뢰는 주는 사람에게 향한다.

# 29

# 작게 시작해도 꾸준히 하라

사업이라는 단어에는 늘 큰 그림이 함께 그려진다. 어쩌면 너무 크게 그려진다. 매출 수억 원, 사무실에 북적이는 직원들, 방송에 나오는 대표 인터뷰, "성공하셨네요"라는 말들이 끊임없이 이어지는 상상. 하지만 정작 현실 속의 사업은 한참 다르다. 대부분의 시작은 낡은 책상 하나, 정리도 덜 된 엑셀 파일 하나, 클릭도 안 되는 사이트 하나에서 시작된다.

그런데 문제는, 그 작음을 스스로 견디지 못한다는 데 있다. 남과 비교하면서 "나는 왜 이 정도밖에 못하지?" "왜 이렇게 느리지?"라는 자책이 반복된다. 마음은 급해지고, 조급한 마음은 방향을 흐리게 만든다. 지금 내가 하고 있는 일이 맞는지도 모르겠고, 가끔은 이 모든 과정이 무의미하게 느껴지기도 한다. 그리고 결국 포기라는 선택지 앞에서 망설이게 된다.

나도 그랬다. 몇 번이고 그만하고 싶었다. 결과가 나오지 않을 때마다, 이게 맞는 방향인지 헷갈릴 때마다, 내 선택을 의심했다. 그런데 놀랍게도, 시간이 흘러 되돌아보면 그때의 '작은 일들'이 지금을 만들고 있었다. 하루에 한 줄 쓰던 기록이 책이 되었고, 1명 봤던 콘텐츠가 수백만 회를 넘겼다. 작게 시작한 것들이 결코 작게 끝나지 않았던 것이다.

사람들은 성공의 정답이 있다고 믿고, 그 정답을 찾기 위해 여기저기 헤맨다. 나는 그 시간에 손을 움직이는 게 낫다고 생각한다. 완벽한 타이밍, 완벽한 아이템, 완벽한 파트너는 오지 않는다. 지금 할 수 있는 아주 사소한 일부터 시작하면 된다. 블로그에 글을 하나 써 보는 것, 영상 하나를 찍어보는 것, 손으로 적은 목표를 하루에 한 번씩 읽어보는 것. 작지만 꾸준한 행동은 결국 큰 차이를 만든다.

문제는 지속성이다. 대부분의 사람은 3일 한다. 열흘 하면 열심히 한 거다. 한 달을 하면 대단한 거고, 3개월을 넘기면 주변에서 질문을 받기 시작한다. "그거 진짜 하고 있는 거야?" "그거 해보니까 어때?" 그렇게 쌓여간다. 결국 1년을 넘기면, 남들이 보기에는 어느 날 갑자기 잘된 것처럼 보인다. 하지만 본인은 안다. 하루하루 무너질 것 같은 마음을 붙잡고 버텨낸 시간이었다는 것을.

나는 지금도 시작이 작았던 그 시절을 자주 떠올린다. 그때는 아무도 보지 않았고, 아무도 관심 없었고, 나조차 내 일을 믿지 못했지만 그냥 계속했다. 이유를 찾으라면 대단한 사명감이 있었던 것도 아니고, 확신이 있었던 것도 아니다. 그저 '지금 포기하면 여기까지 온 게 아까우니까' 정도였다. 그런데 그 마음이 의외로 오래가더라.

버티는 힘이 된다는 것을 나중에서야 알게 되었다.

사업은 잘 버티는 사람이 이기는 싸움이다. 꾸준히 한다는 건, 단순히 '매일 한다'가 아니다. '매일 하고 싶은 유혹을 떨쳐낸다'는 뜻이다. 때로는 하기 싫고, 아무런 반응이 없고, 숫자도 올라가지 않는데도 그냥 하는 거다. 그런 날들을 견디다 보면, 어느 순간 흐름이 생기고, 그 흐름이 관성이 되고, 관성이 자산이 된다. 사업의 기반은 그런 자산 위에 세워진다.

크게 시작하는 건 누구나 할 수 있다. 돈을 쏟아붓고, 광고를 때리고, 사람을 고용하면 뭔가 있어 보일 수 있다. 그런데 그렇게 시작한 일은 대체로 오래가지 못한다. 속이 비어 있기 때문이다. 반대로, 작게 시작해서 하나씩 채워온 사람은 쉽게 무너지지 않는다. 왜냐면 그 사람은 이미 '아무것도 없던 시간'을 겪어봤고, 그 시간을 통과할 힘을 가진 사람이기 때문이다.

지금 하고 있는 일이 아무도 보지 않는다고 실망하지 마라. 내가 쓰는 글, 내가 올리는 사진, 내가 던지는 메시지가 당장은 허공에 흩어지는 것 같아도, 결국엔 누군가에게 닿는다. 지금 당장은 작아 보이는 일도, 1년 뒤에는 나를 설명하는 가장 강력한 무기가 될 수 있다. 내가 하루하루 쌓아 올린 것들이 결국 브랜드가 되고, 그 브랜드가 나를 팔기 시작한다.

작게 시작한 것들은 꾸준함을 만나면 언젠가 크기가 바뀐다. 그리고 꾸준함은 누구나 할 수 있지만, 아무나 하지 않는다. 그게 우리가 가진 진짜 경쟁력이다. 지금도 고민하고 있다면, 내가 줄 수 있는 가장 확실한 조언은 이거다. 멈추지 말고 계속하자. 그게 작아도 상관없다. 어차피 대부분의 성공은 '계속한 사람'에게 찾아오니까.

# 30

# 성장은 눈에 보이지 않아도 쌓인다

사람들은 눈에 보이는 것에만 반응한다. 숫자가 늘어나야만 의미를 부여하고, 계좌에 찍힌 금액이 커져야만 성과라 말하며, 겉으로 드러나는 결과가 있어야만 나 자신도 안심한다. 그래서인지 눈에 보이지 않는 성장에 대해서는 너무 쉽게 무시하거나, 그것을 아예 성장으로 인정하지 않는 경향이 있다. 사업을 시작하고 가장 먼저 부딪히는 것도 바로 무반응의 시간이다.

나 역시 그랬다. 처음 콘텐츠를 만들고, 라이브를 하고, 글을 쓰고, 사람들을 만나고, 영업을 해도 아무 일도 일어나지 않았다. 반응은 없고, 피드백도 없고, 팔리지도 않았다. 뭘 잘못했나 싶었고, 나만 바보같이 헛수고하고 있는 기분이 들었다. 그런데 신기하게도, 그 아무도 몰라주던 시간에 쌓인 것들이 나중에 하나씩 연결되기 시작했다. 마치 바다 밑에서 자라고 있던 산호처럼, 아주 천천히, 아주 깊게 뿌리를 내리고 있었던 것이다.

성장은 원래 그렇게 온다. '탁' 하고 드라마틱하게 나타나는 게 아니라, 매일 조금씩, 아주 미세하게 스며들 듯 쌓인다. 문제는 그 성장이 쌓이는 과정이 너무 느리고, 너무 보이지 않기 때문에 대부분의 사람이 중간에 포기해버린다는 점이다. 자신이 멈춘 그 지점이 사실 성장의 기울기를 막 넘기려던 순간이었다는 것을 나중에야 알게 된다.

나는 지금까지의 시간 동안 눈에 보이지 않던 성장들이 나를 여기까지 데려왔다는 걸 부정할 수 없다. 지금 나에게 주어진 기회, 고객, 파트너십, 매출, 신뢰까지. 전부 과거에 아무도 모르게 쌓아온 것들에서 비롯됐다. 그건 단 하루도 쉬지 않고 써온 글이었고, 반복해서 점검한 고객 피드백이었고, 의미 없어 보이던 매일의 루틴이었고, 셀 수 없는 밤의 고민들이었다.

성장을 측정하려고 하면 항상 헷갈린다. 기준이 사람마다 다르기 때문이다. 누군가는 1억을 벌어야 성장이며, 누군가는 조회 수 100만이 나와야 성과라 생각한다. 그런데 사업을 조금이라도 해본 사람이라면 안다. 성장의 진짜 기준은 '어제보다 내가 얼마나 단단해졌는가'이다. 숫자가 아니라 내 태도, 내 결정, 내 집중력, 내 회복력 같은 것들이 조금씩 정돈되는 과정. 그게 진짜다.

눈에 보이는 것만 좇다 보면, 방향을 잃는다. 초반에 조회 수가 안 나온다고 멘탈이 무너지기도 하고, 팔리지 않는 제품 하나에 자존감을 걸기도 한다. 물론 당장의 결과는 중요하다. 하지만 그것만을 기준으로 삼기 시작하면, 성장은 단절되고, 방향은 뒤틀리고, 결국 그 사람은 다시 원점으로 돌아간다. 사업은 결과를 만들기 위해 애쓰는 게임이 아니라, 결과를 쌓을 수 있는 기반을 만들어가는 과정이다.

내가 매일 글을 쓰는 이유도 이와 같다. 오늘 쓴 글이 내일 누군가에게 닿을 수도 있고, 아니면 한 달 뒤, 혹은 1년 뒤에라도 누군가의 삶에 영향을 줄 수도 있다. 중요한 건, 그 가능성을 쌓아두는 일이다. 지금은 아무것도 아닌 것처럼 보일 수 있지만, 그 모든 조각이 나중에는 하나의 강력한 무기가 된다. 콘텐츠 하나, 경험 하나, 실수 하나, 그리고 내가 느낀 감정 하나하나가 결국은 브랜드를 만든다.

눈에 보이지 않는다고 해서 없는 게 아니다. 아직 드러나지 않았을 뿐이다. 마치 씨앗이 흙 속에서 자라고 있는 동안 땅 위에서는 아무 변화가 없듯, 나의 노력들도 그렇게 안 보이는 곳에서 자라고 있을 수 있다. 언젠가 땅 위로 싹이 올라오는 날이 분명히 온다. 그 싹이 자라 나무가 되고, 그 나무가 열매를 맺을 때, 사람들은 그제야 '성공'이라고 부른다. 하지만 우리는 안다. 그 모든 건 눈에 보이지 않던 시간에서 시작되었다는 걸.

당신이 지금 하고 있는 일이 아무 반응이 없더라도, 너무 실망하지 않았으면 좋겠다. 계속해라. 계속해서 오늘보다 조금 더 나은 나를 만들고, 조금 더 단단한 시스템을 만들고, 조금 더 깊은 연결을 쌓아라. 그것들이 당신의 미래를 구성할 진짜 자산이다.

눈에 보이는 결과는 늦게 온다. 하지만 눈에 보이지 않던 성장은 이미 시작되었을 수 있다. 그리고 그것이 가장 강력한 성장일 수 있다. 그러니 멈추지 말자. 계속하자. 나중에 돌아보면 지금 이 시간들이 '가장 중요한 시간'이었다고, 분명 그렇게 말하게 될 것이다.

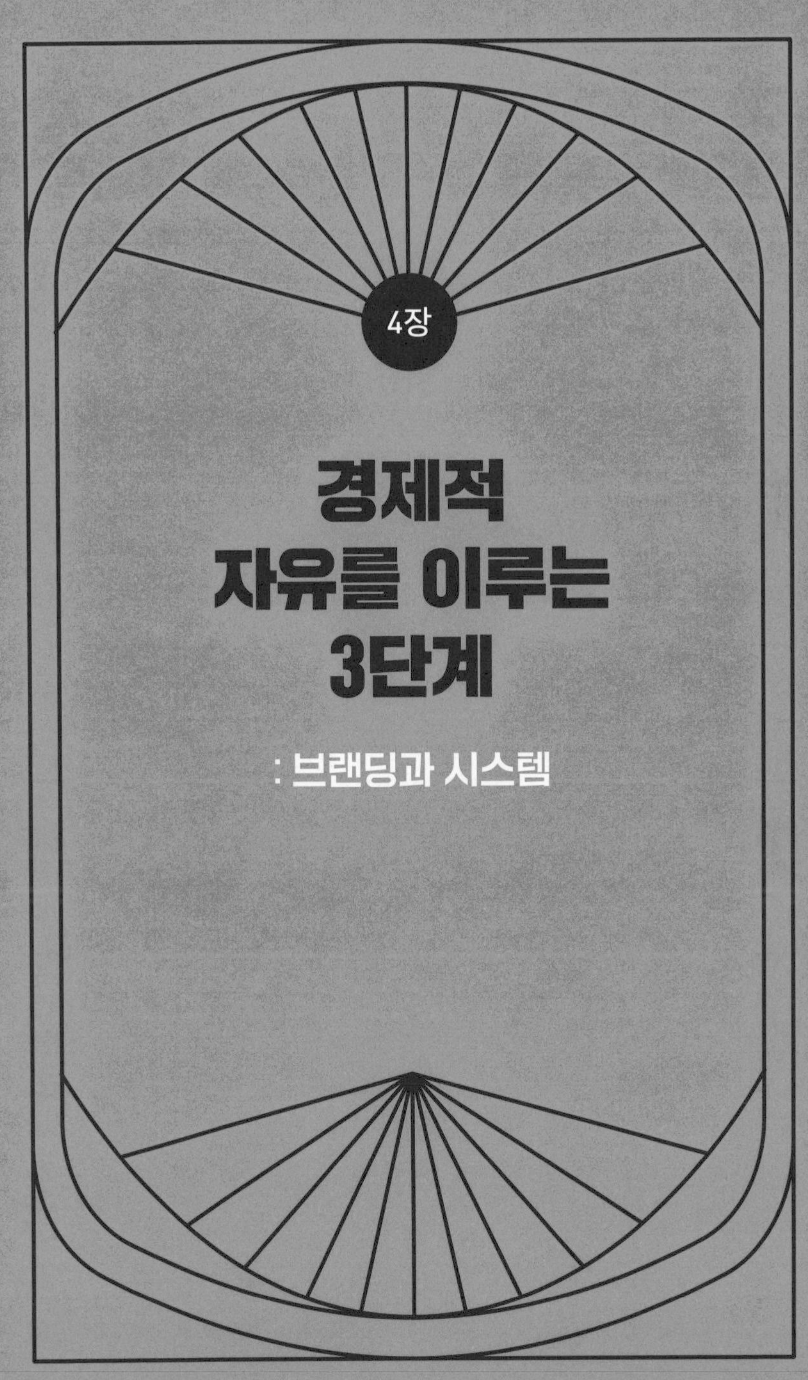
4장

경제적
자유를 이루는
3단계

: 브랜딩과 시스템

# 31 나는 브랜딩 전문가가 아니다, 하지만 본질은 안다

　　브랜딩이라는 단어는 요즘 너무 흔하다. 어디서든 들려온다. 브랜딩이 전부인 시대라느니, 브랜딩 없이는 팔리지 않는다느니. 인스타그램을 켜도, 유튜브를 봐도, 책을 펼쳐도 모두가 말한다. 브랜드를 만들라고. 나도 처음엔 그랬다. "브랜딩"이란 단어에 쫓기듯이 달렸다. 마치 그 단어를 제대로 이해하지 못하면 사업에 실패할 것만 같았다.

　　하지만 시간이 흐르고, 수많은 경험을 하고, 다시 무너졌다가 다시 일어나는 과정을 반복하면서 이제는 확신을 갖고 말할 수 있다. 나는 브랜딩 전문가가 아니다. 그리고 그럴 필요도 없다. 오히려 나는 브랜딩이라는 말을 잘 몰랐기 때문에 본질에 가까울 수 있었다.

　　브랜딩은 고차원적인 전략이 아니다. 어떤 철학서적에서 끄집어낸 용어도 아니다. 내 생각엔, 브랜딩은 결국 사람의 기억에 남는 일이다. 그리고 그 '기억에 남는다'는 것은 특별한 디자인, 로고, 캐릭터 때문이 아니라, 진심 때문이다. 내가 말하고자 했던 것이 무엇이고, 그걸 어떻게 전달했는가. 내가 왜 이 일을 하는지, 나를 찾는 사람에게 어떻게 말해왔는가. 이게 다다.

사업을 하면서도 많이 혼란스러웠다. 뭔가 대단한 철학이 있어야 브랜딩인 줄 알았고, 돈을 써서 고급스러운 이미지나 마케팅 메시지를 만들어내야 고객이 반응할 줄 알았다. 하지만 내가 경험한 현장은 전혀 달랐다. 고객은 거창한 철학보다도 일관된 태도를 원했고, 세련된 포장보다도 실제의 경험을 기억했다.

처음에 인스타그램을 운영할 때도, 콘텐츠를 기획할 때도, 사실 디자인이나 스킬은 뛰어나지 않았다. 그저 내가 말하고 싶은 걸 정리해서 올렸다. 그리고 그 안에는 꼭 진심이 들어가 있었다. 그러자 어느 순간부터 반응이 오기 시작했다.

처음에는 작고 소소했다. "대표님, 글이 정말 공감됐어요." "요즘 저도 이 상황이라 너무 와닿네요." 그렇게 한 사람, 두 사람씩 나를 기억하기 시작했다. 그게 브랜드였다. 숫자로는 측정되지 않았지만, 확실한 반응이었다.

사람들은 착각한다. 브랜드는 돈이 많아야 만든다고. 광고비가 수백만 원씩 있어야 하고, 유명한 디자인 에이전시에 맡겨야 된다고. 나는 오히려 그게 위험하다고 생각한다. 아무것도 없는 상태에서 '나는 누구인가'를 정리하지 않고 브랜드를 만든다는 건, 껍데기부터 만들고 알맹이는 없는 상태로 출발하겠다는 말이다.

나를 드러내는 가장 확실한 방법은 '내가 어떤 사람인가'를 매일

매일 정리하는 것이다. 내가 왜 이 일을 시작했는지, 어떤 사람들과 일하고 싶은지, 고객에게 무엇을 주고 싶은지를 스스로 알고 있어야 한다. 그래야 그 안에서 내 말투, 태도, 콘텐츠, 행동이 통일성을 갖는다. 그리고 그게 쌓이면서 사람들의 기억 속에 남는다.

브랜딩은 결국 그 기억의 총합이다. 내가 전달해온 말투, 내가 꾸준히 보여준 태도, 내가 포기하지 않고 만든 콘텐츠들, 내가 실수했을 때 사과한 방식, 내가 성과를 냈을 때 보여준 겸손함. 그것들이 모두 브랜드의 요소다. 이건 책에 쓰여 있는 공식으로는 안 만들어진다. 오직 '나'라는 사람의 진정성에서만 나오는 것이다.

그래서 나는 '전문가'가 될 생각이 없다. 대신, 나는 누구보다도 깊이 있게 나 자신을 들여다보는 사람이 되려고 한다. 사업이란 결국 나를 통해 세상과 연결되는 일이니까. 내가 어떤 사람인지 아는 것, 그리고 그걸 타인에게 무리 없이 전달할 수 있는 힘. 그것이야말로 진짜 브랜딩이다.

누구나 자기만의 색깔이 있다. 누구나 자기를 표현할 수 있는 방법이 있다. 다만 그걸 찾지 못하고 남이 만든 틀에 억지로 자신을 맞추려다 브랜드가 희미해진다. 중요한 건 내가 가진 단어로 말하는 법을 익히는 것이다.

지금 당신이 가진 언어, 당신이 써왔던 말투, 당신이 일하면서 보여준 태도. 그것들이 전부 브랜딩이 된다. 그리고 그 안에 당신의 본질이 살아있다면, 그 브랜드는 절대 흔들리지 않는다.

# 브랜딩은 결국 '사람의 기억에 남는 일'

　　우리가 살아가는 이 시대엔 너무나도 많은 브랜드가 존재한다. 하루에도 수십 번, 무의식중에 접하는 이름들, 로고들, 색감과 문구들. 하지만 이상하게도 정작 우리 기억에 남는 브랜드는 몇 개 안 된다. 이유는 단순하다. 우리 마음속에 '느낌'을 남긴 브랜드만이 기억 속에 살아남기 때문이다.

　　그 느낌은 대단히 과학적이지도 않고, 논리적으로 설명하기도 어렵다. 누군가는 첫 구매에서 감동을 받아 기억에 남고, 또 어떤 이는 불편한 경험을 했음에도 '이 브랜드는 솔직하다'는 인상을 받아 팬이 되기도 한다. 결국 브랜딩은 상품보다 더 오래 남는 '느낌'을 어떻게 전달하느냐의 싸움이다.

　　나 역시 그런 과정을 직접 겪었다. 브랜딩이라는 단어 자체가 추상적으로 들리던 시절, 나는 그저 내 이야기를 꾸준히 전했다. '나는 왜 이 일을 시작했고, 어떤 가치를 믿고 있고, 어떤 사람들과 함께하고 싶은가.' 그 이야기들을 무심하게 흘려보내지 않고, 진심을 담아 쌓아가기 시작했다.

시간이 지나자 반응이 왔다. 그 반응은 대체로 아주 작고, 느리게 도착했다. "대표님 말에 울컥했어요." "저랑 너무 비슷해서 위로받고 갑니다." "이 브랜드는 꼭 잘됐으면 좋겠어요." 이런 메시지들이 하나씩 도착하기 시작했고, 나는 그때부터 느꼈다. 아, 이게 브랜딩이구나.

브랜딩은 결국 '사람의 기억에 남는 일'이다. 잠깐의 관심이 아니라, 시간이 지나도 기억나는 사람, 문장, 태도, 그게 브랜드가 되는 것이다. 우리는 어떤 사람을 만나면 유난히 오래 기억에 남는다. 이유는 딱히 없다. 그냥 '느낌'이 남았기 때문이다. 제품도 마찬가지다. 브랜드는 논리의 결과물이 아니라, 경험과 감정의 집합이다.

사람의 기억에 남는다는 건 쉬운 일이 아니다. 오히려 엄청나게 어렵다. 왜냐면 진짜로 기억에 남기 위해선 인위적인 연출을 버려야 하기 때문이다. 요란한 마케팅이나 감동적인 이야기 하나로는 충분하지 않다. 고객은 감정을 숨기지 않는 진짜 사람을 기억한다. 꾸며낸 이미지가 아니라, 진심이 묻어난 말투와 행동에서 신뢰를 느낀다.

그래서 나는 이걸 브랜딩의 본질이라고 부른다.

고객의 머릿속에 어떻게 남을 것인가. 무엇을 보여줘야 기억될 것인가. 사실 너무 어렵게 생각하지 않아도 된다. 내가 어떻게 살고 있는지, 어떤 태도로 이 일을 대하고 있는지를 보여주면 된다. 작은 행동 하나하나, 내가 놓치지 않는 디테일 하나하나가 결국 고객의 기억 속에 자리 잡는다.

예를 들면, 어떤 브랜드는 인스타그램 DM에 너무 성의 없이 답한다. 또 어떤 브랜드는 고객이 남긴 후기 하나하나에 장문의 메시지를 남긴다. 똑같은 제품을 팔아도 고객은 후자의 브랜드를 기억한다. 가격, 스펙, 속도 같은 기준이 아니라, '이 브랜드는 나를 소중하게 여기는구나'라는 감정 때문이다.

나는 지금도 기억한다. 어느 고객이 "대표님은 왜 항상 그렇게 정중하게 대답하세요?"라고 물었던 적이 있다. 그때 나는 고민 없이 이렇게 대답했다. "당연한 거 아닌가요? 저한테 시간을 써주는 건데." 그 고객은 지금도 내 브랜드의 팬이다. 제품을 몇 번이나 바꿨지만, 브랜드에 대한 충성도는 여전히 높다. 왜일까? 제품 때문이아니다. 그때 받았던 '대우' 때문이다.

이게 브랜드다. 가격이 좋고 퀄리티가 뛰어나서도 중요하지만, 고객이 당신을 어떻게 느꼈는가가 더 중요하다.

우리는 기억 속에 남기 위해 수많은 것을 배워야 한다. 하지만 나는 이 책을 읽는 사람들에게 한 가지 사실만은 꼭 전하고 싶다. 브랜딩이 어렵게 느껴진다면, '나라는 사람을 고객에게 어떻게 각인시키고 있는가'를 질문해보면 된다. 무슨 글을 쓰고, 어떤 말투를 사용하며, 어떤 분위기를 유지하는가. 그 모든 것이 당신의 브랜드가 되고, 그것이 사람의 기억에 남는 핵심이 된다.

결국 브랜드는 사람이 만드는 것이다. 기업 이름도, 제품 패키지도, 광고도, 마케팅도 모두 사람이 만든다. 그러니 사람의 기억에 남고 싶다면, 사람의 감정을 먼저 이해해야 한다. 고객이 어떤 감정에 반응하는지, 어떤 말에 귀를 기울이는지를 알아야 한다. 그리고 그 감정을 존중하는 태도를 유지해야만 한다.

요즘 같은 시대엔 수천 개의 브랜드가 생겨나고 사라진다. 그 와중에 오래 살아남는 브랜드는 결국 사람의 기억 속에 오래 남은 브랜드다. 나도 그런 브랜드를 만들고 있다. 대단하지 않아도, 특별하지 않아도, 사람들에게 '이 사람, 기억난다'는 말을 듣는 것. 그것이면 충분하다.

# 33 지속 가능한 브랜드는 진심에서 온다

요즘 브랜드를 논할 때 빠지지 않고 등장하는 단어가 있다. '지속 가능성.' 누군가는 이를 환경 문제나 ESG 같은 거창한 이야기로 연결하기도 하지만, 내가 말하고 싶은 지속 가능성은 훨씬 더 본질적이다. 브랜드가 오래 살아남기 위해 꼭 필요한 에너지, 바로 '진심'이다.

한두 번의 프로모션으로 반짝 매출을 일으키는 일은 어렵지 않다. 요즘 같은 SNS 기반의 시장에선, 누구나 한 번쯤은 '운 좋은' 성공을 경험할 수 있다. 실제로도 그런 사례들을 많이 봤다. 제품이 터졌다, 광고가 먹혔다, 입소문이 났다. 그런데 그다음이 문제다. 뭔가 되는 것 같다가 순식간에 무너지는 브랜드들을 수도 없이 봤다. 왜 그럴까?

결국 진심이 없었기 때문이다.

그 '진심'이라는 건 특별한 무언가를 뜻하지 않는다. 대단한 슬로건이나 감동적인 이야기, 혹은 예쁘게 포장된 브랜드 스토리가 아니라, 그 브랜드가 어떻게 일하는지를 말하는 것이다. 고객을 대하는 태도, 불만에 대한 대응, 콘텐츠 하나하나를 만드는 방식. 이런 소소한 것들에서 사람들은 브랜드의 진심을 느낀다.

나는 처음부터 진심이 완벽하게 준비된 사람은 아니었다. 처음엔 돈을 벌기 위해 시작했고, 운이 좋아 많이 벌었다. 하지만 거기에 시스템은 없었고, 진심도 일관되지 못했다. 결과는 예상보다 빨리 찾아왔다. 매출은 줄고, 고객은 떠났고, 나는 다시 바닥으로 내려왔다. 그 순간 깨달았다. 매출은 광고가 올릴 수 있어도, 신뢰는 광고가 만들어주지 않는다는 사실을.

그때부터 방향을 바꿨다. 광고보다 먼저 내가 누구인지 설명하기 시작했고, 제품보다 먼저 고객과 이야기하기 시작했다. 팔기 전에 설득하는 게 아니라, 먼저 내가 왜 이 제품을 소개하는지를 고백했다. 그리고 그 고백에 반응한 사람들과 조금씩 브랜드를 함께 쌓아갔다.

시간은 걸렸다. 단시간에 엄청난 매출이 터지진 않았다. 하지만 확실한 변화가 일어났다. 브랜드에 대한 질문이 생겼고, 고객들의 메시지에 감정이 실리기 시작했다. 그리고 그 감정이 쌓이며 팬이 생겼다. 단골이 되었고, 재구매가 늘었다. 브랜드를 기억해 주는 사람이 점점 생겼다.

나는 그것을 브랜드의 내구성이라고 부른다.

진심은 결과를 빠르게 만들지는 않지만, 무너지지 않게 만든다.

시장이 변해도, 광고비가 줄어도, 제품이 한동안 뜸해도, 고객은 진심을 기억한다. 다시 돌아온다. 내 브랜드는 그런 경험을 여러 번 했다. 기세 좋게 올라가던 매출이 멈췄을 때도, 나는 고객을 붙잡지 않았다. 대신 그동안 보여줬던 나의 태도, 말투, 대응 방식이 그들을 다시 돌아오게 만들었다.

요즘 많은 브랜드가 너무 빠르게 '팔 것'을 찾는다. 이게 팔릴까? 이건 조회 수가 잘 나올까? 이걸 하면 사람들이 반응할까? 그런데 정작 중요한 건 그 모든 것 뒤에 숨은 태도다. 제품보다 먼저 나를 신뢰하게 만들고, 광고보다 먼저 감동을 주는 태도. 그건 어떤 기술이 아니라 진심으로만 가능하다.

진심은 티가 난다. 고객은 바보가 아니다. 그들은 생각보다 예리하고 민감하다. 누군가 진짜로 자신을 위하는 브랜드인지, 그저 한 번 팔고 끝내려는 브랜드인지 금방 알아챈다. 그리고 한 번 마음이 떠난 고객은 다시 돌아오지 않는다. 브랜드에게는 그게 치명적이다.

이제는 확신한다. 오래가는 브랜드는 트렌드를 따르지 않는다. 대신 '진심'이라는 단단한 기반 위에 자신만의 방향을 세운다. 그리고 그 방향에 맞는 고객을 천천히, 정직하게 모아간다. 시간이 오래 걸려도 괜찮다. 왜냐하면 그렇게 모인 고객은 쉽게 떠나지 않기 때문이다.

나 역시 아직도 완벽한 브랜드를 만들지는 못했다. 매번 실수하고, 부족함을 느끼고, 보완하려 노력 중이다. 하지만 변하지 않은 것이 있다면, 진심으로 고객과 마주하려는 자세다. 팔기 위해 만나는 게 아니라, 함께하기 위해 만나는 것. 내 브랜드는 여전히 그렇게 사람들을 만나고 있다.

그래서 나는 오늘도 묻는다. 이 글을 읽고 있는 당신에게.

"당신의 브랜드는 진심이 있습니까?"

# 34 무조건 시스템화하지 마라, 맞는 구조를 찾아라

사업을 하다 보면 누구나 한 번쯤은 '시스템'이라는 단어에 꽂히게 된다. 반복되는 일을 자동화하고, 사람을 줄이고, 매출을 효율적으로 관리할 수 있는 구조를 만든다는 건 매력적이다. 나 역시도 그랬다. '이제는 내 손을 덜 써야 할 때야'라는 판단이 섰을 때, 무턱대고 시스템을 만들어보기로 결심했다.

그런데 지금에 와서 돌아보면, 그때의 나는 시스템이란 말의 의미조차 제대로 이해하지 못하고 있었다. 시스템이란 결국 '사람 없이도 돌아가는 구조'를 의미하는데, 나는 여전히 사람의 손이 필요하고, 감정이 필요하고, 소통이 필요한 사업을 하면서도 마치 기계처럼 굴러가길 바랐던 것이다.

무작정 시스템화에 집착하면 일의 본질을 잃게 된다. 오히려 손이 더 간다. 내가 시스템이라 믿었던 자동화 툴들이 오히려 고객과의 소통을 단절시켰고, 내가 추구하던 진심은 정해진 시나리오 안에서 엇나가기 시작했다. 브랜드는 말랐고, 고객은 식었다. 어느새 모든 게 기계처럼 흘러갔고, 결국 사람들은 내 브랜드에 감정을 두지 않게 됐다.

나는 시스템을 만들려다 구조를 잃었다.

그제야 깨달았다. 시스템은 만들어야 하는 게 아니라, 만들어지는 것이다. 시간을 들여 반복해서 실험하고, 팀이 겪어야 할 시행착오들을 충분히 경험하고 나서야 비로소 '우리에게 맞는 시스템'이라는 게 만들어진다. 남들이 좋다 하는 툴, 잘 돌아간다는 구조를 가져다 쓴다고 해서 그게 우리 사업에 맞는 구조가 되는 건 아니다.

처음엔 누구나 모른다. 나도 그랬다. 그래서 누군가의 성공 사례를 그대로 따라 했다. 저 회사는 이렇게 했다더라, 이 플랫폼은 이렇게 하더라. 그렇게 외형만 따라 만든 시스템은 겉으론 그럴싸했지만, 내부는 썩어가고 있었다. 매출은 순간적으로 반짝했지만, 구성원은 지쳐갔고 고객과의 관계는 얇아졌고, 나는 점점 일을 '내 일'이라 느끼지 못 하게 되었다.

시스템은 목적이 아니다. 수단이다. 본질은 결국 내가 무슨 일을 하고 있고, 어떤 가치를 고객에게 전달하고 있는가이다. 그 가치가 반복 가능할 때, 그때 비로소 시스템화가 의미가 생긴다. 애초에 가치를 만들지도 못하고, 제대로 전달하지도 못한 상태에서 시스템을 논하는 건 순서가 잘못된 것이다. '기계가 반복할 수 있는 일'과 '사람만이 해낼 수 있는 일'을 먼저 구분해야 한다.

그래서 나는 다시 돌아갔다. 처음처럼 사람들과 직접 소통하고, 하나하나 수작업하듯 고객의 반응을 체크했다. 구조는 복잡했지만 브랜드는 살아있었고, 일이 힘들었지만 보람은 있었다. 그렇게 다시 흐름을 타기 시작했다. 그리고 아주 천천히, 작동 가능한 구조가 보이기 시작했다. 자연스럽게 반복되는 과정이 생겼고, 효율화할 수 있는 포인트가 드러났고, 그걸 시스템으로 옮길 수 있었다.

지금의 나는 시스템을 만들지 않는다. 대신 시스템이 자라날 수 있는 환경을 만든다. 무조건 자동화시키려 하지 않고, 일단 수작업으로 경험을 쌓고, 반복되는 지점을 발견하며 하나씩 옮겨간다. 이렇게 차곡차곡 쌓은 구조는 나를 배신하지 않는다. 내가 빠져도 돌아가는 구간이 생기고, 나 없이도 유지되는 활동이 생긴다.

시스템은 그저 '내가 없어도 돌아가야 한다'는 강박에서 출발하는 게 아니라, '내가 있어도 지치지 않게 하려는 설계'에서 출발해야 한다. 고객이 무엇을 기대하는지, 내 일이 어떤 루틴으로 흘러가는지를 잘 알고 있어야 그 흐름에 맞게 구조를 잡을 수 있다.

무조건적인 시스템화는 결국 '무책임한 사업'을 만든다. 사업은 여전히 감정의 영역이고, 사람의 영역이다. 시스템은 사람을 보조할 뿐, 사람을 대체할 수 없다. 본질은 내가 고객과 어떻게 관계를 맺을 것인가, 나 없이 돌아가도 '나와 같은 방식'으로 그 일이 반복될 수 있는가이다.

이제는 그렇게 생각한다. 시스템을 갖춘 브랜드가 강한 게 아니라, '구조에 맞는 시스템'을 갖춘 브랜드가 강하다고. 당신의 브랜드는 지금 어떤 구조에 서 있는가? 맞지 않는 시스템에 모든 걸 맡기고 있진 않은가?

무조건 시스템화하지 마라. 당신에게 맞는 구조를 먼저 찾아라. 그리고 그 구조 위에 천천히 쌓아가라. 그게 진짜 오래가는 브랜드가 만들어지는 길이다.

# 수치화보다
# '설명 가능한 성과'를 남겨라

사업을 하다 보면 숫자에 민감해질 수밖에 없다. 매출, 이익률, 전환율, 클릭률, ROAS, CAC, LTV. 듣기만 해도 머리가 지끈거리는 이런 숫자들이 사장에게 던져주는 건 현실적인 평가다. 특히 이커머스를 하다 보면 광고 숫자와 매출 숫자에 일희일비하게 된다. 하루 단위로 성과를 체크하고, 수치가 떨어지는 날이면 뭔가를 잘못한 것 같고, 수치가 올라가면 괜히 자신감이 생긴다. 나도 그랬다. 숫자에 중독됐다.

하지만 시간과 경험이 쌓이면서, 나는 그 숫자들이 말해주지 못하는 것들이 너무나 많다는 걸 알게 됐다. 숫자는 결과다. 과정은 아니다. 숫자는 나를 평가할 수는 있지만, 내가 앞으로 뭘 해야 하는지 알려주진 않는다. 무엇보다 숫자는 설명을 담지 못한다. '왜 그렇게 됐는가?'에 대한 맥락이 없다. 그래서 내가 배우고 나서 바꾼 방향은 이거다. 수치화보다 중요한 건, '설명 가능한 성과'를 남기는 것이다.

가령, 매출이 1억 나왔다고 하자. 멋져 보일 수 있다. 하지만 그 매출이 어떻게 나왔는지를 설명하지 못하면, 그건 그냥 숫자일 뿐이다. 무슨 콘텐츠가 영향을 미쳤는지, 어떤 고객이 재구매를 했는지, 광고비는 어떻게 분배했는지, 유입 경로는 어디였는지, 그 흐름이 납득이 되어야 재현이 가능하고, 다른 사람에게도 설명할 수 있다. 설명 가능한 성과는 시스템을 만든다. 단순한 숫자는 그 순간의 성취감만 남긴다.

내가 숫자만 쫓을 때는 정말 정신이 없었다. 오늘 매출이 어제보다 떨어지면 기분이 나빴고, 광고 클릭 수가 낮으면 무기력해졌고, 그래프가 떨어지면 다음날 전략이 통째로 흔들렸다. 그리고 그 숫자를 만드는 과정에서 나는 정작 중요한 걸 잊고 있었다. 고객은 어떤 반응을 보였는가? 이 제품은 왜 팔렸는가? 어떤 타이밍에 팔렸고, 어떤 설명이 통했는가? 이런 설명이 빠진 숫자는 결국 마케팅 부서가 만든 깃발 같은 거였다. 펄럭이고 나면 아무것도 안 남는다.

사업은 결국 반복이다. 내가 잘한 걸 또 해낼 수 있어야 하고, 누군가에게 맡겨도 비슷한 결과가 나와야 한다. 그게 구조고, 시스템이고, 사업의 지속 가능성이다. 설명 가능한 성과는 그걸 가능하게 해준다. 잘 안된 것도 마찬가지다. 왜 안됐는지를 설명할 수 있으면, 다시는 그 함정을 반복하지 않게 된다. 하지만 그냥 '요새는 장사가 안 돼요'라고만 말하는 순간, 우리는 아무것도 배우지 못한다. 설명이 없으면, 성장도 없다.

나는 팀원들에게도 항상 같은 말을 한다. 숫자를 가져오지 말고, 설명을 가져오자고. 매출이 올랐다고? 그럼 어떤 고객이 샀는지, 왜 그들이 샀는지, 그때 어떤 메시지를 썼는지, 콘텐츠는 어떤 흐름이 있었는지, 그게 중요한 거라고. 숫자는 그 뒤에 붙는 것이다. 그리고 이 설명이 쌓여야, 브랜드의 정체성이 생기고, 고객과의 관계가 돈독해지고, 다음 단계로 나아갈 수 있는 설계가 가능해진다.

내가 가장 안타까워하는 장면은 이런 것이다. 어떤 사장이 "지난 달 매출 3억 나왔어요"라고 자랑한다. 그런데 그다음 질문을 하면 멈칫한다. "무슨 채널에서, 무슨 고객이, 무슨 이유로 샀나요?" 이 질문 앞에서 설명하지 못하면, 나는 속으로 생각한다. 아, 이건 숫자고, 이건 사업이 아니구나.

그래서 나는 지금도 모든 프로젝트를 할 때, 반드시 회고를 한다. 숫자보다 문장을 남긴다. 왜 이 시기에 이 콘텐츠를 썼는지, 어떤 흐름에서 고객이 반응했는지, 이 가격 정책이 먹힌 이유가 무엇이었는지. 그렇게 설명 가능한 히스토리를 남기면, 내가 빠져도 누군가는 그 설명을 읽고 따라갈 수 있다. 그리고 그렇게 기록된 성과는 시간이 지나도 가치를 잃지 않는다.

이제는 말할 수 있다. 사업은 수치를 찍는 일이 아니다. 설명을 남기는 일이다. 당신이 만든 결과가 아무리 작아도, 그게 어떤 맥락에서 나왔는지를 설명할 수 있다면, 당신은 훌륭한 사업가다. 설명하지 못하는 거대한 숫자보다, 설명 가능한 작은 성과가 백 번은 더 값지다.

숫자에 쫓기지 마라. 그 숫자를 만들어낸 당신의 과정, 당신의 판
단, 당신의 감각, 당신의 실패, 그리고 당신의 경험을 기억하라. 그
것이 바로 당신만이 할 수 있는 설명이고, 결국 그 설명이 당신의 브
랜드가 된다.

# 36 실험하고, 실패하고, 교훈을 남겨라

처음 사업을 시작했을 때 나는 언제나 정답을 찾으려고 했다. 가장 확실한 방법, 이미 누군가 해봤고 성공했던 방식, 다 검증된 루트만을 따르고 싶었다. 안정적인 방향이 좋아 보였고, 실패하지 않는 길이 내가 가야 할 유일한 길이라고 믿었다. 그런데 사업이라는 건, 애초에 정답이 없는 게임이었다. 아무리 검증된 방법도 내 제품과 시장, 내 고객과는 전혀 다르게 작동했다. 결국, 진짜 살아남는 방법은 이거였다. 실험하고, 실패하고, 거기서 교훈을 얻는 것. 그게 전부였다.

지금 와서 돌아보면, 나는 무수히 많은 실험을 해왔다. 무의식중에도, 의도적으로도. 새로운 카피를 써 보고, 제품 구성을 바꿔보고, 가격을 높이거나 낮춰보고, 라이브 방송을 하고, 블로그 글을 쓰고, 광고 이미지를 하루에도 몇 번씩 바꿔봤다. 문제는 실패였던 게 아니다. 실패했는데 아무것도 남기지 않았던 것, 거기서 배우지 못했던 게 문제였다.

사업이 무서운 건 실패가 아니라 망각이다. 똑같은 실수를 반복하게 되는 건 기록이 없기 때문이다. 그냥 안됐다고 말하고 넘어가는 게 아니라, 왜 안됐는지를 붙잡고 파고들어야 했다. 실험을 했으면 결과를 써야 하고, 실패했다면 이유를 정리해야 했다. 그래야 다시 실험할 수 있었다. 성공은 예측에서 오는 게 아니라, 실패를 분석한 사람에게 찾아왔다.

내가 실험을 두려워하지 않게 된 계기는 어느 날 팀원 한 명이 이런 말을 했을 때였다. "대표님, 이건 저희가 한 번도 해본 적 없는 방식이라… 좀 위험하지 않을까요?" 그 말을 듣고 문득 이런 생각이 들었다. '우리가 해봤던 방식 중에 확실하게 성공한 게 있었나?' 오히려 해봤던 방식에 갇혀서 새로운 걸 못해봤던 게 더 위험하지 않았을까? 그 이후로 나는 오히려 이런 상황을 즐기게 됐다. "좋아, 그럼 한 번 해보자." 그리고 그다음에는 반드시 이렇게 말한다. "실패해도 돼. 다만, 뭘 배웠는지는 남기자."

실패는 결과가 아니라 과정이다. 내가 어떤 선택을 했고, 그 선택이 왜 안 통했는지를 파악할 수 있다면, 그 실패는 자산이다. '이건 안 먹힌다'는 걸 알았다는 건, 다음 실험에서 그 선택지를 빼고 갈 수 있다는 뜻이다. 그렇게 실험은 점점 더 정교해지고, 실패는 점점 더 깊은 교훈이 된다. 결국 이게 사업을 성장시키는 가장 현실적인 방법이었다.

물론 실험은 힘들다. 리스크가 따르고, 투자도 필요하다. 특히 매출이 간당간당할 때는 그 하루의 결과에 쫓겨서 실험은커녕 시도조차 두려워질 수 있다. 나도 그런 적이 많았다. 하루 매출이 10만 원이 떨어지면 팀원 눈치를 보게 되고, 고객이 항의라도 하면 모든 게 무너지는 기분이었다. 그런데 이런 상태가 반복될수록 나는 더 실험을 해야겠다는 생각이 강해졌다. 그렇게 작은 실패들을 일부러 만들어내면서, 나는 사업의 중심을 다시 세워나갔다.

중요한 건, 실험을 시스템화하는 거였다. 무작정 던지는 게 아니라, 의도를 세우고 데이터를 모으고, 그 안에서 진짜 내가 원하는 방향을 발견하는 거였다. 콘텐츠 하나를 올리더라도, 목적이 있어야했다. 그 콘텐츠를 보고 고객이 어떤 반응을 하는지를 체크하고, 그 반응에 따라 다음 방향을 잡는 것. 그렇게 실험은 전략이 되고, 실패는 교과서가 되었다.

사업은 본질적으로 반복되는 실패 속에서 의미 있는 성공을 건져내는 과정이다. 남들이 보기엔 무모해 보이고, 비효율적이라 여겨질 수도 있다. 하지만 그 모든 실험은 결국 나만의 노하우가 된다. 교훈이 없는 성과는 금방 사라진다. 숫자만 좋는 사람은 쉽게 무너진다. 반대로, 실패 속에서도 원리를 찾은 사람은 오래간다.

내가 겪은 가장 큰 실패는, 성공한 뒤에 찾아온 오만이었다. 잘된 방법만 고집했고, 다른 시도를 하지 않았다. 그 순간 성장은 멈췄고, 나는 다시 바닥에서부터 실험을 시작해야 했다. 그때부터 지금까지, 나는 계속해서 실험 중이다. 오늘도 실패할 수 있다. 하지만 내일은 더 나아질 것이다. 왜냐하면 나는 이 실패를 기록했고, 그 안에서 교훈을 찾았기 때문이다.

# 팔리는 게 먼저가 아니라, 통하는 게 먼저다

초창기에는 '어떻게든 팔아야 한다'는 생각이 전부였다. 제품을 만들고, 스토어를 열고, 광고를 돌리고, 콘텐츠를 올리는 모든 행동의 목적은 하나였다. "팔자." 하루라도 매출이 없으면 불안했고, 오늘 주문이 끊기면 내일 회사가 무너질 것 같았다. 매출표를 들여다보며 숨이 턱턱 막혔고, 광고 성과가 안 좋으면 고객 탓, 플랫폼 탓, 결국은 세상 탓을 했다. 그러다 한 번의 반전이 찾아왔다. 어느 날 문득, 이런 질문이 머리를 때렸다. "그냥 팔기만 해서는 뭐가 남지?"

정신을 차려보니, 정작 나는 제품 하나에 진심을 담은 적이 없었다. 누가 팔았던 상품, 뭐가 잘 팔린다는 리스트에서 고른 아이템들, 예쁘게 꾸며진 콘텐츠, 그럴듯한 문구들… 그런데 그 안에 나는 없었다. 그 제품을 내가 왜 팔고 있는지, 왜 지금 이걸 고객에게 보여주고 있는지, 단 한 번도 제대로 묻지 않았다. 결국 그 모든 제품은 팔려도 내 것이 아니었고, 안 팔리면 애정도 남지 않았다.

그러다 알게 됐다. 진짜로 팔리는 제품은, 내가 먼저 진심으로 '좋다'고 느끼고, '이건 다른 사람도 알았으면 좋겠다'고 생각한 것이어야 했다. 그리고 그런 제품은 '설득'하지 않아도 '공감'으로 팔렸다. 광고보다 강력한 무기는 '통하는 마음'이라는 걸 그제야 깨달았다.

사람은 기계가 아니다. 아무리 논리적이고 기능이 뛰어난 제품이라도, 감정이 동하지 않으면 구매하지 않는다. 고객은 제품의 성능만 보는 게 아니라, 그것을 소개하는 사람의 표정, 말투, 진심까지 본다. 수많은 브랜드가 비슷한 기능과 가격대를 내세워 경쟁하는 이유는 '팔리는 게 먼저'라는 생각에서 출발하기 때문이다. 하지만 통하지 않는 제품은 결코 오래가지 않는다.

실제로 콘텐츠를 만들 때도 마찬가지였다. 누가 봐도 잘 만든 글, 영상, 이미지들을 수없이 쏟아냈다. 그런데 반응은 미미했다. 그 이유는 간단했다. 나 혼자 잘난 척을 하고 있었던 것이다. 고객 입장에서 그 콘텐츠는 자기 얘기가 아니었다. 감정이 통하지 않았고, 문제 해결도 없었다. 그러니 당연히 스크롤은 빠르게 내려가고, 클릭은 일어나지 않았다.

반대로, 허술하고 투박해도 내 이야기를 담은 콘텐츠에는 댓글이 달리고, 저장이 되고, 공유가 되었다. 고객은 결국 '내가 누구인지'에 반응했다. 그들이 반응한 건 디자인이나 기술이 아니라 '사람'이었다. 내가 이걸 왜 팔고 있는지, 왜 이 이야기를 하고 있는지, 거기서 통하는 감정이 있었기 때문에 반응이 생겼던 것이다.

브랜딩도 마찬가지다. 브랜드를 만든다는 건 멋진 로고나 슬로건을 만드는 게 아니라, 고객과 감정적으로 연결되는 지점을 만드는 일이다. 그 연결이 없다면 아무리 많은 돈을 써도, 아무리 화려한 광고를 해도 반응은 일시적일 뿐이다. 그리고 나는 그 반응에 매번 휘둘렸다. 팔릴 듯 말 듯, 좋아요 수에 울고 클릭 수에 웃고. 내 감정이 매출에 휘둘리던 그 시절, 나는 그 어떤 '통함'도 만들지 못했다.

통하는 제품은 말이 길지 않다. "이거 진짜 좋더라." 한 문장이면 충분하다. 그리고 그 말을 고객이 대신해줄 때, 비로소 진짜 팔리기 시작한다. 그게 바로 통하는 힘이다. 고객은 '어떻게'보다 '왜'를 알고 싶어 한다. 당신이 이걸 왜 팔고 있는지, 왜 이 콘텐츠를 만들었는지, 왜 그 문제에 대해 말하고 있는지. 이 모든 '왜'에 대한 답이 명확할 때, 제품은 팔리기 시작한다.

나는 이제 무엇을 만들든 먼저 이렇게 생각한다. "이게 나랑 통하는가?" 통하지 않는 건 만들지도 않는다. 억지로 꾸며서 내세우지 않는다. 있는 그대로의 내 경험, 내 언어, 내 고민, 내 관점을 담아내려고 한다. 그래야 고객이 알아채기 때문이다. "아, 이 사람 진짜다."

사업은 '팔기 위한 기술'이 아니라 '통하기 위한 대화'다. 그리고 이 대화는 한두 번의 클릭이나 댓글이 아니라, 오랜 시간 쌓아온 신뢰에서 시작된다. 지금 내가 하는 말이 고객에게 닿고 있는가? 이 제품을 소개하는 내 마음에 떳떳한가? 콘텐츠 하나를 올리기 전에, 나는 반드시 이 질문을 던진다.

팔리는 건 그다음이다. 우선 통해야 한다.

# 콘텐츠는 당신의 또 다른 매출이다

한동안 나는 '팔리는 것'에만 몰두했다. 매출이 전부였고, 계좌에 찍히는 숫자에 따라 내 하루 기분이 오르락내리락했다. 그런데 이상했다. 제품은 잘 팔렸고 매출도 꽤 괜찮았는데, 매번 다시 처음부터 시작하는 느낌이었다. 광고를 끊으면 유입이 멈추고, 콘텐츠를 내리지 않으면 매출이 줄었다. 처음에는 '이게 사업이지' 하고 넘겼지만, 반복될수록 허탈함이 커졌다. 왜 나는 매일같이 새로 사람을 불러야만 할까? 내가 쌓고 있는 게 도대체 뭐지?

그때부터 나는 '쌓이는 것'에 대해 고민하기 시작했다. 광고는 순간이지만, 콘텐츠는 자산이다. 매출은 숫자지만, 콘텐츠는 관계다. 당장 눈에 보이는 수치만 좇다 보면, 정작 중요한 것들을 놓치게 된다. 나는 하루 매출 100만 원을 벌기 위해 매번 99만 원짜리 광고비를 쓰는 사람처럼 움직이고 있었다. 그렇게는 오래 못 간다. 언젠가는 지치고, 언젠가는 바닥이 난다. 그래서 나는 방향을 바꾸었다. 당장의 매출 대신, 콘텐츠를 남기기 시작했다.

콘텐츠라고 해서 거창할 필요는 없다. 처음엔 블로그 글 한 편, 인스타그램에 올린 짧은 메모, 누군가와의 대화를 정리한 노트 한 페이지, 그게 시작이었다. 지금 내가 겪고 있는 일, 내가 생각하는 문제, 내가 내린 작은 결정들을 꾸준히 기록했다. 반응은 느렸지만 분명히 있었다. 몇 개월 지나고 나서야 한두 명이 댓글을 달았고, 1년이 지나자 "대표님 콘텐츠 보고 연락드려요"라는 메시지가 도착했다.

콘텐츠는 내가 없는 시간에도 나를 대신해 말해주는 사람이다. 내가 일하고 있지 않아도, 누군가는 내 콘텐츠를 보고 나를 기억하고, 생각하고, 검색한다. 콘텐츠가 곧 영업사원이고, 마케터고, 브랜더다. 그런데 사람들은 이 영업사원을 단 몇 초 만에 떠나보내버린다. 꾸준히 쌓아야 할 이유는 명확하다. 콘텐츠는 한순간에 되는 일이 아니기 때문이다. 오늘 쓴 글이 내일 매출로 이어질 확률은 낮지만, 오늘 쓴 글이 1년 뒤 내 브랜드를 증명하는 데 쓰일 확률은 충분히 높다.

가장 중요한 건, 이 콘텐츠가 '내 이야기'여야 한다는 점이다. 남이 시키는 대로 쓰고, 남이 하라는 대로 말하면 그건 광고지 콘텐츠가 아니다. 콘텐츠는 나를 드러내는 수단이다. 내가 누구인지, 왜 이 일을 하는지, 무엇에 기뻐하고 무엇에 분노하는지를 드러내야 한다. 그렇게 만들어진 콘텐츠는 단순히 제품을 팔기 위한 도구를 넘어서, 사람과 사람 사이의 연결 고리가 된다. 고객은 더 이상 내가 파는 물건만 보지 않고, 내가 가진 태도와 방향성과 진정성을 함께 보기 시작한다.

예전에는 '광고를 줄이면 매출이 죽는다'고 생각했지만, 지금은 '콘텐츠가 쌓이면 광고비가 줄어든다'고 믿는다. 내가 말하고, 내가 보여주고, 내가 기록해둔 모든 것들이 언젠가는 돌아온다. 반드시 돌아온다. 그건 매출의 형태일 수도 있고, 좋은 파트너를 만나는 일이 될 수도 있으며, 나를 초대해줄 누군가의 기회일 수도 있다. 중요한 건 콘텐츠가 나를 복제하고, 증폭시키고, 기억하게 만든다는 사실이다.

한 번은 이런 이야기를 들었다. "대표님은 왜 그렇게 많이 쓰세요?" 나는 그 질문에 웃으며 이렇게 말했다. "말 안 하면 기억 못 하니까요. 기록 안 하면 나도 잊어버리거든요." 콘텐츠는 나 스스로를 위한 복습이기도 하다. 말하고 써 보고 정리하면서, 나는 내가 뭘 하고 있는지, 왜 이 일을 하는지를 다시 깨닫는다. 그런 과정을 반복하면서 콘텐츠는 단순한 기록을 넘어 나의 태도가 된다.

나는 이제 '무엇을 팔 것인가'보다 '무엇을 남길 것인가'를 먼저 생각한다. 팔릴지 안 팔릴지는 모른다. 하지만 콘텐츠는 반드시 남는다. 시간이 흐를수록 그 가치는 높아진다. 매출이 떨어지는 날에도, 고객이 줄어드는 날에도, 콘텐츠는 나를 지탱해줄 수 있는 유일한 힘이다. 그것이 없다면 나는 그냥 매출만 찍고 사라지는 존재일 뿐이다. 콘텐츠는 나를 기억에 남게 한다. 그리고 그 기억은 다시 고객을 데려온다.

지금 당장 매출이 없더라도, 오늘 당신이 만든 콘텐츠가 내일의 매출을 부를 것이다. 그러니 팔리는 것만 생각하지 말고, 남는 것을 만들자. 결국, 콘텐츠는 당신의 또 다른 매출이다.

# 일관된 태도는 브랜드의 기둥이 된다

나는 브랜드라는 단어를 처음 들었을 때, 솔직히 별 감흥이 없었다. 너무 마케팅 같고, 잘나가는 회사들이 쓰는 말처럼 느껴졌다. 내게는 당장 오늘 매출이 더 중요했고, 재고를 어떻게 처리할지, 다음 달 카드값을 어떻게 막을지가 급선무였다. 그런데 시간이 흐르고, 사업이 무너지고, 다시 재정비를 하며 한 가지는 명확해졌다. 브랜드는 거창한 게 아니라, 결국은 '내가 어떤 사람인가'를 보여주는 일이라는 것. 그리고 그 중심엔 '태도'가 있다는 걸 알게 되었다.

사업을 하다 보면 매일 같은 일을 반복하게 된다. 상품 페이지를 업데이트하고, 고객을 응대하고, 협력 업체에 전화하고, 팀원들과 회의를 한다. 매일 똑같은 일을 반복하지만, 그 안에서 '태도'는 끊임없이 드러난다. 무심코 던진 말 한마디, 피곤한 날 대충 올린 게시물 하나, 귀찮아서 생략한 사소한 안내 문구 하나. 이런 것들이 쌓여서 결국 나라는 사람의 '인상'을 만든다.

나는 이걸 늦게 알았다. 솔직히 예전에는 고객 응대도 내 기분에 따라 다르게 했고, 콘텐츠나 글을 올릴 때도 그날그날의 감정에 휘둘려 정리 없이 쏟아낸 적이 많았다. 그러다 보니 나를 아는 사람들도 나에 대해 분명하게 설명하지 못했다. "윤대표는 어떤 브랜드야?"라는 질문에 돌아오는 대답이 너무 애매했다. 어정쩡한 태도는 어정쩡한 인식을 만든다는 걸 그제야 알았다.

그걸 깨닫고 난 뒤로는, 적어도 '내가 어떻게 보이고 싶은지'에 대해서만큼은 스스로 정리하고 싶어졌다. 사람들은 대부분 누군가를 한 단어로 기억한다. 어떤 사람은 '성실한 사람', 어떤 사람은 '재밌는 사람', 또 어떤 사람은 '예민한 사람'처럼. 브랜드도 마찬가지다. 딱 한 문장, 한 단어로 설명될 수 있을 정도로 '명확한 태도'를 가졌을 때, 비로소 그 브랜드는 사람들 사이에서 살아남는다.

내가 브랜드라는 단어를 조심스럽게 다루는 이유도 여기에 있다. 브랜드는 포장이나 연출이 아니라 태도에서 비롯된다고 생각한다. 단순한 성향의 문제가 아니라, '이 사람은 어떤 상황에서도 어떤 자세로 움직이는가'를 계속해서 보여주는 일. 그리고 이건 누구나 할 수 있지만, 아무나 꾸준히 할 수는 없다.

내가 매일 고객에게 보여주는 모습, 직원에게 말하는 어투, 협력사에게 보내는 카톡 하나까지. 이게 반복되면 반복될수록 사람들은 그걸 보고 '윤대표는 이런 사람이야'라고 판단한다. 그리고 신기하게도, 내가 뭘 팔든지 간에 그 태도를 기억하고 다시 찾아온다. 물론 그 과정에서 완벽할 수는 없다. 나도 화가 날 때 있고, 지칠 때도 있다. 하지만 중요한 건, 그럼에도 불구하고 내가 어떤 방향으로 돌아오는지를 스스로 알고 있어야 한다는 점이다.

사업은 생각보다 감정이 많이 들어가는 일이다. 단순히 수치를 맞추고, 매출을 내는 구조가 아니라 사람과 부딪히고, 상황을 판단하고, 스스로 끊임없이 조정해야 하는 일이다. 그래서 어떤 날은 '그냥 좀 쉬고 싶다'는 마음이 들 때도 있다. 그런데 쉬는 건 괜찮은데, 그 순간조차 내가 무슨 태도를 취하고 있는지에 대한 자각은 놓치지 말아야 한다. 왜냐하면 사업은 결국 나를 통과한 것들이 쌓여서 만들어지는 것이니까.

내가 누군가에게 브랜드로 기억되는 건, 결국 내가 어떻게 버티고, 어떻게 회복하고, 어떻게 다시 시작하는지를 보고 느끼는 일이다. 브랜드란 무언가 대단한 전략이 필요한 게 아니라, 내가 지금 당장 할 수 있는 작은 태도를 반복할 수 있는가에 달려 있다. 일관된 태도, 그거 하나면 사실 충분하다.

그리고 나는 지금도 매일 연습 중이다. 잘 보이려고 애쓰는 것이 아니라, 흐트러지지 않으려고 나를 다잡는 연습. 하루하루가 그 자체로 브랜딩이 되는 것을 알게 되었기 때문이다. 브랜드는 멀리 있는 게 아니다. 오늘 내가 보여준 태도 하나하나가 바로 그것이다.

# 40 본질이 강한 브랜드는 지치지 않는다

사업을 하다 보면, 정말 다양한 방식으로 지친다. 매출이 떨어져서, 직원 문제가 생겨서, 고객 불만이 쌓여서, 혹은 그냥 이유 없이 피로가 몰려와서. 그런데 그런 피로의 대부분은 외부 상황 때문이 아니라 내 안의 '기준'이 흔들릴 때 발생한다는 걸 나는 늦게야 알게 됐다.

기준이라는 건 곧 본질이다. 내가 왜 이 사업을 시작했는지, 이 제품은 왜 팔고 있는지, 나는 이 일에 어떤 가치를 담고 있는지를 끊임없이 되새기고 정리해두지 않으면, 사업은 바깥에서 부는 바람에 따라 방향이 계속 바뀐다. 그렇게 흔들리다 보면 당연히 힘이 든다. 나 자신이 어디로 가고 있는지도 모르겠고, 무엇을 위해 노력하고 있는지도 애매해진다. 그런 상태에서 오는 피로는 아무리 쉬어도 회복되지 않는다. 왜냐하면, 쉬는 동안에도 여전히 혼란스럽기 때문이다.

초반엔 몰랐다. 그저 뭐든 팔기만 하면 되는 줄 알았다. 좋은 제품을 찾고, 광고를 돌리고, 사람들 눈에 띄게만 하면 된다고 생각했다. 그런데 팔면 팔수록 허무해졌다. "잘 팔린다"는 말은 들리는데, 나는 왜 이렇게 지치지? 왜 이렇게 매출이 나도 허전하지? 이런 질문이 쌓이고 나서야 하나의 결론에 다다랐다. 나는 이 일에 본질을 담지 못했다. 내가 무엇을 하려고 하는지, 왜 이걸 파는지, 어떤 고객을 만나고 싶은지조차 명확하지 않았다. 방향이 없는 상태에서 무작정 달리기만 했으니, 당연히 지칠 수밖에 없었다.

그 후 나는 내 사업에 질문을 던지기 시작했다. "지금 하는 이 일이 나와 연결되어 있는가?", "이 제품을 팔면서 나는 어떤 말을 하고 싶은가?", "이 서비스는 내 가치관과 맞는가?" 이 질문들에 답을 하다 보니, 단순한 상품 소개나 기능 설명 이상의 '이야기'가 필요하다는 것을 알게 됐다. 그리고 그 이야기야말로, 지치지 않게 해주는 원천이라는 것도.

예를 들어, 누군가 나에게 "왜 이 일을 하세요?"라고 물었을 때, 나는 예전처럼 "돈 벌려고요"라고만 말하지 않는다. 이제는 "사람들에게 변화의 계기를 만들고 싶어서요", 혹은 "내가 해본 시행착오를 전달하고 싶어서요"라는 말이 자연스럽게 나온다. 그리고 이 말에는 힘이 있다. 본질을 담은 말은 누군가를 설득할 때도, 나 자신을 일으킬 때도 에너지를 준다.

가끔은 유행을 따라가고 싶을 때도 있다. 남들이 하는 방식이 더 세련돼 보이고, 더 빨라 보인다. 그럴 때마다 나는 속도를 줄이고,

내 본질을 다시 바라보려고 한다. 내가 지금 따라가려는 이 트렌드가 진짜 내 사업과 어울리는가? 혹시 지쳐 있는 나를 잠깐이라도 들뜨게 해줄 자극일 뿐인 건 아닌가? 이런 질문들이 나를 다시 중심으로 되돌려준다.

물론 본질을 지키는 일은 어렵다. 당장 매출이 급할 때, 직원 월급 날짜가 다가올 때, 자꾸 눈앞의 숫자에 흔들린다. 그래도 끝까지 본질을 놓지 않은 사람만이, 결국 '지속 가능한 브랜드'를 만들 수 있다. 나는 실패를 통해 그걸 알게 됐다. 단기적인 성과에 집중했을 때는 잠깐 잘되는 것 같아도 오래가지 못했다. 하지만 나와 맞는 방식, 내가 진심으로 할 수 있는 방식으로 돌아왔을 때는 비록 느렸지만 훨씬 오래갔다. 그 차이가 결국 브랜드의 수명을 결정한다.

브랜드가 살아남는다는 건 단순히 매출을 유지하는 게 아니다. 고객이 떠났다가도 다시 돌아오고, 새로운 고객이 자발적으로 찾아오고, 내 콘텐츠에 반응하고, 나라는 사람을 기억해 주는 일이 반복될 때, 비로소 브랜드는 생명력을 갖게 된다. 그리고 그 생명력은 본질에서 온다. 흔들리지 않는 이유, 계속 이어가는 힘, 지치지 않는 근원.

나는 지금도 흔들린다. 다만 흔들리더라도 다시 돌아올 중심이 있다. 그게 내가 오랫동안 고민하고 붙잡아 온 '내 본질'이다. 그 본질이 나를 버티게 하고, 또 나를 설명해준다. 앞으로 어떤 상황이 닥쳐도, 어떤 일이 생겨도 나는 이 본질을 기준 삼아 다시 일어설 것이다. 그게 내가 만든 브랜드가 지치지 않고 계속 살아남는 방법이고,

사업을 오래 할 수 있는 방법이다.

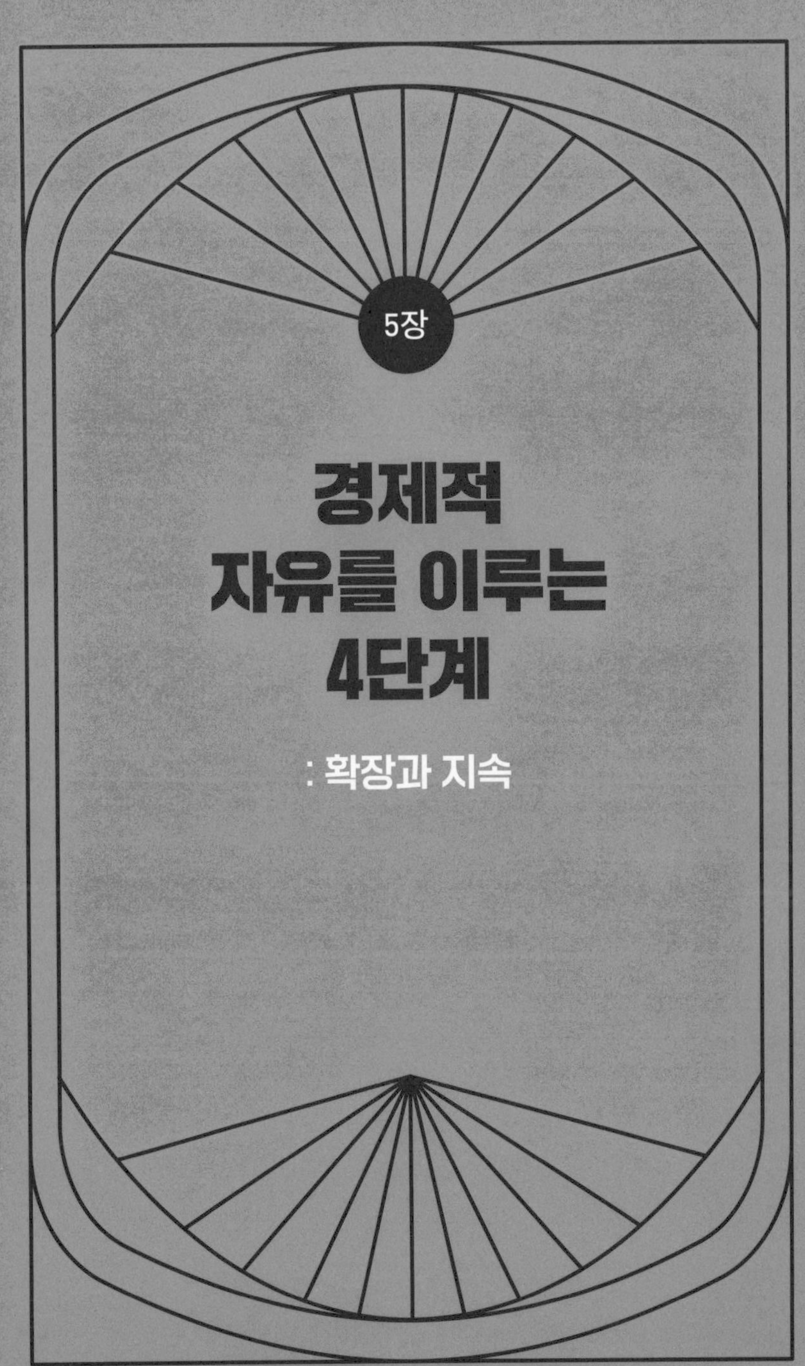


5장

경제적
자유를 이루는
4단계

: 확장과 지속

# 41 나를 따라오는 사람과 함께 가라

사업을 하면서 가장 외로운 순간은 '혼자'라고 느껴질 때다. 처음 시작할 때는 다 그런 줄 알았다. 누구도 내 일을 대신해주지 않고, 누구도 내 고통을 나눠 갖지 않으며, 결국 다 내가 책임지고 감당해야 하는 일이라는 걸 너무나 일찍 알아 버렸다. 그래서 더더욱 사람을 조심하게 되고, '나 혼자 할 수 있어야 한다'는 방어막을 쌓으며 움직였던 시절이 있었다. 그런데 그건 '필요한 고독'이 아니라 '스스로 만든 고립'이었다.

시간이 흐르며 하나씩 깨닫게 됐다. 일이 잘 풀리기 시작하면, 사람은 혼자 버는 게 아니라는 걸 알게 된다. 결과가 쌓일수록 뒤를 돌아보게 된다. '이 결과에 기여한 사람이 누구였지?' '내가 여기까지 올 수 있었던 건 누구 덕분이었지?' 그 순간, 누가 내 뒤에 있었는지가 생각나기 시작한다. 그리고 진짜 중요한 건 그들이 '지금도 함께 하고 있는가'이다.

나를 따라온다는 건 단순히 내 콘텐츠를 좋아한다거나, 내 상품을 사준다는 의미가 아니다. 나를 신뢰하고, 내가 가는 길에 함께 걸을 수 있는 마음을 가진 사람들이다. 이들은 '팬'이나 '고객'이라는 말보다 더 큰 의미다. 그들이 있었기에 내 방향이 정해졌고, 그들의 피드백 덕분에 내 콘텐츠가 다듬어졌으며, 그들의 존재로 인해 나는 다시 일어설 수 있었다. 말하자면, 나의 사업은 그들과 '공동 창작'된 결과물이다.

사업은 리더가 혼자 달리는 단거리 경주가 아니다. 리더가 방향을 제시하고, 함께할 사람들과 페이스를 맞추며 걷는 장거리 마라톤에 가깝다. 그래서 더 중요한 건, '누구와 함께 가고 있는가'이다. 당장은 속도가 빠른 누군가를 따라잡고 싶어질 수 있다. 하지만 그건 오래가지 못한다. 방향이 같지 않으면 결국 흩어진다. 반대로, 속도는 느려도 방향이 같은 사람과는 오래 함께 갈 수 있다. 그게 진짜 힘이다.

내가 겪었던 수많은 위기 속에서 진짜 힘이 되어준 사람들은 빠른 말, 멋진 계획, 거창한 제안이 아닌, 나와 함께 있던 평범한 사람들이었다. 조용히 내 이야기를 들어주고, 내가 다시 일어날 수 있도록 '내 편'이 되어준 사람들. 고객이든 직원이든, 동료든 파트너든, 그들은 내 뒤를 묵묵히 따라오며 나를 일으켜 세워 주었다. 나는 그들을 잊지 않는다.

이제는 나도 그런 사람이 되고 싶다. 앞에서 화려하게 이끄는 사람보다는, 내 옆을 걸으며 "괜찮아, 나도 그렇게 해봤어"라고 말해

줄 수 있는 사람. 나를 따라오는 사람들에게 '안전한 리더'가 되고 싶은 마음이 크다. 내가 먼저 무너지지 않아야 그들도 안심하고 따라올 수 있다는 사실을 알기 때문이다. 그렇기에 더 단단해지려고 한다. 흔들리더라도 방향은 잃지 않으려 한다.

무언가를 시작하는 사람에게 나는 항상 이렇게 묻는다. "누구와 함께 가고 싶으신가요?" 이 질문을 던지지 않으면, 결국 돈을 좇게 되고, 성과만을 추구하게 된다. 하지만 함께 갈 사람을 먼저 떠올리면, 나의 언어가 달라지고, 서비스의 방향이 달라지며, 브랜드의 태도도 달라진다. 그 변화는 아주 작고 느리게 시작되지만, 분명히 오래 남는다. 그리고 그런 사람들과 함께하는 일은 결코 지치지 않는다.

이제 혼자 가는 길은 의미가 없다. 나를 진심으로 믿고 따라오는 사람, 내가 진심으로 책임지고 싶은 사람과 함께 걸어가는 길만이 가치 있다. 그 길에서야말로 '돈'도, '성장'도, '의미'도 모두 만나게 된다.

결국 나를 따라오는 사람들과 함께 가는 일은, 내가 어디로 가고 있는지를 스스로 묻는 일이기도 하다. 방향이 분명하다면, 당신은 절대 혼자 가지 않을 것이다. 그러니 앞으로도 나는, 나를 따라오는 사람과 함께 걷는 길을 선택할 것이다.

# 42 주위의 한 명을 위해 쓴 콘텐츠가 천 명을 모은다

사업을 하면서 가장 많이 받았던 질문 중 하나는 "어떻게 이렇게 사람들의 공감을 잘 끌어내세요?"였다. 그 물음에 나는 한결같이 이렇게 답했다. "나는 불특정 다수를 위한 콘텐츠를 만든 적이 없어요. 오직 한 사람을 위해 썼습니다."

처음부터 수천 명, 수만 명에게 말하려고 하면 말이 안 나온다. 목소리가 떨리고, 말이 길어지고, 결국 아무 말도 하지 못 하게 된다. 누구에게나 다 좋게 보이고 싶어서, 끝내 아무에게도 특별해지지 못하는 말만 남긴다. 그건 콘텐츠가 아니라, 정보에 불과하다.

나는 항상 내 옆에 있는 단 한 사람을 떠올리며 썼다. 사업에 지쳐 한숨 쉬던 내 친구, 잘되지 않아 자괴감에 빠졌던 동료, 매일 새벽까지 혼자 운영하던 작은 가게의 사장님. 그 한 사람의 얼굴을 떠올리며 "내가 너에게 해주고 싶은 이야기가 있어" 하는 마음으로 콘텐츠를 만들었다.

그렇게 쓰면 글의 방향이 명확해진다. 말의 온도가 생긴다. 누군가를 위로하려고 쓰면 자연스럽게 다정해지고, 누군가에게 용기를 주려 하면 의지가 묻어나온다. '많이 보게 만드는 글'이 아니라, '깊이 남는 글'이 된다.

이런 글은 오래간다. 하루 이틀 반짝하고 사라지지 않는다. 다 읽고 난 후에도 어딘가 마음에 남아 다시 돌아오게 만든다. 그리고 놀랍게도, 이런 글은 처음에는 반응이 크지 않다. 좋아요도, 댓글도 별로 없을 수 있다. 그런데 시간이 지나면 점점 늘어난다. 한 사람씩, 두 사람씩, "그 글이 너무 좋았다"고 말하는 사람들이 생기기 시작한다.

어느 날이었다. 내가 매일 글을 올리던 SNS 계정으로 DM이 왔다. 한 여성분이었는데, 그녀는 내 글을 매일 스크린샷으로 저장해서 보고 있다고 했다. 왜 그렇게까지 하느냐 물었더니, 아침에 내 글을 읽고 하루를 시작하면 살 수 있을 것 같아서란다.

나는 그 순간 알았다. 콘텐츠의 진짜 힘은 숫자에 있지 않다는 것을. 천 명이 좋아요를 누른 글보다, 한 명이 저장해두고 매일 다시 꺼내보는 글이 훨씬 강력하다는 것을.

사업자 입장에서 이 이야기는 더 절실하다. 우리는 고객이라는 단어에 쉽게 집착한다. 그 숫자를 늘리려 안간힘을 쓴다. 조회 수, 전환율, ROAS, 이런 지표들이 삶의 전부처럼 느껴진다. 하지만 정작 내 고객이 누구인지, 그들의 얼굴을 얼마나 선명하게 떠올릴 수 있는지는 놓치고 있다.

고객은 숫자가 아니다. 한 사람이다. 그리고 그 한 사람이 내 콘텐츠에 감동받고, 내 서비스에 신뢰를 느끼고, 나라는 사람을 응원하게 될 때, 그 한 사람이 열 사람을 데려온다. 열 명이 백 명이 되고, 천 명이 된다.

나는 그렇게 성장해왔다. 광고비를 쏟아붓지도 않았고, 대형 플랫폼을 등에 업지도 않았다. 그냥 매일, 내 주위에 있는 한 사람을 위해 글을 썼다. 그리고 그 사람들이 나를 키워줬다.

이런 식의 접근은 효율적이지 않다. 당장 빠르게 매출이 나지도 않는다. 하지만 오래간다. 내가 힘들 때 나를 일으켜줄 사람들, 내가 지칠 때 내 브랜드를 다시 알려줄 사람들은, 그렇게 모인 단단한 팬들이다.

어쩌면 우리는 너무 일찍 '많은 사람'을 바라보는지도 모른다. 처음에는 단 한 사람만 있으면 된다. 그 사람이 "이 사람, 진짜다"라고 느끼게 만들 수 있다면, 이미 절반은 성공한 셈이다.

그러니 시작은 이렇게 하자. 지금 이 글을 읽고 있는 당신이 만든 콘텐츠 하나. 그 콘텐츠를 '누구를 위해 쓰는가'에 대해 다시 생각해보자. 수천 명이 아닌, 단 한 명. 당신이 지금 떠올리는 그 사람을 위해, 가장 진심을 담은 콘텐츠를 하나 만들어보자.

그게 바로, 천 명을 부르는 시작이다.

# 43 SNS는 브랜딩의 끝이 아니라 시작이다

한동안 사람들은 SNS에 모든 걸 쏟아부었다. 계정을 열고, 팔로워 수를 늘리고, 좋아요 개수에 집착했다. SNS를 잘하면 사업이 성공하는 줄 알았다. 하지만 시간이 흐르면서 모두가 서서히 눈치채기 시작했다. 그게 전부가 아니라는 걸. SNS는 그저 브랜딩의 시작점일 뿐, 결코 완성본이 될 수 없다는 사실을.

많은 사람들이 착각한다. 인스타그램에서 몇만 명의 팔로워를 갖게 되면 그게 곧 브랜딩이고, 곧바로 수익이 연결될 거라고 생각한다. 하지만 막상 해보면 알게 된다. 수천 명이 내 계정을 구경하더라도, 정작 지갑을 여는 사람은 극히 일부라는 걸. SNS는 브랜딩을 설명해주는 도구일 뿐, 브랜딩 자체가 아니다.

진짜 브랜딩은 SNS 밖에서 완성된다. 오히려 SNS 안에서 보이는 건, 브랜딩의 '결과'처럼 보이지만 사실은 끊임없이 수정되고 반복되는 '과정'이다. 글 하나를 쓰기 위해 며칠을 고민하고, 스토리 하나를 올리기 위해 여러 번 다시 찍고, 그러다 결국 그날은 포기하는 날도 생긴다. 그렇게 애쓰는 이유는, 사람들이 보는 건 15초짜리 영상일지라도, 거기 담긴 태도와 생각은 결코 가볍지 않기 때문이다.

나는 한때 SNS를 잘해야만 살아남을 수 있다고 믿었다. 영상 편집을 배우고, 트렌드 음악을 찾아보고, 유행하는 해시태그를 붙이고 다녔다. 그런데 돌아보니, 진짜 나를 알아봐 준 사람들은 그런 것 때문이 아니었다. 내가 쓴 글 한 줄, 내가 말한 한 문장, 그 안에 담긴 '진짜' 때문이었다.

그래서 어느 순간부터 전략을 바꿨다. 더 잘 찍으려 하지 않고, 더 진심을 담으려 했다. 좋아 보이는 장면보다, 지금 내게 정말 중요한 말 한마디를 꺼내려고 했다. 팔로워 수보다, 내 글을 읽고 메시지를 보내주는 사람을 중요하게 여기기 시작했다.

SNS는 도달의 도구일 뿐이다. 전파력은 뛰어나지만, 깊이는 없다. 그 깊이를 만들어주는 건 '사람'이다. 내가 어떤 사람이고, 어떤 생각을 하고 있으며, 무엇을 중요하게 여기는지 계속해서 말해야 한다. 그게 쌓이면 브랜드가 된다. SNS는 단지 그걸 보여줄 수 있는 스크린일 뿐이다.

그래서 나는 SNS를 '확성기'라고 부른다. 내가 가진 진짜 목소리가 있어야 의미가 있는 도구. 아무 말도 없는데 확성기를 쥐고 있으면 오히려 소란만 일으킨다. 하지만 내가 지닌 메시지가 단단하다면, 그 확성기는 강력한 무기가 된다.

중요한 건 어떤 콘텐츠를 올릴 것인가보다, 왜 이 콘텐츠를 올리는가다. 어떤 사람에게 어떤 감정을 전달하고 싶은지, 그리고 나는 지금 어떤 스토리를 풀어가고 있는지를 스스로 물어야 한다. 그 물음 없이 만든 콘텐츠는 아무리 반응이 좋아도 곧 묻힌다. 반면, 작고 소박해도 진심이 담긴 콘텐츠는 오랫동안 사람들의 기억에 남는다.

나에게 SNS는 언제나 실험장이었다. 실패도 많이 했다. 반응 없는 게시물에 좌절한 날도 있었고, 욕을 먹은 적도 있다. 하지만 그 실험들이 있었기에 지금의 방향이 생겼다. 무엇이 맞고 틀리다는 판단보다, 무엇이 내 브랜드에 '맞는지'를 찾아가는 과정이 필요했다. SNS는 그 길을 찾아가는 지도를 쥐고 있는 셈이다.

이제는 그렇게 생각한다. SNS는 내 사업의 끝이 아니라 시작이다. 내 브랜드의 첫 마디, 첫 소개, 첫인상. 그리고 누군가와의 첫 만남.

브랜딩은 결국 관계다. 관계는 마음을 주고받는 일이다. 그리고 SNS는 그 마음을 처음 건네는 자리일 뿐이다.

# 44 초반 성과보다 꾸준한 누적이 중요하다

누구나 처음엔 뭔가 보여주고 싶어한다. "이만큼은 해냈다"라는 증거를 들이밀고 싶은 마음, 처음이니 더 그렇다. 첫 제품을 출시했을 때, 첫 서비스를 론칭했을 때, 처음으로 SNS에 글을 올렸을 때, 우리는 반응을 원하고, 바로 그 반응이 곧 성공이라는 착각을 한다. 하지만 대부분의 사업은 그렇게 단숨에 올라가지 않는다. 시작의 반짝임보다 중요한 건 그다음이다. 계속할 수 있는가, 다시 해낼 수 있는가, 그리고 지치지 않고 반복할 수 있는가.

초반 성과에 집착하면 반드시 멈추게 된다. 한 달 만에 팔로워가 늘지 않으면, 일주일 동안 글을 올렸는데도 반응이 없으면, 광고에 몇십만 원 썼는데 매출이 안 나오면, 대부분은 '내가 틀렸구나'라고 생각한다. 그리고 멈춘다. 그렇게 좋은 사업 아이디어들이 사람들 속에서 하나둘 잊히고 사라진다. 아이러니하게도, 꾸준히만 했더라면 충분히 가능했을 것들이 그렇게 끝난다.

나는 초반에 운이 좋았다. 매출도 터졌고, 성장도 빠르게 이뤄졌다. 그런데 그게 문제였다. 너무 빨리 올라갔기 때문에, 무너지는 것도 금세였다. 준비되지 않은 상태에서 얻은 성과는 결국 그만큼의 책임을 요구한다. 감당하지 못한 나는, 성과가 끝났을 때 방향을 잃었다. 그때 처음 알았다. 진짜 무서운 건 '망함'이 아니라, '반복할 수 없는 나'였다.

그 이후로 나의 태도는 180도 바뀌었다. 무엇이든 꾸준히 해보기로 했다. 결과를 보지 말고 과정의 총량을 늘리는 데 집중했다. SNS 글도 매일 썼고, 사람들에게 내 이야기를 자주 들려주었고, 성과가 없는 날도 기록을 멈추지 않았다. 그리고 신기하게도, 꾸준히 쌓인 콘텐츠들이 나를 증명해주기 시작했다. 아무도 반응하지 않던 글이 나중에 다른 글의 반응으로 이어졌고, 한 명이 보던 영상이 시간이 지나면서 천 명에게 닿았다. 마치, 계단 하나하나를 밟으며 올라가는 느낌이었다.

어떤 사람은 이런 말을 했다. "꾸준함은 재능이다." 처음에는 고개를 갸웃했지만, 지금은 그 말이 얼마나 강력한 통찰이었는지 알게 되었다. 꾸준함은 타고나는 게 아니다. 선택하는 것이다. 하루에도 열두 번 그만두고 싶은 마음과 싸워 이기는 그 선택이 쌓일 때, 꾸준함이라는 재능처럼 보이는 무기가 만들어진다.

사업에서 가장 무서운 적은 시장도 아니고 경쟁자도 아니다. 바로 내 안에 있는 조급함이다. 이 조급함은 아주 교묘하게 속삭인다. "너 아직도 이걸 하고 있어?" "이렇게 해서는 언제 성공하겠어?" "그만두는 게 나을지도 몰라." 그런데 그 속삭임을 그대로 따라가면 안 된다. 속도보다 방향이 중요하다는 말을 많이 하지만, 그건 결국 누적된 방향을 이야기하는 것이다. 단 하루를 가더라도, 어제보다 조금 더 나아진 하루. 그걸 100일, 365일 반복하면, 그 차이는 상상도 못 할 만큼 벌어진다.

초반 성과는 마치 꽃불 같다. 한순간 터지지만 금세 꺼진다. 하지만 누적은 석탄불이다. 은은하게 계속 타오르며 열기를 내고, 그 열기는 언젠가 아주 큰 불을 일으킬 수 있다. 중요한 건 그 열을 끄지 않는 것. 그래서 나는 작은 불씨라도 꺼뜨리지 않으려고 오늘도 글을 쓰고, 사람을 만나고, 나를 다시 점검한다. 남들이 보기엔 아무 변화도 없어 보이지만, 나는 알고 있다. 이 과정이 나를 단단하게 만든다는 걸.

당신도 똑같다. 지금 당장은 아무도 몰라줄 수 있다. 아무도 응원하지 않고, 반응도 없을 수 있다. 하지만 하루하루 쌓인 시간과 노력은 분명 당신 편이 될 것이다. 그게 바로 '꾸준함의 가치'다. 우리는 매일매일 성공을 향해 가는 게 아니라, 매일매일 자신을 쌓아 가는 것이다.

성과는 잠깐 반짝일 수 있다. 하지만 누적은 언젠가 반드시 폭발한다. 오늘 아무 일도 일어나지 않더라도, 그 꾸준함 하나로 당신은 이미 반 이상은 온 셈이다.

# 45 모르는 건 질문하되, 답은 스스로 찾아라

사업을 하다 보면 모르는 게 너무 많다. 아니, 시작하기 전부터 이미 모르는 게 대부분이다. 시장 조사부터 제품 소싱, 마케팅, 브랜딩, 세무, 회계, 사람 관리까지. 마치 하루아침에 한 회사를 경영해야 하는 CEO가 된 듯한 기분이다. 그럴 때 우리는 습관처럼 묻는다. 이건 어떻게 해야 하죠? 이건 해도 되는 건가요? 누구한테 물어봐야 하지?

나도 그랬다. 사업 초반에는 모든 것이 두려웠다. 실수하면 어떡하지? 틀린 선택을 하면 다시 일어날 수 있을까? 그래서 누군가에게 끊임없이 질문을 던졌다. 대표님, 이거는 어떤 툴을 써야 해요? 마케팅은 이 방향이 맞는 건가요? 유통은 어떻게 풀어나가야 해요? 처음엔 나름 겸손한 태도라 여겼다. 배움의 자세. 그런데 시간이 지나면서 깨달았다. 질문은 필요하지만, 너무 많은 질문은 내 사고의 중심축을 외부로 넘겨버리는 일이라는 것을.

질문은 어디까지나 출발점이어야 한다. 답을 구하는 데서 멈추면 그건 의존이다. 사업은 본질적으로 의존과는 어울리지 않는 세계다. 답을 들었다면, 그다음은 내가 판단해야 한다. 그 판단이 옳았는지 그른지는 경험으로만 증명할 수 있다. 정답을 듣고 그대로 따라 했는데 왜 실패하죠? 이런 말은 사실 존재하지 않는다. 왜냐하면 사업에는 절대적인 정답이 없기 때문이다.

모든 질문은 그 사람의 경험에서 비롯된 대답을 동반한다. 나와는 조건도 환경도 전혀 다른데, 그 사람의 정답을 나에게 그대로 대입하는 순간, 이미 실패는 예고된 셈이다. 그래서 나는 이제 질문을 하더라도, 두 가지를 염두에 둔다. 첫째, 지금 내가 묻고 있는 이 질문의 본질은 무엇인가? 둘째, 그 대답을 들었을 때 나는 어떻게 행동할 수 있는가?

질문을 자주 하는 사람일수록 실행을 덜 하는 경향이 있다. 그건 무의식적으로 정답을 듣고 나서야 움직이겠다는 심리 때문이다. 하지만 정답을 찾는 데는 끝이 없다. 결국 지금 이 자리에서 내가 할 수 있는 최선의 선택을 하고, 그 선택에 책임지는 것이 사업의 본질이다. 나는 그렇게 배웠다. 직접 부딪히고 깨지면서, 질문보다 더 강력한 무기가 '판단'이라는 걸 몸으로 체득했다.

모르는 것은 부끄러운 것이 아니다. 하지만 계속 모르겠다고만 하는 것은 게으름이다. 모르면 물어라. 하지만 물었다면 행동하라. 행동해 보고, 다시 피드백하고, 또 질문하라. 그 과정 속에서 당신만의 방식이 만들어진다. 나도 그렇게 나만의 사업 방식을 만들어왔다.

사업가는 질문하는 사람이 아니다. 질문을 참고해 답을 만드는 사람이다. 그게 당신만의 노하우가 되고, 경험이 되고, 결국 브랜드가 된다. 너무 많은 사람들의 답을 들으려고 하지 말고, 한 번쯤은 조용히 자신에게 물어보라. "나는 이걸 왜 하고 있지?", "내가 원하는 방향은 뭐지?", "이 선택은 누구를 위한 것인가?"

그 질문에서 나온 당신만의 대답. 바로 거기서부터 당신의 진짜 사업이 시작된다.

# 조직을 만든다면
# 가장 먼저 정해야 할 것

혼자서 모든 일을 하던 시기를 지나, 누군가를 고용하거나 팀을 꾸리게 되는 순간이 온다. 나 역시 그랬다. 처음에는 내 일이 조금씩 잘 풀리고 있다는 확신이 들었고, 더 많은 일을 해보고 싶다는 욕심이 생겼다. 자연스럽게 사람을 찾게 되었고, 누군가와 함께 일을 하기 시작했다. 그런데 그때부터 모든 것이 다시 흔들리기 시작했다.

조직은 생각보다 어렵다. 단순히 사람을 고용한다고 일이 줄어들지 않는다. 오히려 더 많은 설명을 해야 하고, 더 많은 갈등을 관리해야 하며, 더 복잡한 결정의 연속을 마주하게 된다. 그리고 그 모든 과정에서 조직의 가장 중심에 있는 단 한 가지가 빠져 있다면, 금방 무너진다. 바로 '기준'이다.

사람이 모이면 기준이 필요하다. 그리고 그 기준은 조직이 지켜야 할 방향이자, 리더로서 내가 분명히 정의하고 세워야 하는 일이다. 나는 이걸 뒤늦게 깨달았다. 처음에는 사람만 많아지면 일이 잘 풀릴 줄 알았다. 각자의 역량에만 의존하면 되겠거니 했다. 그런데 정작 중요한 것은, 그 사람들이 '어떻게 일해야 하는가'를 알려주지 않았다는 사실이었다.

기준이 없는 조직은 리더가 매번 감정적으로 반응하게 만든다. 누군가 실수를 했을 때, 뭘 잘못했는지 기준 없이 지적하면 결국 관계만 무너진다. 반대로 누군가 잘한 일을 했더라도 그 기준이 없으면 칭찬도 힘을 잃는다. 이 기준은 단순히 업무 매뉴얼 같은 것이 아니다. '우리는 왜 이 일을 하는가', '어떻게 일하는 것이 이 조직의 스타일인가', '어떤 태도와 자세로 고객을 대하는가'에 대한 리더의 철학이 담긴, 명확하고 일관된 원칙이다.

나는 어느 날 이 기준을 만들어야겠다고 결심했다. 그때부터 우리 조직의 모든 행동 기준을 하나씩 정리했다. 고객을 응대할 때, 상품을 포장할 때, 문제가 생겼을 때 어떤 방식으로 대응하는지, 그리고 일상적으로 팀 내에서 어떤 말투와 태도를 갖는 것이 우리다운지를 고민했다. 처음에는 다소 추상적으로 느껴졌지만, 시간이 지날수록 그 기준은 조직 전체의 중심이 되었고, 갈등을 줄였으며 방향성을 명확히 해주었다.

조직은 결국 리더의 확장판이다. 리더가 불명확하면 조직 전체가 흔들리고, 리더가 흔들리면 기준도 함께 사라진다. 그렇기 때문에 조직을 만들 때 가장 먼저 해야 할 일은 사람을 뽑는 일이 아니다. 기준을 세우는 일이다. 그리고 그 기준은 사람보다 앞서야 하며, 어떤 상황에서도 변하지 않는 나침반이 되어야 한다.

어떤 사람을 뽑을까보다 더 중요한 건, 어떤 기준에 맞는 사람을 뽑을 것인가다. 성격이 좋은 사람, 일 잘하는 사람보다 중요한 건, 내가 세운 기준에 부합하는 사람인지다. 그렇지 않으면 조직은 늘 리더의 기분에 좌우되고, 기분이 나쁜 날에는 다툼이 생기고, 기분이 좋은 날에는 잘못된 것을 용인하게 되는 조직이 되어 버린다.

조직을 만든다는 건, 나 혼자 움직이던 방향에 누군가를 함께 세운다는 것이다. 그리고 함께 간다는 건 속도가 느려지더라도 방향이 일치해야 한다는 뜻이다. 그 방향을 가장 정확히 설정해줄 수 있는 것이 바로 리더의 기준이다.

오늘 당신이 조직을 만들기로 했다면, 사람부터 보지 말고 기준부터 적어보라. 그리고 그 기준을 지킬 수 있는지를 스스로에게 먼저 물어보라. 리더가 지키지 못하는 기준은 누구도 따라오지 않는다. 리더가 흔들리는 기준은 결국 팀 전체를 방황하게 만든다.

조직은 결국 기준대로 움직이고, 기준대로 성장한다. 기준을 세운다는 것은 리더로서의 선언이며, 그 기준을 끝까지 지켜내는 것이 진짜 리더십이다.

# 47 결국 '사람'을 모아야 한다

사업을 하다 보면 처음에는 제품을 먼저 고민하게 된다. 어떤 제품이 잘 팔릴까, 어떤 서비스를 만들어야 사람들이 찾을까. 그런데 어느 시점이 지나면 아주 명확하게 깨닫게 되는 진실이 있다. 결국 모든 건 '사람'이라는 것이다. 팔리는 제품도, 성공적인 마케팅도, 매출도, 브랜드도… 결국 그 모든 결과는 '사람'이 움직이면서 만들어진다.

나 역시 처음에는 돈을 벌기 위해 제품을 찾았고, 제품을 팔기 위해 광고를 배웠고, 광고를 효율화하기 위해 데이터를 분석했다. 그런데 그렇게 시스템을 만들고 숫자를 쌓아가던 중 결정적인 벽을 마주하게 됐다. 아무리 잘 만든 구조도, 결국 누군가 그것을 '사고 싶어 해야' 의미가 있다는 사실. 그리고 그 '사람'이 누구인지 모르면, 아무리 노력해도 헛돌 수밖에 없다는 걸 몸으로 겪으며 배웠다.

사람을 모은다는 건 단순히 팔 수 있는 타깃을 모은다는 게 아니다. 마음을 줄 수 있는 사람을 모으는 일이다. 내가 가진 가치를 공감하고, 나라는 사람의 말에 귀를 기울이며, 내가 만드는 브랜드나 서비스에 정을 붙이고 싶어지는 사람들. 그런 사람들을 만나기 위해선, 무엇보다 '내가 누구인지'부터 분명히 보여줘야 한다.

사람들은 결국 사람을 따르기 때문이다. 광고가 잘돼서가 아니라, 서비스가 화려해서가 아니라, '저 사람 참 괜찮다'라는 생각이 들 때, '한번 써 볼까'라는 마음이 생긴다. 한 번 쓰게 되면, 그다음은 제품이 이어받는다. 품질이 좋다면 다시 찾을 것이고, 그 반복이 신뢰를 만든다. 그런데 그 시작은 늘 사람이다. 제품도, 구조도, 시스템도 결국은 사람이 선택하고 소비하고 평가한다. 사업은 구조가 아니라 사람이 만든다.

나는 오랫동안 '구조'를 만들려고 했다. 매출을 자동으로 발생시키는 시스템, 고객이 자연스럽게 반복 구매하게 만드는 시퀀스, 광고 없이도 돌아가는 구조. 물론 그런 구조가 만들어진다면 당연히 좋다. 하지만 구조보다 더 먼저 만들어야 할 것이 있다는 것을 뒤늦게야 알았다. 바로 '사람을 모을 수 있는 이유'였다. 왜 사람들이 나에게 오는가? 왜 나를 신뢰하고, 왜 나를 응원하는가?

사람이 모이지 않는다면, 그 이유는 대부분 나 자신이 불분명하기 때문이다. 누구를 위한 브랜드인지, 어떤 이야기를 하고 싶은 건지, 내가 믿는 가치는 무엇인지, 명확하지 않기 때문이다. 그리고 그런 불명확함은 콘텐츠에서 드러나고, 말투에서 드러나며, 브랜드의 색깔에서 드러난다. 결국 고객은 그 모호함을 느끼고 '이 사람은 진짜인가?'를 판단하게 된다.

그렇기에 사람을 모은다는 건, 나를 명확하게 드러내는 일이다. 숨기지 않고, 꾸미지 않고, 가감 없이 내 생각과 경험을 공유하는 것. 내 실패도, 내 고민도, 내 열정도 함께 보여줄 때 비로소 사람들은 가까이 다가온다. 그들은 완벽한 사람을 찾는 것이 아니다. 솔직한 사람을 찾는다. 그리고 그런 사람에게 믿음을 주고 싶어 한다.

나는 지금도 여전히 사람을 모으는 과정에 있다. 예전처럼 광고만으로 숫자를 끌어올릴 수도 있다. 하지만 그 숫자는 진짜 사람이 아니다. 마음을 주지 않은 숫자는 떠나기 쉽고, 다시 돌아오지 않는다. 진짜 사람은 단단히 묶인다. 나와 생각이 연결되고, 가치가 공감되면 그 사람은 단순한 고객이 아니라 나의 브랜드를 함께 키워가는 동반자가 된다.

그리고 나는 그 동반자들과 함께 자라고 있다. 그들의 말에 귀 기울이고, 그들의 요구에 반응하며, 그들과 함께 방향을 조율한다. 그들이 있어야 내가 있다. 매출은 숫자지만, 그 숫자 뒤에는 언제나 사람이 있다. 고객이자 조언자이고, 때로는 나를 다시 일으켜 세우는 응원자이다.

그래서 이제는 어떤 사업이든 시작할 때 가장 먼저 묻는다. "이 일로 어떤 사람을 만날 수 있을까?" 그리고 그 사람을 만나기 위해 나는 어떤 모습을 보여야 할까? 어떤 이야기를 건네야 할까? 결국 사업은 사람을 향해 다가가는 길이고, 그 길의 끝에서 '나'라는 사람을 진심으로 보여줄 수 있어야 한다.

사람을 모으는 방법은 다양하지만, 그 본질은 하나다. 진심. 진심이 담긴 콘텐츠, 진심이 담긴 말투, 진심이 담긴 서비스. 사람은 진심을 알아보고, 진심에 반응한다. 내가 만든 사업의 구조가 아무리 치밀해도 진심이 없으면 오래가지 못한다. 하지만 진심이 있다면, 서툴더라도 결국 사람은 모이게 되어 있다.

그리고 그렇게 모인 사람들과 함께하는 길이야말로, 가장 오래가는 사업의 형태다. 우리는 사람을 모아야 한다. 그들을 이해하고, 그들에게 공감하며, 그들과 함께 성장해야 한다. 왜냐하면 결국, 사업은 '사람'이 만드는 일이기 때문이다.

# 48 내가 가지지 않은 역량은 반드시 외주하라

사업을 처음 시작하면 모든 것을 직접 해 보려는 욕심이 생긴다. 그럴 수밖에 없다. 자본은 부족하고, 신뢰할 수 있는 사람도 없고, 모든 책임이 나에게 있기 때문이다. 나 역시 그랬다. 마케팅도 직접 하고, 상품 사진도 내가 찍고, 디자인도 무료 툴을 뒤져가며 직접 만들었다. 심지어 세무 업무까지 손수 챙기려 했던 시절이 있었다. 물론 그렇게 할 수 있었던 건 열정 때문이었고, 간절함이 만들어낸 생존 방식이기도 했다.

하지만 시간이 지나면서 나는 중요한 사실을 하나 깨달았다. 모든 것을 직접 하겠다는 태도는 결국 내 시간을 갉아먹고, 내 사업을 느리게 만든다는 것. 더 큰 문제는, 내가 잘하지 못하는 일을 붙들고 있을수록 잘할 수 있는 일에 쏟아야 할 에너지와 집중력을 잃게 된다는 점이다. 결과적으로는 '사업 전체의 질'이 떨어진다.

사업은 무조건 혼자서 모든 걸 해결해야 하는 고행이 아니다. 오히려 핵심은 자신이 할 수 있는 일과 할 수 없는 일을 명확히 구분하고, 할 수 없는 일은 '누군가의 전문성'을 빌리는 구조를 만드는 데 있다. 내가 전문가가 되기엔 시간이 너무 부족한 영역들은 외주를 통해 해결해야 한다. 그게 빠르고 현명한 선택이다.

내가 잘할 수 있는 일은 무엇인가? 고객과 소통하고, 시장을 관찰하고, 사람들과의 연결 속에서 가치를 만들어내는 일. 반대로 내가 잘하지 못하는 일은? 디자인, 영상 편집, 광고 세팅, 복잡한 세무와 법률 문제들. 그 영역은 아무리 노력해도 '전문가'들의 수준에 미치기 어렵다. 그런 일을 억지로 붙들고 있는 순간, 나는 '가짜 전문가'로서 내 브랜드를 위험하게 만드는 셈이다.

외주는 단순히 일을 넘기는 행위가 아니다. 외주는 나의 역량을 극대화하기 위한 파트너십이다. 내가 하지 않아야 할 일을 빼는 순간, 그 시간은 내가 더 잘할 수 있는 일에 집중하는 자원이 된다. 이 구조를 만들지 못한 채 계속 '혼자 해 보려는 욕심'만 키우다 보면, 사업은 자꾸만 정체되거나 스스로를 소모시키는 방향으로 흘러가게 된다.

나는 실제로 디자인 작업을 계속 붙들고 있던 시절이 있었다. 몇 날 며칠을 포토샵 앞에 앉아 한 장의 썸네일을 만들기 위해 시간을 쏟았다. 결과물도 그저 그런 수준이었다. 나중에 전문 디자이너에게 맡겨보니, 1시간 만에 내가 원하던 결과물이 뚝딱 나왔다. 나는 그때 깨달았다. 내가 며칠 동안 소비한 시간은 단지 디자인을 못해서가 아니라, '해야 할 사람이 아니었기 때문'이라는 것을.

외주는 비용이 든다. 하지만 잘 따져보면, 그것은 지출이 아니라 '투자'에 가깝다. 외주를 맡기면 그만큼의 시간을 벌게 되고, 그 시간은 곧 매출로 이어질 수 있다. 내가 해야 할 일은 그 시간 동안 더 많은 고객과 이야기하고, 새로운 시도를 설계하고, 더 나은 콘텐츠를 만들어내는 것이다. 그 모든 활동은 궁극적으로 브랜드와 매출을 키우는 데 직결된다.

문제는 많은 사업가들이 외주를 '불신'한다는 데 있다. 혹시 제대로 하지 않으면 어쩌나, 돈만 쓰고 결과가 만족스럽지 않으면 어쩌나 하는 두려움이 앞선다. 하지만 그것은 '제대로 된 외주 프로세스'를 모르는 데서 비롯된 불안이다. 처음에는 작은 단위부터 시작하면 된다. 한 번에 큰 예산을 맡기기보다, 시범 작업을 요청하거나, 이전 결과물을 검토해보며 신뢰를 쌓아 가는 것이다.

또한 외주는 단순히 '맡기고 끝'이 아니라, 나와 상대방이 같은 목표를 바라보게 만드는 '소통의 과정'이다. 기대하는 방향을 정확히 전달하고, 피드백을 명확히 주고받으며 함께 완성해가는 협업이어야 한다. 그렇게 쌓인 신뢰는 시간이 갈수록 사업의 든든한 자산이 된다.

지금 내 주변에는 각자 분야의 전문가들이 있다. 이들은 모두 과거에 내가 외주를 맡겨본 경험에서 시작되었다. 광고 대행사, 편집자, 디자이너, 콘텐츠 기획자까지. 이들과의 협업이 없었다면 지금의 나는 없었을 것이다. 나는 이들에게서 '내가 하지 않아도 되는 일들'을 넘기고, 그 시간을 다시 나 자신과 브랜드에 집중하는 데 쓸 수 있었다. 그리고 그 구조는 시간이 갈수록 더 단단해지고 있다.

사업은 혼자 하는 일이 아니다. 무엇보다도 '혼자 다 해보겠다'는 생각은 자칫 사업을 지속 불가능하게 만들 수 있다. 지치기 쉽고, 번아웃이 오기 쉽다. 사업을 오래 하고 싶다면, 반드시 자신이 잘하는 일에 집중할 수 있는 구조를 만들어야 한다. 그리고 그것은 외주 없이는 어렵다.

지금 나의 일이 막혀 있다면, 그 막힌 지점을 잘 들여다보자. 내가 그 일을 직접 해야 하는지, 아니면 외부의 도움을 받아야 할 일인지. 나의 역량이 아닌, 누군가의 역량을 빌리는 데 망설이지 말자. 사업은 결국 '속도'보다 '지속'이 중요하다. 외주는 그 지속 가능성을 위한 가장 현실적인 도구다.

그렇게 나는 내 사업을 '혼자'서 하지 않기로 했다. 그리고 그 결정은 내가 다시 성장할 수 있었던 가장 중요한 선택 중 하나였다.

# 49 숫자는 언젠가 따라온다, 지금은 신뢰를 쌓을 때

초기 창업자나 자영업자, 혹은 1인 사업을 시작한 사람들에게 가장 흔히 나타나는 공통적인 초조함이 있다. 바로 매출이라는 숫자에 대한 집착이다. 물론 이해한다. 나 역시 처음에는 매출이 전부였고, 통장에 찍히는 숫자가 내 가치를 증명해주는 것처럼 느껴졌으니까. 하루하루를 숫자로 평가받는 기분, 뭔가를 하고 있는데 그게 수치로 바로 보이지 않으면 '헛수고 아닌가?'라는 생각이 들던 순간들. 그런 시기가 있었다.

하지만 시간이 지나고, 반복된 실패와 변화 속에서 배운 것이 있다면, 그것은 바로 '숫자는 따라오는 것이다'라는 사실이었다. 숫자를 만들기 위해 조급하게 움직일 때는 오히려 아무 일도 제대로 되지 않았다. 단기간에 숫자를 만들려고 무리해서 제품을 만들고, 광고를 뿌리고, 이벤트를 걸면 순간적인 관심은 생겼지만, 그 관심은 오래가지 않았다. 다음 달이면 또다시 같은 고민의 늪에 빠져야 했다. 숫자를 좇는 그 구조는 지속 불가능한 흐름이었고, 결국 스스로를 소진시킬 뿐이었다.

그래서 방향을 바꿨다. 숫자를 좇는 대신 '신뢰'를 쌓기로. 매출보다 중요한 건 '이 브랜드를 다시 찾고 싶어지게 만드는 힘'이었다. 한 사람이라도 '이 브랜드 진짜 좋아요', '이 서비스 꼭 필요했어요'라고 말해주는 순간이 찾아오면, 그것이 바로 내 사업의 든든한 초석이 되었다. 그 한 명이 두 명이 되고, 두 명이 네 명이 되고… 그렇게 조금씩 브랜드의 기반이 만들어지기 시작했다.

신뢰는 단기간에 만들어지지 않는다. 그게 문제다. 조급한 사람들은 신뢰라는 단어를 듣는 순간 한숨을 쉰다. "그럼 당장 뭐 어떻게 하라는 건데요?"라고 묻는다. 하지만 신뢰는 내가 그 사람에게 얼마나 진심으로 다가갔는지, 얼마나 꾸준히 같은 이야기를 반복했는지, 얼마나 그 사람이 필요할 때 옆에 있었는지에서 쌓인다. 시간이라는 재료를 들이지 않고 만들어낼 수 있는 신뢰는 없다.

신뢰가 쌓이면, 숫자는 반드시 따라온다. 그것도 단기적으로 폭발하는 것이 아니라 천천히, 그러나 탄탄하게 상승하는 곡선으로 따라온다. 이 흐름을 경험한 사람들은 매출이 줄어드는 달이 있어도 흔들리지 않는다. 왜냐하면 고객들과의 신뢰가 무너지지 않았다는 걸 알고 있기 때문이다. 다음 달, 또는 그다음에 다시 올라갈 수 있다는 확신이 생긴다. 반대로 신뢰가 없는데 숫자만 높은 사업은 작은 바람에도 와르르 무너진다.

나는 신뢰를 이렇게 정의한다. "고객이 '나'를 기억하는 이유". 그리고 그것은 그저 제품이 좋거나 서비스가 저렴해서가 아니다. 고객은 '나라는 사람'이 왜 이 제품을 팔고 있는지, 어떤 마음으로 이일을 하고 있는지, 어떤 태도로 나를 대하고 있는지를 기억한다. 이건 단순히 브랜드 스토리로 감동을 준다는 의미가 아니다. 내 말과 행동, 콘텐츠, 서비스의 디테일 하나하나에서 드러나는 '진정성'의 총합이 바로 신뢰다.

나는 브랜드가 쌓여간다는 표현보다, 사람이 쌓여간다는 표현을 더 좋아한다. 내가 만든 콘텐츠가 10명이 아니라 단 한 명의 인생에 진심으로 영향을 끼쳤다면, 그 한 명은 결코 떠나지 않는다. 그리고 그 한 명이 언젠가 나에게 숫자로 보답해줄 것이다. 단순히 구매로 그치지 않고, 나를 다른 사람에게 소개해주고, 응원해주고, 필요할 때 연락을 해준다. 그 모든 것이 숫자보다 더 소중한 자산이다.

신뢰는 콘텐츠 안에서도 쌓이고, 응대에서 쌓이고, 오프라인 공간에서도 쌓인다. SNS 댓글 하나에도, 고객에게 보내는 메일 한 줄에도, 말투 하나에도 신뢰는 묻어난다. 문제는 우리가 그 모든 접점을 '성의 없이' 다룰 때이다. 콘텐츠를 만들면서도, 광고를 집행하면서도, 고객 메시지에 답변하면서도 '빨리 숫자가 나와야 되는데'라는 생각으로 행동하면, 상대방은 무의식적으로 '이 브랜드는 나를 도구로 본다'는 신호를 받아들인다.

그래서 나는 내 브랜드의 모든 접점에서 '신뢰를 심는 일'을 최우선 과제로 삼는다. 어떤 날은 콘텐츠를 안 만들고 그냥 고객에게 전화를 걸기도 하고, 어떤 날은 광고를 중단하고 브랜드 스토리를 다시 손보기도 한다. 당장 매출이 줄더라도 괜찮다. 내가 이 흐름을 통해 쌓아올린 신뢰가 있다면, 다음 달에는 반드시 회복할 수 있다는 믿음이 있으니까.

만약 지금 내 사업이 흔들리고 있다면, 당장 숫자를 보지 말고 신뢰의 뿌리를 점검해보자. 내 고객은 지금도 나를 믿고 있는가? 내가 나 스스로를 믿고 있는가? 그리고 나는 고객의 삶에 무엇을 주고 있는가? 이 질문에 답할 수 없다면, 숫자는 당장 나올 수 있어도 금세 사라질 것이다. 반대로 이 질문에 단단히 답을 갖고 있다면, 그 숫자는 언젠가 반드시 따라올 것이다.

그래서 나는 오늘도 숫자보다 신뢰를 본다. 그 신뢰가 모이고, 쌓이고, 흘러가며 나의 다음 매출을 만들어 주고 있다는 걸 누구보다 잘 알고 있기 때문이다. 숫자는 따라온다. 지금은, 그 숫자를 만들어 줄 사람들의 마음부터 얻어야 한다.

# 50

# 끝이 보이더라도,
# 또 다른 시작을 준비한다

사업을 하다 보면 끝이라는 단어를 자주 떠올리게 된다. 끝나 버릴 것 같은 상황. 더는 버틸 수 없을 것 같은 시점. 정말 여기까지인가 싶은 순간. 내게도 그런 시간이 분명히 있었다. 모든 게 정리될 것만 같은 기운이 들고, 손에 쥐어진 것 하나 없는 허망한 마음이 덮쳐오는 밤이었다. 사람들은 그걸 '끝'이라고 부른다. 하지만 나는 그때 깨달았다. 끝이라는 건 '정지'가 아니라 '이동'이라는 것을.

처음 사업을 시작했을 땐 이런 개념조차 없었다. 오직 '성공'이라는 단어만이 머릿속을 채웠고, 그 성공은 마치 어떤 단일 목표처럼 느껴졌다. 어느 한 지점에 도달하면 모든 게 해결될 것 같았고, 그다음은 걱정하지 않아도 될 거라는 환상에 빠져 있었다. 그런데 막상 그 지점에 가까워졌을 때 느껴진 건 안도감이 아니라 더 깊은 혼란이었다. '이제 뭘 해야 하지?'라는 질문이 나를 휘감았다.

우리는 종종 목표에 도달하는 순간을 끝이라고 착각한다. 하지만 그곳은 새로운 시작의 문 앞이다. 진짜 사업가라면, 끝에서 새로운 시작을 읽을 줄 알아야 한다. 나는 이 지점을 '두 번째 출발선'이라고 부른다. 이 지점에 도달한 사람은 과거보다 훨씬 넓은 시야와 깊은 통찰을 갖고 다시 출발할 수 있다. 다시 무언가를 만들 수 있는 자격, 그것이 바로 '끝이 보일 때' 주어지는 선물이다.

예를 들어, 한 브랜드를 3년간 운영하고, 시장과 고객에 대한 감을 익힌 후, 변화가 필요하다는 결정을 내린 시점. 그것은 무너짐이 아니다. 새로운 기획의 시작이다. 기존 제품을 내려놓는 것이 아니라, 다음 제품을 위한 공간을 확보하는 것이다. 그리고 그렇게 만들어지는 모든 결정에는 지난 경험이 뿌리처럼 작용한다. 이 뿌리는 다시 말하지만, 끝을 겪어본 자만이 가진다.

이런 끝의 감각은 무너지기 직전의 상황에서도 빛을 발한다. 한 번의 사업 실패를 겪고 나서 다시 회복하려 할 때, 사람들은 자주 묻는다. "다시 시작할 수 있을까?" 그 질문을 받는 나의 대답은 늘 같다. "할 수 있죠. 하지만 그 시작은 예전과는 다를 거예요." 왜냐하면 그 사람은 이제 끝을 경험했기 때문이다. 끝을 본 사람은 가벼워진다. 내려놓을 줄 알게 되고, 욕심을 분별할 줄 알게 되며, 본질만을 골라 집어 올릴 줄 알게 된다.

그래서 나는 끝을 두려워하지 않는다. 오히려 끝이 보여야만 나의 다음이 무엇인지 선명하게 보인다. 끝이 있다는 것은 이전까지 내가 달려왔다는 증거다. 그리고 새로운 시작을 맞이할 준비가 되었다는 신호다. 이 생각이 들기까지는 많은 시간이 걸렸다. 눈앞에 모든 게 무너질 것 같던 시기에는 이 이론이 전혀 위로가 되지 않았다. 그런데 그 시간이 지나고 나서야 보였다. 끝이었던 줄 알았던 그때가 사실은 내 인생에서 가장 중요한 분기점이었다는 것을.

사업뿐만 아니라 인생에서도 마찬가지다. 관계의 끝, 기회의 끝, 체력의 끝, 의욕의 끝. 모든 끝은 하나의 신호다. 이제는 방향을 바꾸거나, 시야를 넓히거나, 전혀 다른 문을 열어야 할 때라는 신호. 문제는, 많은 사람들이 이 신호를 무시하고 멈춰 버린다는 것이다. 끝에서 주저앉아 "왜 나에게 이런 일이"를 반복하며 한 걸음도 움직이지 않는다. 그러나 나는 말하고 싶다. 그 자리에 오래 앉아 있을수록 끝은 더 진짜 같아진다고. 일어나야 비로소 '새로운 시작'이 그저 가능성이 아니라 현실이 된다.

나는 앞으로도 많은 끝을 맞이할 것이다. 사업이 또 한 번 무너질 수도 있고, 지금의 팀이 해체될 수도 있으며, 어떤 파트너십이 끝날 수도 있다. 하지만 그 끝에서 나는 반드시 다시 시작할 것이다. 그동안 내가 만난 모든 끝은 결국 나를 더 큰 방향으로 데려다주는 문이었다. 그리고 이제 나는 그 문을 두려워하지 않는다.

만약 지금 당신이 끝을 마주하고 있다면, 스스로에게 이렇게 물어보라. "이 끝을, 나는 무엇으로 시작할 수 있을까?" 질문이 바뀌면 마음의 모양도 바뀐다. 끝이라는 낭떠러지 앞에서 다시 손에 쥘 수 있는 것이 있다면, 그건 바로 당신 자신의 경험이다. 그리고 그 경험은, 다음 시작의 가장 단단한 기반이 될 것이다.

당신은 다시 시작할 수 있다. 아니, 당신은 반드시 다시 시작해야
한다. 왜냐하면 당신의 이야기는 아직 끝나지 않았기 때문이다.

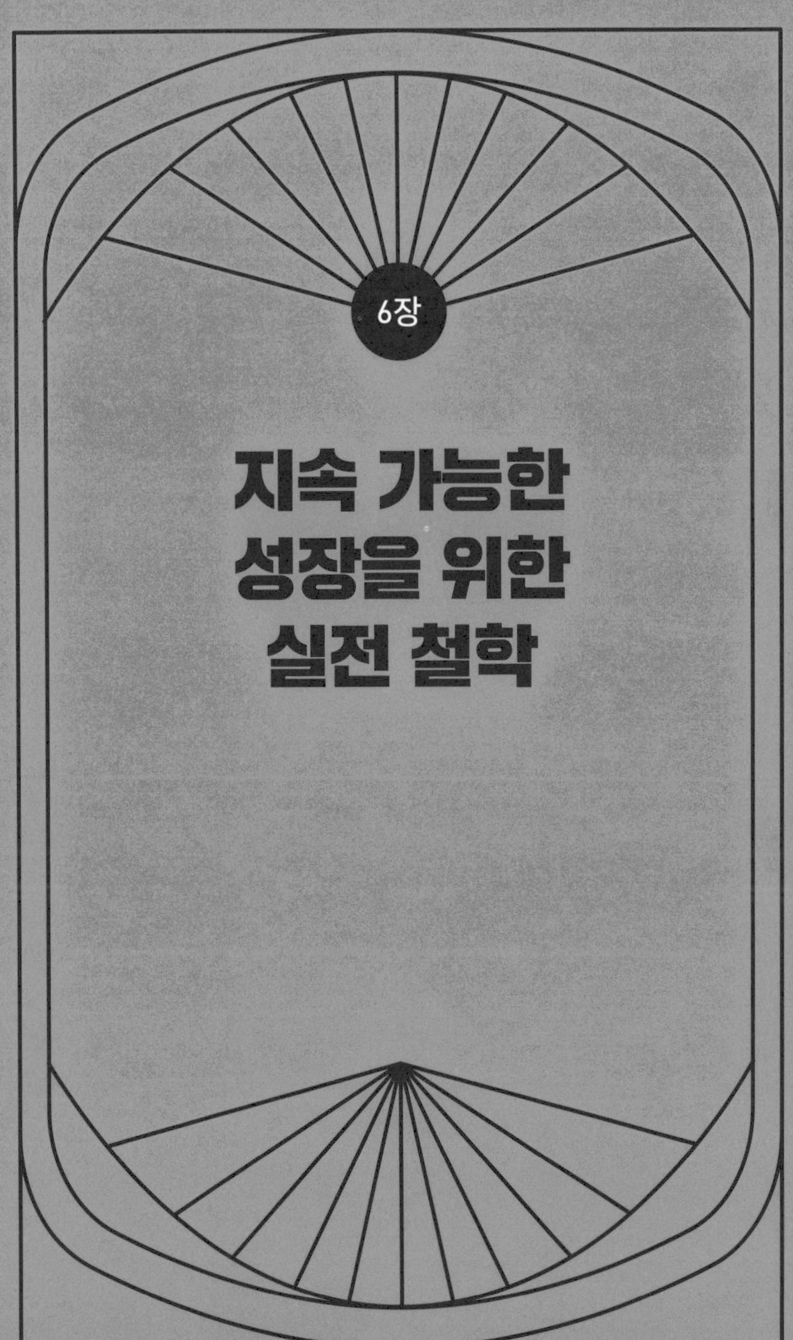


# 지속 가능한 성장을 위한 실전 철학

# 51

# 고객을 먼저 생각하는 질문법

사업을 하면서 내가 가장 많이 후회했던 건, 제품을 만들기 전에 고객에게 먼저 물어보지 않았던 순간들이었다. 머릿속에서 혼자 상상하고, 내 기준에서 괜찮다고 생각한 서비스나 콘텐츠를 내놓고는, 왜 반응이 없는지 고민했다. 뒤늦게야 알았다. 고객은 내가 궁금한 걸 알려주는 존재가 아니라, 내가 먼저 궁금해해야 할 존재라는 걸.

사람들은 상품을 만들고 난 후에야 피드백을 받는다. 그런데 그건 피드백이 아니라 평가다. 이미 만들어 놓고 묻는 건 그저 '이게 마음에 드세요?'라고 묻는 것에 불과하다. 진짜 사업가는 제품이 만들어지기 전부터 질문을 던진다. 고객의 일상에 관심을 갖고, 문제를 관찰하고, 불편함을 찾아낸다. 그리고 그 질문의 깊이에 따라 비즈니스의 깊이도 달라진다.

초기엔 나도 질문을 했다. 그런데 질문의 방향이 틀렸다. "이 상품

어때요?" "이 콘텐츠 괜찮죠?"라는 식이었다. 내 입장에서 시작한 질문은 늘 내 상품에 대한 확신을 얻고 싶은 욕심이 섞여 있었다. 반면 고객 입장에서 던져야 하는 질문은 이런 것이다. "이 상황에서 어떤 게 불편하세요?" "무엇이 해결된다면 삶이 조금 더 나아질까요?" 이처럼 고객의 일상에서 출발하는 질문이야말로 제품이나 서비스, 콘텐츠의 출발점이 되어야 한다.

정확히 말하자면, 고객은 해답을 주지 않는다. 하지만 방향은 알려준다. 그리고 그 방향은 내가 만든 사업이 고객의 삶 속에 스며들 수 있는 유일한 길이다. 실제로 어떤 제품이 시장에서 팔리지 않을 때, 대부분의 사람들은 마케팅의 문제라고 착각한다. 하지만 진짜 이유는 다르다. 고객이 묻지 않은 문제에 내가 혼자 답하고 있었기 때문이다.

고객은 오늘 하루 동안 어떤 생각을 하고 있었을까? 내 제품을 처음 보았을 때 어떤 기분이었을까? 나에게 다시 연락하지 않는 이유는 무엇일까? 반복되는 질문 속에서 비로소 정답이 아닌 실마리를 얻게 된다. 모든 고객은 정답지를 들고 있는 게 아니다. 다만, 내가 고민할 단서를 가지고 있다. 고객을 관찰하고, 고객의 말을 분석하고, 고객의 행동을 해석하는 것이 우리가 해야 할 일이다.

이런 접근을 하게 되면 '내가 만든 제품을 어떻게 팔까?'라는 질문이 '고객의 문제를 내가 어떻게 해결해 줄 수 있을까?'라는 질문으로 바뀐다. 질문 하나 바꿨을 뿐인데, 모든 관점이 뒤집히는 것이다. 그러면 마케팅도, 브랜딩도, 심지어 광고 카피까지 완전히 달라진다. 고객이 내 브랜드를 떠올리는 순간부터 다시 설계하게 되는 것이다.

이 질문의 힘은 고객을 이해하는 데서 멈추지 않는다. 팀을 만들 때도, 파트너를 찾을 때도, 또 다른 시장을 확장할 때도 이 질문은 반복된다. '우리는 왜 이 일을 하고 있는가?' '이 일이 고객에게 어떤 영향을 줄 수 있는가?' 이 본질적인 질문이 방향을 잃지 않게 해준다.

나는 이 질문법이 정답이라고 말하지 않는다. 다만, 그동안 내가 겪은 많은 시행착오 속에서 하나의 원칙처럼 자리 잡은 건 있다. '좋은 질문은 언젠가 반드시 좋은 고객을 데려온다.' 질문이 없으면 이해도 없다. 이해가 없으면 연결도 없다. 고객과의 연결이 없는 사업은 오래가지 못한다.

질문은 어렵지 않다. 다만 '나'를 내려놓아야 시작할 수 있다. 내가 하고 싶은 이야기보다, 그들이 듣고 싶은 이야기부터 먼저 시작해야 한다. 내가 팔고 싶은 것보다, 그들이 갖고 싶어 하는 것에 관심을 둬야 한다. 그 작은 전환이 질문을 만들고, 그 질문이 사업을 살린다.

지금 당신의 고객은 어떤 질문을 기다리고 있을까? 당신은 오늘, 고객에게 무엇을 물어볼 준비가 되었는가?

# 52 콘텐츠는 쌓을수록 브랜드가 된다

사업 초기에 나는 콘텐츠가 단지 홍보의 수단이라고 생각했다. 제품을 알리기 위한 도구, 잠재고객의 눈에 띄기 위한 장치. 그러니 늘 조급했고, 하나를 만들 때마다 '이걸로 매출이 나올까?'를 고민했다. 하지만 몇 년이 지난 지금, 나는 콘텐츠의 진짜 가치를 아주 다르게 바라본다. 콘텐츠는 그 자체로 브랜드다. 그리고 브랜드는 결국 콘텐츠 위에 쌓인다.

처음부터 콘텐츠가 대단할 필요는 없다. 오히려 처음엔 어설프고 투박해도 괜찮다. 중요한 건 시작과 꾸준함이다. 꾸준히 기록하고 쌓아 가는 사람만이 나중에 '콘텐츠 자산'을 가진다. 이 자산은 언젠가 당신의 말 한마디, 글 한 줄, 영상 몇 초에 무게를 실어준다. 콘텐츠는 신뢰의 근거다. 당신이 어떤 사람이고, 어떤 생각을 하고, 어떤 가치를 중요하게 여기는지를 가장 구체적으로 드러내는 방식이다.

예전에는 고객에게 말을 많이 했다. "저를 믿으세요", "이 제품은 정말 좋습니다" 같은 말들. 그런데 이제는 그렇게 말하지 않는다. 대신 콘텐츠로 보여준다. 말보다 글과 이미지, 영상과 기록이 앞선다. 내가 어떤 일을 해왔는지, 어떤 과정을 겪었는지, 무엇에 실망했고 무엇에 감동했는지를 콘텐츠로 전달한다. 그리고 그것이 쌓일수록 브랜드는 단단해진다.

사람들은 말에 반응하지 않는다. 행동에 반응한다. 그리고 콘텐츠는 당신의 행동의 증거다. 열심히 하고 있다는 말보다, 매일 한 줄이라도 올리는 글이 더 설득력 있다. 좋은 사람이라는 말보다, 정성껏 만든 콘텐츠가 더 신뢰를 준다. 콘텐츠는 단지 포장지가 아니다. 콘텐츠는 당신 브랜드의 혈액순환이며, 고객과의 유일한 접점일 수 있다.

내가 매일 글을 쓰고, 매일 사람들과 나눈 이야기를 정리하고, 때로는 부끄러운 실패담까지도 공유하는 이유는 단순하다. 브랜드는 이미지가 아니라 흔적이기 때문이다. 당신이 어떤 선택을 했는지, 어떤 태도로 고객을 대했는지, 무엇을 가치 있게 여기는지를 드러내는 흔적이 곧 브랜드가 된다. 그리고 이 흔적은 콘텐츠로 기록된다.

특히 요즘처럼 너무 많은 정보가 넘쳐나는 시대에는, 일관된 콘텐츠가 경쟁력이다. 오늘은 이 말, 내일은 저 말, 한 주는 브랜딩 얘기, 다음 주는 투자 얘기. 이렇게 왔다 갔다 하는 브랜드는 결국 고객에게 혼란만 준다. 콘텐츠를 쌓는다는 건 단지 분량을 늘리는 일이 아니다. 방향성을 정립하고, 그 방향에 맞게 생각과 태도, 말과 행동을 정리해 나가는 과정이다. 그것이 바로 브랜딩의 기본이다.

콘텐츠가 자산이 되려면 몇 가지 조건이 있다. 첫째, 꾸준해야 한다. 두 번째는 진심이어야 한다. 그리고 마지막은, 쌓을 수 있어야 한다. 사람들은 콘텐츠를 한 번 보고 잊는다. 하지만 여러 번 보게 되면 기억하게 되고, 자주 보게 되면 신뢰하게 된다. 그리고 반복해서 보게 되면 따라 하고 싶어진다. 그때부터 당신의 브랜드는 '영향력'이라는 다른 이름을 갖게 된다.

나는 지금도 완벽한 콘텐츠를 만들지 못한다. 다만 매일의 콘텐츠가 어제보다 조금 더 나아졌기를 바란다. 그렇게 쌓아온 결과는 나를 설명하지 않아도 사람들이 알아주는 브랜드로 남았다. 이 글을 쓰는 지금도 콘텐츠는 나의 또 다른 언어이자, 고객과의 연결 고리로 작동하고 있다.

무언가를 잘못했다고 느껴질 때, 나는 콘텐츠를 다시 꺼내본다. 그동안 내가 해온 것들이 나를 배신하지 않는다는 것을 믿는다. 시간이 지나도 가치가 있는 콘텐츠는 결국 브랜드를 만든다. 단발성 콘텐츠가 아니라, 브랜드를 위한 콘텐츠를 만드는 태도. 그게 지금의 나를 만든 방법이다.

지금은 매출이 안 나오더라도, 콘텐츠는 반드시 쌓이게 되어 있다. 그리고 그 콘텐츠는 언젠가 당신의 말에 무게를 실어주고, 당신의 이름에 신뢰를 부여할 것이다. 당장은 느릴지 몰라도, 콘텐츠는 절대 당신을 배신하지 않는다. 그러니 묵묵히 쌓자. 말 대신 콘텐츠로 말하자. 그게 진짜 브랜딩이다.

# 53

# 단 하나의 주제로
# 시장을 이긴다

사업을 오래 하다 보면, 사람들은 점점 더 많은 것을 보여주고 싶어 한다. 잘하고 있는 것도 있고, 해낼 수 있는 것도 많고, 이야기하고 싶은 주제도 넘쳐나니 하나만 고집하기가 어렵다. 게다가 트렌드는 매일 변하고, 유행하는 키워드는 계속 쏟아진다. 그러니 '요즘 잘나가는' 이야기 하나쯤은 나도 다뤄야 할 것 같고, 고객이 좋아한다는 건 전부 다뤄 보고 싶다.

하지만 그럴수록 고객은 혼란스러워진다. '이 사람은 뭘 하는 사람이지?'라는 질문이 머리에 떠오르면, 그 브랜드는 신뢰를 얻을 수 없다. 고객이 원하는 건 뭐든지 다 잘하는 사람이 아니다. 고객은 명확한 답을 주는 사람을 원한다. 지금 당장, 자기 문제를 해결해 줄 단 한 명의 전문가. 단 하나의 주제로 기억될 수 있는 사람이다.

처음부터 나는 모든 걸 잘하려고 했다. SNS도 하고, 전자책도 만들고, 온라인 교육도 열고, 제품도 팔았다. 콘텐츠 주제는 가성비 소비, 셀프 브랜딩, 광고 운영법, 매출 전략까지 다양했다. 하나하나 분명 필요한 이야기들이었지만, 결국 아무것도 중심을 잡지 못했다. 내 이야기에서 '핵심'이 빠져 있었기 때문이다. 고객이 기억할 단 하나의 주제가 없었다.

그러던 어느 날, 누군가 내게 물었다.

"윤대표님은 결국 뭐 하시는 분이에요?"

그 질문이 꽤 충격이었다. 수년간 사업을 했고, 누군가의 멘토였으며, 매출도 만들었고 콘텐츠도 수없이 만들었는데… 결국 사람들 머릿속에 남은 건 '잘 모르겠다'는 인상이었던 거다.

그 순간, 나는 깨달았다. '내가 잘하는 것이 무엇인가'보다 훨씬 중요한 건 '사람들이 나를 어떤 사람으로 기억하느냐'는 것이었다. 그 이후 나는 모든 콘텐츠, 제품, 강의, 강연, SNS 활동의 방향성을 하나의 주제로 통일하기 시작했다. 그 주제는 단순하다.

"나는 사업의 본질을 이야기하는 사람이다."

이 한 줄로 내 브랜드를 정의하고 나자, 방향이 명확해졌다. SNS에서 다루는 이야기, 전자책의 목차 구성, 고객에게 주는 피드백, 심지어 강연에서 사용하는 사례조차 이 주제에 맞춰 선택했다. 그리고 그 결과, 점점 더 많은 사람들이 내 이야기를 진심으로 듣기 시작했다. '브랜딩 전문가'도 '마케팅 컨설턴트'도 아닌, '사업의 본질을 설명하는 사람'으로 나를 기억하게 된 것이다.

이 주제가 고객에게 닿자, 오히려 더 많은 문이 열렸다. 강연 요청이 늘었고, 브랜드 컨설팅을 의뢰하는 사람도 생겼고, 나와 함께 일하고 싶다는 제안도 받았다. 내 영역을 축소한 게 아니라, 오히려 단 하나의 주제를 잡음으로써 나만의 시장을 넓힌 셈이다.

단 하나의 주제를 가진다는 건, 단순히 콘텐츠 방향을 잡는 문제가 아니다. 그것은 곧 나의 정체성이 되고, 고객과의 관계를 규정짓는 핵심 기준이 된다. 그 주제 안에서만 움직이는 것이 아니라, 그 주제를 중심으로 나라는 사람과 브랜드가 계속해서 진화해 나가는 구조를 만들 수 있다.

그리고 중요한 건, 이 단 하나의 주제는 스스로 정해야 한다는 점이다. 남들이 '요즘 이런 게 잘 나간다'고 해서 가져다 붙인 주제는 오래가지 못한다. 오히려 그 주제는 나에게 맞지 않는 옷처럼 들뜨고 삐거덕거린다. 반대로, 스스로 경험하고, 반복하고, 실패하고, 성찰한 끝에 얻은 주제는 내 말과 행동, 콘텐츠와 서비스에 자연스럽게 배어든다.

내가 하고 싶은 모든 이야기를 다 하는 것이 중요한 것이 아니라, 고객이 나에게 듣고 싶은 그 하나의 이야기를 끝까지 해내는 것이 더 중요하다. 단 하나의 주제를 결정하고 나면, 콘텐츠는 더 빠르게 쌓이고, 브랜드는 더 선명해지며, 고객의 신뢰는 훨씬 더 두터워진다.

지금 당장 수많은 아이디어가 머릿속을 맴돈다 해도 괜찮다. 하나하나 꺼내 보고, 덜어내고, 결국 남은 진짜 '나만의 이야기'를 찾아야 한다. 그렇게 단 하나의 주제를 중심으로 사업을 정렬시켜보자. 브랜딩이란, 결국 사람들의 머릿속에 '무엇으로 기억될 것인가'

에 대한 싸움이다.

단 하나의 주제로, 시장을 이겨라. 그것이 바로 당신 브랜드의 첫 번째 무기다.

# 54

# 문제 해결형 콘텐츠의 힘

사업을 하면서 정말 자주 듣는 말이 있다. "어떻게 하면 사람들의 관심을 끌 수 있나요?" 콘텐츠를 만들든, 제품을 출시하든, 브랜드를 운영하든 결국 이 질문으로 귀결된다. 나는 대답 대신 질문을 던진다. "지금 만든 콘텐츠가 누군가의 문제를 해결해 줄 수 있나요?" 이 질문에 즉각적으로 대답할 수 없다면, 그건 단지 말하고 싶은 내용을 늘어놓은 것에 불과하다. 아무도 관심 갖지 않을 가능성이 크다.

사람들은 문제를 해결해 주는 콘텐츠에 반응한다. '예쁘다', '재밌다', '자극적이다' 같은 감정적 리액션도 중요하지만, 결국 머릿속에 남고 다시 찾아오게 만드는 건 "이거 진짜 도움 됐어"라는 경험이다. 사람들은 정보보다 해결을 원하고, 지식보다 통찰을 찾는다. 해결되는 느낌, 이해된다는 감각, 그래서 마음이 조금은 가벼워지는 그 경험이 브랜드에 대한 신뢰로 이어진다.

처음 사업을 할 때 나는 이런 방식의 콘텐츠를 만들지 못했다. 그냥 내 이야기, 내 자랑, 내가 잘해 온 일들을 나열했다. "이렇게 하니까 잘됐어요." "이런 방법으로 매출이 올라갔어요." 콘텐츠는 있었지만, 문제는 해결되지 않았다. 보고 나면 '아 그렇구나' 하고 끝나는 정보에 불과했고, 사람들은 관심을 주지 않았다.

그런데 어느 날부터 질문이 바뀌었다. "지금 이 콘텐츠가 누군가의 질문에 대한 답이 될 수 있는가?" 예를 들어 '매출이 늘지 않아요'라는 질문에 대해 내가 해줄 수 있는 가장 실질적인 해결책은 무엇인지 고민했고, 그 과정을 콘텐츠로 담았다. '팔리지 않는 이유'에 대해 설명하는 것이 아니라, 팔리게 만드는 구체적인 요소를 알려주는 식으로 말이다.

문제 해결형 콘텐츠를 만들기 시작하자 반응은 달라졌다. 댓글이 생겼고, DM이 오기 시작했고, 사람들은 질문을 던지기 시작했다. "대표님, 저도 이런 상황인데 어떻게 해야 하죠?" 질문이 생긴다는 건 관심이 생겼다는 뜻이고, 그건 콘텐츠가 '나를 위한 것'으로 읽히고 있다는 증거다. 콘텐츠가 읽히는 게 아니라, 콘텐츠를 통해 자기 문제를 '읽어내기' 시작한 것이다.

사업자는 단순히 정보 제공자가 아니라 문제 해결사다. '고객은 뭘 궁금해할까?'라는 질문에서 시작해 '이 콘텐츠는 누구의 어떤 문제를 해결하는가?'라는 단계로 나아가야 한다. 그것이 콘텐츠의 본질을 바꾸는 결정적인 질문이다. 콘텐츠 하나에도 명확한 목적과 타깃이 있어야 하며, 그 타깃의 문제를 정면으로 바라보는 것, 그것이 가장 큰 설득이다.

나는 지금도 콘텐츠를 기획할 때마다 수많은 아이디어 속에서 정답을 찾는 것이 아니라, 문제부터 찾는다. 문제를 명확하게 정의하면 그 해답은 자연스럽게 나온다. 고객이 "나 지금 이거 너무 필요했어요"라고 반응하는 콘텐츠는 대개 기술적인 완성도보다 문제 인식의 정확도에서 차이가 난다.

여기서 말하는 문제는 거창할 필요 없다. 예를 들어 "제품을 올려도 노출이 안 된다"는 작은 고민, "계속 피드만 올리는데 왜 팔리질 않지?"라는 짜증 섞인 질문, 혹은 "나도 브랜드를 만들 수 있을까?" 하는 두려움 같은 것들이다. 이런 질문들은 숫자로는 측정되지 않지만, 누군가의 일상을 붙잡고 있는 절실한 이슈다. 이걸 콘텐츠로 풀어 줄 수 있다면, 당신은 이미 그 사람에게 브랜드가 된다.

문제 해결형 콘텐츠는 신뢰를 만든다. 고객은 당신이 그들의 문제를 얼마나 잘 알고 있는지로 당신의 실력을 판단한다. '매출을 3배 올린 방법'보다 '팔리지 않을 때 해야 할 한 가지'가 더 실용적이고 강력하게 읽히는 이유다. 고객은 당신의 성과보다 자신의 문제 해결에 더 관심이 있다. 콘텐츠는 당신을 자랑하는 무대가 아니라, 상대방이 주인공이 되는 공간이 되어야 한다.

문제 해결형 콘텐츠를 만든다는 건, 결국 '고객을 진심으로 이해하겠다'는 의지를 행동으로 옮기는 것이다. 내가 만든 콘텐츠가 누군가의 문제에 닿고, 그 문제를 조금이라도 풀어줄 수 있다면, 그것만큼 강력한 브랜딩은 없다. 그리고 그런 콘텐츠를 지속적으로 만들어낼 수 있다면, 고객은 자연스럽게 당신을 전문가로 받아들이고, 제품이나 서비스 구매는 당연한 수순이 된다.

말하자면 콘텐츠는 곧 신뢰의 예고편이다. 문제를 해결해 주는 콘텐츠를 본 사람은 '이 사람이 하는 일은 분명히 가치가 있을 것'이라 판단하고 구매를 결정하게 된다. 그렇게 사업은 콘텐츠를 통해 성장하고, 브랜드는 문제 해결이라는 본질을 통해 기억된다.

당신이 말하고 싶은 걸 말하기 전에, 사람들이 필요로 하는 걸 먼저 해결해주자. 그게 바로 문제 해결형 콘텐츠의 본질이고, 그것이 당신 브랜드의 지속력을 결정짓는 첫 번째 원칙이다.

# 55

# 고객의 진짜 반응을 끌어내는 방식

사업을 하다 보면 '반응이 없다'는 말을 자주 듣게 된다. 광고를 했는데도, 영상을 올렸는데도, 콘텐츠를 열심히 만들었는데도 반응이 없다는 것이다. 나 역시 초창기부터 그런 경험을 수도 없이 했다. 그런데 그때는 몰랐다. 반응이 없다는 게 단순히 '보지 않았다'는 뜻이 아니라, '보긴 했지만 공감하지 않았다'는 의미였다는 걸.

고객은 무관심한 존재가 아니다. 오히려 예민하고 신중하며, 본능적으로 진심과 억지를 구분해낸다. 특히 이커머스 시장처럼 콘텐츠가 넘쳐나는 곳에선 더더욱 그렇다. 수천 개의 광고, 수만 개의 콘텐츠 속에서 사람들은 단 몇 초 만에 '내가 보고 싶은 것인지, 아닌지'를 결정한다. 이 짧은 찰나의 순간에 고객의 마음을 움직이려면, 그들의 진짜 반응을 이끌어내는 방식을 알아야 한다.

먼저 생각해야 할 건, 우리는 대체 무엇을 기대하고 있는가 하는 점이다. 반응이라고 하면 대체로 '좋아요', '댓글', '구매', '공유' 같은 눈에 보이는 지표를 떠올린다. 하지만 그보다 중요한 건, 그 반응이 만들어진 '이유'다. 사람들이 왜 반응했는지, 무엇에 반응했는지를 모른다면 숫자만 늘어나는 건 큰 의미가 없다. 오히려 내 콘텐츠가 어떤 메시지로 읽히고 있는지, 내가 어떤 사람으로 인식되고 있는지를 먼저 파악해야 한다.

그 첫걸음은 '표현의 방식'에 있다. 고객은 정보보다 감정을 기억한다. 비슷한 정보를 주더라도 그 전달 방식에 따라 완전히 다른 반응을 보인다. 단정적인 표현보다 고민의 흔적이 담긴 말투, 잘난 척하는 글보다 실패를 고백하는 이야기, 정제된 이미지보다 실제 사용 후기를 담은 사진이 사람들에게 더 큰 울림을 준다. 고객의 반응은 정확하고 예민하게 진정성을 찾아낸다.

내가 처음 고객의 진짜 반응을 경험한 건, 오히려 매출이 안 나오던 시절이었다. SNS에 성과 자랑 대신, 요즘 왜 이렇게 힘든지, 실패한 기획에 대해 반성하며 적은 글이 의외로 수많은 공감을 얻었다. 그 글에는 '나도 그래요', '요즘 저도 지쳤어요' 같은 댓글이 달렸고, DM으로 긴 위로의 메시지가 오기 시작했다. 그때 처음으로 느꼈다. 사람들은 완벽한 모습보다는, 같은 방향을 바라보며 걷고 있는 사람을 더 좋아한다고.

그 이후로 나는 콘텐츠를 만들 때 한 가지를 먼저 점검한다. '이 이야기를 들은 고객이 나에게 무엇을 느낄까?' 정보가 아니라 감정의 관점에서 콘텐츠를 바라보는 것이다. 그래서 나는 제품 소개 글도 정보 위주보다 고객의 상황에 집중해서 풀어내기 시작했다. 예를 들면, '이 제품은 이런 기능이 있다'보다 '이런 상황에 처해봤나요? 그래서 제가 이 제품을 써 봤어요' 식의 접근을 택했다. 결과는 확실했다. 반응률이 달라졌고, 전환율이 높아졌으며, 댓글로 사연을 공유하는 사람이 생겼다.

고객의 진짜 반응을 끌어내려면, 그들의 일상 속으로 들어가야 한다. 뭔가 대단한 콘텐츠를 만들 필요는 없다. 다만 고객의 문제와 그로 인한 감정을 구체적으로 묘사하고, 그 문제 앞에 섰던 당신의 경험을 나누면 된다. 고객은 '이 사람은 내 상황을 이해하네'라는 느낌이 들 때 마음을 연다. 감정의 연결이 이루어진 순간, 우리는 반응을 얻는다.

그리고 반응을 유지하는 핵심은 '응답'이다. 고객의 댓글에 답하지 않고, DM에 반응하지 않는다면 결국 다시 닫힌 마음으로 돌아간다. 반응은 하나의 시작일 뿐이고, 그 이후의 대화와 피드백이 진짜 성장을 만든다. 많은 브랜드가 여기서 실수한다. 수많은 반응을 받아놓고도 제대로 응답하지 못해 고객을 잃는다. 특히 작은 브랜드일수록 이런 대응은 '광고보다 더 강한 마케팅'이 된다.

진짜 반응은 고객이 느끼는 '나와 연결되어 있다'는 감정에서 출발한다. 콘텐츠든 제품이든 서비스든, 결국은 '이 브랜드는 나를 이해해 주는 곳'이라는 인식을 심어주는 것이 핵심이다. 그리고 이 연결은 단지 반응을 얻는 걸 넘어서, 브랜드 충성도를 만든다. 단발적인 반응이 아니라, 장기적인 관계가 되는 것이다.

결국 고객의 진짜 반응을 끌어내는 방식은 그들을 '숫자'가 아닌 '사람'으로 대하는 데 있다. 그들이 진짜로 무엇을 느끼고, 무엇에 고민하며, 어떤 순간에 당신의 제품이나 콘텐츠가 도움이 될 수 있을지를 생각해보자. 그 모든 고민과 진심이 담긴 콘텐츠가 쌓일수록, 고객의 반응은 분명히 달라질 것이다.

그리고 반응이 오기 시작하면, 그것이 단순한 숫자가 아니라 '신뢰의 시작'이라는 걸 기억하자. 진짜 반응은 늘 정직한 콘텐츠에서 시작된다. 그렇다면 다음은 당신 차례다. 당신이 전달하고 싶은 메시지에 진짜 감정을 실어 보라. 숫자는 나중에 따라온다. 반응은, 먼저 신뢰부터 묻는다.

# 56

# 스토리텔링은 가장 강력한 무기다

내가 처음 글을 쓰기 시작했을 때, 사실 무엇을 써야 할지 막막했다. 무언가를 알려 줘야 한다는 강박이 있었고, '정보가 있어야 한다'는 생각에 매몰되어 있었기 때문이다. 나의 경험, 나의 일상, 내가 고민했던 이야기들은 사소해 보였고, 읽는 사람 입장에서는 그게 무슨 도움이 되겠느냐는 의심이 먼저 들었다. 그런데 어느 순간부터 알게 됐다. 진짜 사람들을 움직이는 건, 그렇게 정리된 정보가 아니라 솔직한 이야기라는 것을.

사업을 하면서 가장 많이 느낀 건, 사람들은 '정보'에 머무르지 않는다는 것이다. 정보는 찾기 쉬워졌고, 누구나 비슷한 얘기를 반복한다. 하지만 이야기는 다르다. 내 이야기, 내가 겪은 사건, 내가 실수했던 순간, 내가 고민했던 밤. 이런 고유의 경험은 누구도 대신 전할 수 없는 것이다. 그리고 그 안에서 진심이 느껴진다면, 그것이 곧 '신뢰'가 된다.

스토리텔링이라는 단어는 참 그럴듯하다. 마치 전문적인 기술처럼 들리지만, 실제로는 아주 단순하다. 내가 살아온 여정, 내가 했던 시행착오, 그 안에서 내가 배운 것들을 사람들과 나누는 행위일 뿐이다. 그런데 이 단순한 행위가 사람의 마음을 건드린다. 누구나 누군가의 진짜 이야기를 듣고 싶어 한다. 완벽한 설명보다는, 헤매는 사람의 불완전한 고백에 더 큰 감정 이입을 하게 된다. 그게 인간이다.

내가 SNS를 통해 가장 많은 반응을 얻었던 게시물은 대부분 실패에 대한 이야기였다. 성공담보다 실패담, 전략보다 실수. 다들 공감했다. 왜냐하면 성공은 멀게 느껴지지만 실패는 모두의 현재이기 때문이다. 그리고 그 실패에서 다시 일어선 이야기는 누군가의 다음 걸음이 된다. 나는 이걸 경험하고서야 깨달았다. 스토리텔링은 감정을 통해 사람을 움직이고, 그 감정은 공감이라는 연료로 타오른다는 사실을.

브랜드도 마찬가지다. 제품만 팔면 오래가지 못한다. 사람들은 제품을 사는 게 아니라 '의미'를 산다. 이 브랜드는 어떤 고민을 하며 이 제품을 만들었는지, 이 서비스를 시작하게 된 계기는 무엇인지, 창업자는 어떤 삶을 살아왔는지. 그런 이야기들이 제품보다 훨씬 강한 구매 요소가 된다. 결국 브랜드를 지탱하는 건 감정이고, 그 감정을 전달하는 방식이 바로 스토리텔링이다.

그리고 스토리텔링은 팔기 위한 수단이 되어서는 안 된다. 오히려 '전하고 싶은 말'이 먼저 있어야 한다. 팔고 싶다는 욕심이 느껴지는 글은 금방 들킨다. 진짜 이야기는 조급하지 않다. 자신의 흐름대로 흘러가고, 누군가가 알아주지 않아도 묵묵히 기록된다. 그리고 그 묵묵함에서 신뢰가 쌓인다. 나는 이걸 꾸준히 겪어왔고, 지금도 겪는 중이다. 자랑보다 회고, 증명보다 고백이 훨씬 강하다는 것을.

사람들은 왜 이야기에 반응할까? 그건 스토리 안에서 '자기 자신'을 보기 때문이다. 나와 같은 실수를 했던 누군가, 나와 비슷한 상황에 놓였던 사람의 이야기를 들으면 우리는 위로받는다. '나만 그런 게 아니었구나.'라는 안도감은 그 어떤 정보보다 강력하다. 그리고 이 감정은 브랜드와 사람 사이에 깊은 유대감을 만든다.

실제로 나는 지금까지도 '팔기 위한 콘텐츠'는 거의 만들지 않는다. 대신 매주 글을 쓰며 나의 경험을 나눈다. 지나간 실패를 돌아보며 지금 고민 중인 사업가들에게 작은 힌트를 주고 싶다는 마음으로 쓴다. 그러다 보면 어느새 '그 글 잘 봤어요'라는 말과 함께 고객이 찾아온다. 어떤 사람은 6개월 넘게 지켜보다가 연락을 하기도 했다. 그들은 말했다. "그동안 내가 너무 당신을 알고 있었어요." 그 말은 지금도 잊히지 않는다.

이제는 확신한다. 스토리텔링은 나의 가장 강력한 무기다. 거창한 전략이 없어도 된다. 남들보다 똑똑하지 않아도 된다. 다만, 내가 어떤 사람이고 어떤 길을 걸어왔는지, 그리고 지금 어디에 서 있는지만 분명하게 전달할 수 있다면, 그것만으로도 충분하다. 사람들은 진짜 이야기에 끌린다. 그리고 그 진짜는 어디서 오는가? 바로 삶에서 온다.

당신의 삶에는 수많은 챕터가 있다. 아직 정리되지 않았더라도, 아직 말이 되지 않더라도 괜찮다. 중요한 건, 그 이야기들이 당신만의 것이라는 점이다. 지금부터라도 하나씩 꺼내어 기록해보자. 누군가는 당신의 이야기를 기다리고 있을지도 모른다. 그리고 그 이야기가 누군가의 내일을 바꾸게 될지도 모른다.

당신이 가진 이야기는 무기다. 아무도 흉내 낼 수 없는 당신만의 서사다. 그러니 겁내지 말고 꺼내라. 당신의 실패도, 눈물도, 버티는 순간도 모두 누군가에겐 큰 의미가 된다. 그리고 그 순간이 모이면 당신의 브랜드는 점점 단단해질 것이다. 마침내, 이야기로 사랑받는 브랜드가 된다.

# 57

# 실패담을 팔아야 진짜 팬이 생긴다

처음부터 성공한 사람은 없다. 그런데 대부분은 자신이 잘된 이야기만을 꺼낸다. SNS에는 누가 봐도 멋진 결과만이 올라오고, 마치 실수나 후퇴 따위는 한 번도 없었다는 듯한 모습으로 자신을 포장한다. 나도 한때 그랬다. 잘된 날의 모습만을 보여주고 싶었고, 실수는 나만의 비밀로 간직하고 싶었다. 그러나 시간이 흐르고 사람들과의 진짜 대화가 늘어나면서 깨달았다. 사람들이 진짜 반응한 건 내가 잘된 이야기가 아니라, 내가 망가졌던 순간들이었다는 것을.

한 번은 직원이 모두 떠나고, 거래처까지 끊긴 일이 있었다. 아무리 포장하려 해도 이건 도저히 숨길 수 없는 '실패'였다. 매출은 바닥을 쳤고, 정신적으로도 완전히 무너졌다. 그런데 아이러니하게도 그 시기에 내가 SNS에 썼던 글 하나가 엄청난 반응을 얻었다. 그 글에는 어떤 전략도 없었고, 계획도 없었다. 그냥 나, 윤대표라는 사람의 솔직한 상황을 담백하게 적었을 뿐이었다. "진짜 망했다. 도망가고 싶다. 그래도 버티는 중이다." 단순한 그 문장들에 수많은 사람들이 댓글을 달았다. 응원을 해준 이도 있었고, 비슷한 상황에 공감하며 긴 사연을 보내온 사람들도 있었다.

그때 처음 알았다. 실패는 약점이 아니라 무기라는 걸. 실패를 보여주는 사람은 두려움이 없는 사람처럼 보인다. 감추지 않고, 있는 그대로 드러낼 수 있는 용기. 그 용기에서 사람들은 신뢰를 느낀다. 결국 브랜드란 '신뢰' 위에 쌓이는 것이고, 팬이란 그 신뢰를 기준으로 움직이는 사람들이다. 내가 몇 년을 소비자에게 설득하려고 했던 말보다, 내가 쓰러졌을 때 솔직하게 보여준 모습이 더 큰 울림을 주었다.

실패담을 팔아야 한다고 말하면, 어떤 사람들은 이렇게 묻는다. "망한 이야기를 어떻게 콘텐츠로 만들죠?" "이걸 말하면 내 이미지에 안 좋은 거 아닌가요?" 물론 망한 이야기를 그저 푸념처럼 늘어놓는다면 아무 의미 없다. 중요한 건 '실패 그 자체'가 아니라, 그 실패를 겪고 난 뒤에 무엇을 얻었느냐이다. 무엇을 배웠고, 어떻게 변화했고, 지금은 무엇을 다르게 하고 있는가. 그 과정을 공유하는 것이다. 그렇게 실패담은 콘텐츠가 된다. 단순한 고백이 아니라 누군가에게는 경험으로, 지혜로 전달될 수 있는 귀한 자료가 되는 것이다.

성공담은 일종의 롤모델 역할을 할 수 있다. 그러나 그 성공이 너무 완벽해 보이면 사람들은 오히려 위축된다. "나는 왜 저렇게 못할까?” “나는 저렇게 되려면 뭘 더 해야 하지?” 비교와 자책의 시선으로 바라보게 되는 것이다. 반면, 실패담은 사람을 안심시킨다. “저 사람도 힘들었구나.” “저런 과정을 거쳤다면 나도 아직 가능성이 있겠네.” 그렇게 작은 희망을 갖게 만든다. 팬이 생기는 건 그 순간이다. 그들이 당신을 따라가고 싶은 이유는 당신이 완벽해서가 아니라, 당신이 그들의 눈높이에 있기 때문이다.

나는 이 경험을 통해 지금까지도 꾸준히 내 이야기를 기록하고 있다. 완벽하게 정리되지 않아도 괜찮다. 흐릿한 감정이어도 괜찮다. 중요한 건, 내가 실제로 겪고 있는 그 장면들을 그대로 담아내는 것이다. 가끔은 그런 글이 무의미해 보일 때도 있다. 좋아요도 안 달리고, 반응도 없다. 하지만 몇 주, 몇 달이 지나고 누군가가 그 글을 읽고 조용히 연락을 준다. “그때 그 글 보고 위로받았어요.” “지금 저도 비슷한 상황이라 공감됐어요.” 그 한마디가 또 다른 콘텐츠를 쓰게 만드는 원동력이 된다.

실패를 콘텐츠로 만드는 방법은 생각보다 간단하다. 첫째, 감추지 말고 드러내라. 둘째, 경험에서 무엇을 배웠는지 써라. 셋째, 그것을 지금 어떻게 적용하고 있는지를 보여줘라. 넷째, 같은 상황에 놓인 사람들에게 작은 제안이나 응원의 말을 건네라. 이 네 가지만 지켜도 당신의 실패담은 더 이상 실패가 아니다. 그것은 누군가에게 길이 되어주는 등불이 된다.

그리고 무엇보다 중요한 건, ‘당신 자신이 실패로 끝나지 않았다는 증거’가 되어야 한다. 계속해서 나아가고 있다면, 계속해서 버티고 있다면, 그것만으로도 당신은 누군가에게 영감이다. 실패담은 그래서 특별하다. 사람들은 당신이 다시 일어선 이야기를 통해, 자기 자신도 다시 일어설 수 있을 거라는 희망을 갖는다.

우리는 실패를 팔아야 한다. 눈물을, 좌절을, 방황을 팔아야 한다. 그리고 그 안에서 다시 빛을 찾아내는 과정을 나눠야 한다. 그게 진짜 콘텐츠이고, 그게 진짜 브랜딩이다. 말로만 멋있게 포장한 성공 스토리는 오래가지 않는다. 하지만 진심을 담은 실패담은 기억 속에 오래 남는다. 그리고 그 기억이 쌓이면, 당신의 브랜드는 그 무엇보다 단단한 기반 위에 서게 될 것이다. 팬이란, 그 실패를 함께 기억해 주는 사람들이니까.

# 58 일상을 브랜딩하는 연습

처음부터 대단한 기획이 있었던 것은 아니었다. 나는 그저 매일 살아가는 하루하루를 기록하기 시작했을 뿐이다. 특별할 것 없는 출근길, 카페에서의 짧은 미팅, 실패한 마케팅 아이디어, 기획서 한 장을 쓰는 데 들인 고민의 시간, 그리고 퇴근 후 집에 돌아와서 무너져 내리는 고단함까지. 그 모든 장면들을 나는 글로, 사진으로, 때로는 짧은 영상으로 남기기 시작했다. 누군가는 이걸 '의미 없다'고 말할지도 모른다. 하지만 그 일상이 반복되자, 어느새 사람들은 내 하루에 관심을 갖기 시작했다.

우리는 흔히 브랜딩이라는 단어를 들으면 뭔가 거창하고 전문적인 작업을 떠올린다. 매력적인 로고, 정제된 슬로건, 잘 짜인 광고 캠페인. 물론 그것들도 중요하다. 하지만 진짜 브랜딩은 그렇게 완성된 결과물로 시작되지 않는다. 그것은 나라는 사람이 세상을 어떻게 바라보고, 어떻게 살아가는지를 보여주는 방식에서 시작된다.

나는 그것을 '일상의 브랜딩'이라 부른다. 그리고 이건 누구나 할 수 있는 일이다.

브랜딩은 결국 사람의 마음속에 기억을 남기는 작업이다. 기억이란 건 대부분 일상의 자잘한 장면들로 구성된다. 누군가가 나에게 "윤대표님, 예전에 올리셨던 그 글 아직도 기억나요"라고 말할 때가 있다. 알고 보면 그 글은 엄청난 인사이트를 담은 것도 아니고, 대단한 성과를 자랑하는 내용도 아니었다. 그저 어떤 날, 팀원과 주고받았던 대화 한 토막이었거나, 새벽에 썼던 솔직한 독백일 뿐이었다. 하지만 그 '일상성'이 오히려 강한 공감을 불러일으켰던 것이다.

문제는 대부분의 사람들이 이 '일상'을 과소평가한다는 데 있다. 내 하루가 얼마나 평범한데, 누가 이걸 보고 감동을 받을까? 누가 나의 이런 소소한 고민에 관심을 갖겠어? 그렇게 생각하며 사람들은 침묵한다. 공유하지 않는다. 보여주지 않는다. 그리고 브랜딩은 영원히 시작되지 않는다.

나는 그렇게 생각하지 않는다. 당신이 매일 앉는 책상, 그 위에 놓인 낡은 공책, 점심에 먹었던 삼각김밥 하나, 오후 3시쯤 찾아온 번아웃의 순간, 저녁에 문득 생각난 사업 아이디어. 이 모든 것이 콘텐츠가 될 수 있다. 콘텐츠가 된다는 말은, 곧 당신이라는 사람의 색을 보여줄 수 있는 기회가 된다는 뜻이다. 그리고 반복적으로 그것을 보여주다 보면, 사람들은 당신을 기억하게 된다.

처음에는 어색하고 쑥스럽다. 뭘 써야 할지도 모르겠고, 누가 보긴 하는 건지 회의감이 들 수도 있다. 나도 그랬다. 하지만 중요했던 건, 기록을 멈추지 않는 것이었다. 내가 쓰는 글 하나, 찍은 사진 하나, 남긴 말 한 줄이 '쌓인다는 것'에 대한 믿음이 나를 움직이게 했다. 그리고 어느 날, 아주 조용히 한 사람이 나타나 이렇게 말했다. "윤대표님 글, 예전부터 보고 있었어요." 그 순간 알았다. 누군가는 말없이 나를 지켜보고 있었다는 것을.

일상을 브랜딩하는 건, 나를 연출하라는 말이 아니다. 있는 그대로의 나를 조금 더 의식적으로 표현하라는 뜻이다. 무언가 특별해 보이기 위해 꾸며내는 것이 아니라, 오히려 '별것 아닌 나의 하루'가 누군가에게는 위로가 될 수도 있다는 것을 인정하는 자세다. 그렇게 삶 자체가 콘텐츠가 되고, 나는 브랜드가 된다.

나는 이제 '하루에 하나만이라도 남기자'는 마음으로 산다. 반드시 길게 쓸 필요도 없고, 완벽할 필요도 없다. 핵심은 '꾸준함'이다. 하나의 이야기, 하나의 사진, 하나의 목소리가 모이고 쌓여서 나라는 사람의 흔적이 만들어진다. 그리고 그 흔적들이 다시 누군가에게는 브랜드로 인식된다. 브랜드란 그렇게 사람의 마음에 쌓이는 것이다.

일상을 브랜딩하는 연습은 결국 나를 돌아보는 과정이다. 나는 오늘 어떤 생각을 했는가? 무엇에 기뻤고, 무엇에 좌절했는가? 그 마음을 담아내는 순간, 우리는 단순한 SNS 사용자가 아니라, 자신만의 메시지를 가진 창작자가 된다. 사업을 한다는 것, 브랜드를 만든다는 것은 이제 더 이상 '거대한 기획'이 아닌 '일상의 집합체' 위에서 가능해진다.

시작은 작아도 괜찮다. 다만 시작해야 한다. 그리고 계속해야 한다. 당신이 진짜 전하고 싶은 말이 있다면, 당신의 평범한 하루에도 분명히 그 메시지는 숨어 있다. 그 메시지를 찾아내고, 표현하고, 반복하는 것. 그것이 바로 당신을 브랜드로 만드는 첫 번째 훈련이다. '특별함'은 거창한 이벤트가 아니라, 특별하게 바라보는 일상에서부터 시작된다는 사실을 잊지 말자.

# 59 수치를 넘어선 공감의 마케팅

사업을 하면서 가장 자주 듣는 말 중 하나가 "숫자가 중요하다"는 것이다. 매출, 이익률, 전환율, 클릭 수, 조회 수, 팔로워 수, 좋아요 수, 댓글 수까지. 모든 것은 숫자로 측정되며, 숫자는 곧 결과로 이어진다. 수치가 높으면 성공이고, 낮으면 실패다. 많은 사람들이 그렇게 믿는다. 나 역시 한때는 그랬다. 숫자에 매달렸고, 숫자에 속았고, 숫자 때문에 멘탈이 무너졌던 날도 있었다.

하지만 시간이 지나고, 사업이라는 긴 레이스를 뛰면서 나는 다른 관점을 갖게 되었다. 숫자는 결과일 뿐, 그 자체가 목적이 될 수는 없다는 것이다. 중요한 건 숫자를 만드는 '사람'이고, 그 사람의 마음이다. 결국 사업은 '사람의 마음을 움직이는 일'이라는 가장 기본적인 원리를 이해하지 못하면, 아무리 높은 수치를 기록해도 오래가지 못한다.

나는 SNS에서 조회 수 수십만을 찍은 영상보다, 단 열 명이 보더라도 그 열 명이 "이 사람은 진짜다"라고 느끼게 하는 콘텐츠에 집중하기 시작했다. 숫자를 만들기 위한 콘텐츠가 아니라, 사람을 남기기 위한 콘텐츠. 그것이 내가 말하는 '공감의 마케팅'이다. 수치를 뛰어넘는 강한 연결 고리, 한 사람과 한 사람 사이에 맺어지는 신뢰. 이게 진짜 성과이고, 이게 진짜 브랜드다.

한때 나도 숫자에 집착했다. 조회 수가 오르지 않으면 실패한 것 같았고, 팔로워가 늘지 않으면 초조했다. 그러다 보니 자극적인 제목, 급조된 이벤트, 내 방향과 상관없는 트렌드를 따라가는 일이 반복됐다. 그때는 몰랐다. 그렇게 만든 숫자는 결국 '나를 소비한 숫자'일 뿐이라는 걸. 그들은 나를 기억하지 않고, 다음 자극으로 떠난다. 브랜드는 남지 않고, 숫자만 사라진다.

숫자를 좇는 마케팅은 일시적인 만족감을 준다. 당장의 성과를 보장하고, 보기에 화려하다. 하지만 그 화려함은 얇고 가볍다. 진심 없이 만들어진 숫자는 브랜드의 근육을 키우지 않는다. 나는 숫자가 아닌, 관계를 만들고 싶었다. 그래서 질문했다. "이걸 본 사람이 나에 대해 어떤 감정을 느낄까?" "이 콘텐츠를 본 후, 그는 나를 다시 찾고 싶어질까?"

공감이라는 단어는 말 그대로 '같이 느낀다'는 뜻이다. 상대방이 어떤 삶을 살고 있고, 어떤 고민을 하고 있는지를 진심으로 이해하려는 노력 없이 마케팅을 한다는 건, 그냥 소음에 불과하다. 당신의 제품이 아무리 훌륭해도, 상대방이 그 제품을 왜 써야 하는지 '감정적으로' 연결되지 않으면, 그건 그냥 정보일 뿐이다.

나의 경험상, 사람들은 정보를 기억하지 않는다. 하지만 감정을 느꼈던 순간은 오래도록 기억한다. 내가 나의 이야기를 꺼내고, 실패를 이야기하고, 부족함을 인정하며 성장의 과정을 보여줄 때, 사람들은 나에게 공감했다. 그 공감은 신뢰가 되었고, 신뢰는 거래로 이어졌다. 숫자는 그제야 따라왔다.

공감의 마케팅은 어려운 일이 아니다. 마법 같은 기술이 필요한 것도 아니다. 다만 시간이 걸릴 뿐이다. 감정을 쌓는 일은 하루아침에 되지 않는다. 공감을 만들려면 먼저 기다릴 줄 알아야 한다. 그리고 무엇보다 진심이어야 한다. 콘텐츠는 당신의 목소리다. 그 목소리에 사람들은 반응한다. 그 반응이 곧 브랜드가 된다.

나는 숫자를 무시하자는 말이 아니다. 숫자는 분명히 중요하다. 하지만 그 숫자를 만든 이유와 방식에 대해 질문해보자는 것이다. 만약 당신의 조회 수가 1만인데, 그 누구도 당신을 기억하지 못한다면 그건 실패다. 반면, 단 열 명이 당신의 이야기를 듣고 "이 사람은 다르다"고 느낀다면, 당신은 이미 성공한 것이다. 진짜 브랜드는 그렇게 시작된다.

이제는 숫자보다 마음을 보기로 했다. 좋아요가 3개여도, 그 3명이 진심으로 눌러준 것이라면 나는 감사하다. 댓글이 하나여도, 그 댓글이 나의 이야기를 듣고 감동해서 남긴 말이라면 그건 내게 큰 선물이다. 사업은 숫자를 만드는 일이 아니라, 사람의 마음을 얻는 일이다. 마음을 얻는 일은 단순한 반복이 아니라, 진심의 반복이다.

공감을 마케팅 전략으로 활용한다는 건, 결국 나의 이야기부터 꺼내는 용기를 갖는 것이다. 내가 먼저 마음을 보여줘야, 상대도 마음을 연다. 브랜드가 되는 길은 멀고도 험하지만, 공감이라는 길을 택하면 그 길은 조금은 따뜻하다. 당신이 지금 하고 있는 마케팅이 수치만을 위한 것인지, 아니면 누군가와 진짜 연결되기 위한 것인지 스스로에게 물어보길 바란다.

그리고 어느 날, 당신의 브랜드를 기억하는 한 사람이 생긴다면, 그건 조회 수 10만보다 값진 성과일지도 모른다. 그 한 사람이 당신의 브랜드를 지켜줄 테니까.

# 하나의 제품, 하나의 태도, 하나의 말투

사업이란 결국 선택의 연속이다. 그리고 그 선택들은 하나로 수렴된다. 바로 '내가 누구인가'에 대한 답이다. 제품을 고를 때, 서비스를 만들 때, 광고 문구 하나를 정할 때도 결국 그 선택에는 나라는 사람의 철학과 태도가 묻어난다. 그래서 나는 언제부턴가 내 사업을 정리할 때 이렇게 말하곤 했다. "우린 하나의 제품을 판다. 하나의 태도를 가진다. 하나의 말투로 말한다."

처음엔 그게 무슨 뜻인지 나도 잘 몰랐다. 단지 나도 모르게 너무 많은 것들을 하려 했고, 많은 이야기를 하려 했고, 많은 고객을 잡으려 했고, 많은 피드백에 휘둘렸다. 그때는 다양성이 장점이라고 믿었다. 하지만 시간이 흐르며 알게 됐다. 많은 것을 하려는 태도가 결국은 아무것도 못 하게 만든다는 사실을. 브랜드는 넓고 얇은 이야기가 아니라, 좁고 깊은 태도에서 시작된다.

'하나의 제품'을 판다는 건 단순히 물리적인 제품 하나만을 말하는 게 아니다. 그 제품이 상징하는 문제 해결의 방향, 그 제품을 통해 고객에게 전달하고자 하는 메시지, 그리고 그 제품을 둘러싼 모든 경험을 포함한다. 하나의 제품을 제대로 만든다는 건, 결국 하나의 문제에 몰입한다는 뜻이다. 사람들은 문제를 해결해 주는 브랜드를 믿는다. 더 많은 문제를 건드릴수록 그 믿음은 약해진다. 해결하려는 문제가 많을수록 메시지는 흐려진다. 반대로 하나의 제품에 몰입할수록, 그 제품은 브랜드가 되고, 브랜드는 고객의 일상이 된다.

'하나의 태도'는 더 중요하다. 제품보다도, 메시지보다도 먼저 사람들은 태도를 본다. 이 브랜드가 문제 앞에서 어떤 태도를 취하는지, 고객의 피드백에 어떻게 반응하는지, 실패했을 때 어떤 목소리를 내는지. 그 모든 순간은 제품보다 오래 기억된다. 나는 내 고객에게 '무조건 진심'이라는 태도를 보여주고 싶었다. 그래서 어떤 일이든 최대한 직접 응대했고, 잘못된 일이 생기면 먼저 사과했다. 잘한 일이 있어도 과하게 자랑하지 않았다. 그런 태도가 반복되다 보니, 고객들은 우리 브랜드를 단단하고 신뢰할 수 있는 존재로 인식하기 시작했다.

'하나의 말투'는 태도의 확장이다. 우리는 누구나 말투에 민감하다. 말의 내용보다 말의 느낌에 먼저 반응하고, 말의 억양보다 말의 온도에 먼저 마음을 연다. 내가 만든 브랜드도 마찬가지였다. 고객과 이야기할 때, 홍보 콘텐츠를 작성할 때, 심지어 제품 포장에 넣는 문구 하나에도 우리의 말투가 녹아 있어야 했다. 쿨하게 말할 건지, 따뜻하게 말할 건지, 유머를 섞을 건지, 진지하게 접근할 건지. 말투가 곧 브랜드의 성격이 된다.

예를 들어 어떤 브랜드는 정제되고 격식 있는 말투로 고객과 대화한다. 그런 브랜드는 신뢰와 전문성을 줄 수 있다. 반면 어떤 브랜드는 친구처럼 가볍고 위트 있게 말한다. 그들은 친근하고 접근하기 쉬운 이미지로 고객과 연결된다. 중요한 건 그 말투가 '일관성' 있게 유지되느냐다. 일관된 말투는 그 자체로 신뢰가 되고, 고객은 어느 순간부터 그 말투에서 브랜드를 느낀다. 브랜드는 결국 말투로 기억된다.

나는 이 세 가지, 하나의 제품, 하나의 태도, 하나의 말투를 정하고 나서야 비로소 내 브랜드가 뚜렷해졌다는 느낌을 받았다. 그 전에는 그냥 여러 가지를 잘하는, 그러나 어떤 것도 뚜렷하지 않은 브랜드였다. 고객도 헷갈리고, 나도 헷갈렸다. 어떤 제품을 밀어야 할지, 어떤 말로 설명해야 할지, 어떤 방식으로 고객과 만나야 할지. 선택지가 많으면 방향성이 무너진다. 집중하지 않으면 흔들린다. 흔들리는 브랜드는 오래가지 못한다.

그래서 나는 스스로에게 자주 묻는다. 지금 이 제품은 내 브랜드의 문제 해결 방향과 맞는가? 지금 이 말투는 고객이 내게 기대하는 정서와 부합하는가? 지금 이 태도는 내가 지켜야 할 원칙과 연결되는가? 이 세 가지 질문에 모두 '그렇다'고 대답할 수 있을 때, 나는 새로운 아이템을 만들고, 새로운 콘텐츠를 내보낸다. 그렇게 내 브랜드는 확장되는 것이 아니라, '깊어지는' 것이다.

사업은 선택의 싸움이다. 수많은 옵션 앞에서 유혹을 뿌리치고 하나를 고수할 수 있는 용기, 그게 진짜 브랜드의 뿌리가 된다. 누구나 처음에는 이것저것 다 해보고 싶다. 가능성의 테스트도 필요하다. 하지만 결국 살아남는 브랜드는 하나에 미친 사람, 하나를 끝까지 파낸 사람의 것이다. 나도 그걸 늦게 알았다. 지금이라도 알아서 다행이다. 오늘도 나는 스스로에게 되묻는다. "지금 내가 만들고 있는 이 콘텐츠는 우리 브랜드의 말투인가?" "이 제안은 우리 브랜드의 태도와 맞는가?" "이 제품은 진짜 우리가 풀고 싶은 문제를 담고 있는가?"

하나의 제품, 하나의 태도, 하나의 말투. 이것이야말로 브랜드의 시작이고, 끝이다.

# 61 고객은 공짜보다 진심을 원한다

사업을 하다 보면 누구나 한 번쯤은 이런 유혹에 빠진다. '무료 이벤트를 해볼까?', '공짜로 체험을 제공하면 사람들이 몰려오지 않을까?' 이런 전략은 단기적으로 사람들의 이목을 끌기에는 효과가 있다. 실제로 많은 브랜드들이 초반 마케팅 수단으로 무료 증정이나 체험 상품을 내세운다. 고객의 마음을 여는 문을 열어보려는 시도이자, 브랜드의 존재를 알리는 첫걸음이기도 하다.

나도 초창기엔 이런 방식을 여러 번 시도했다. 뭔가를 나눠주는 게 선의처럼 느껴졌고, 그걸 통해 브랜드의 진정성을 보여줄 수 있다고 믿었다. 하지만 시간이 지나고 나니 알게 됐다. 사람들은 단순히 공짜라서 관심을 가지는 것이 아니라, 그 공짜에 담긴 '의도'를 예민하게 파악한다는 사실을. 말하자면, 사람들은 '왜 공짜로 주는지'를 알고 싶어 한다. 단지 제품의 홍보용이라면, 그리고 그 의도가 너무 노골적으로 드러난다면 오히려 반감을 가진다. 반대로, 진심이 담긴 이유와 배경이 있다면 사람들은 그 진심에 반응한다.

공짜는 고객의 마음을 여는 열쇠가 될 수 있다. 하지만 진심 없는 공짜는 금세 가치를 잃는다. 아무리 좋은 제품을 무료로 줘도, 그 속에 브랜드의 철학이나 고객에 대한 존중이 느껴지지 않으면 소비자들은 그냥 스쳐 지나간다. '요즘 이 브랜드도 별수 없구나, 결국 똑같이 끌기 위한 수단이네'라고 생각하게 된다. 진짜 신뢰는 '줘서 생기는 것'이 아니라 '왜 줬는지를 통해 형성되는 것'이다.

내가 경험한 가장 강력한 고객 반응은 언제나 '진심'이 느껴지는 순간에서 나왔다. 가격을 깎아 줘서가 아니고, 뭔가를 공짜로 줘서도 아니었다. 내가 정말 그 고객을 위해 고민했고, 그 고민을 구체적으로 설명하고, 그 사람에게 꼭 필요한 방식으로 제안을 했을 때였다. 그 진심이 통했을 때, 고객은 지갑을 열었다. 아니, 지갑을 열기 전에 마음을 열었다. 그리고 그게 훨씬 더 오래갔다.

예를 들어 어떤 날은 제품이 아닌, 한 통의 손편지가 더 많은 영향을 주기도 했다. 고객에게 배송한 패키지 안에 내 손글씨로 "오늘 하루도 잘 견디셨어요. 우리 제품이 조금이나마 도움이 되었으면 좋겠습니다."라는 문장을 넣었을 때, 한참 뒤에도 그 고객이 내 브랜드를 기억하고 찾아온 적이 있었다. 사실 이건 마케팅 기법이 아니었다. 그날은 유독 나도 지치고 힘든 날이었고, 그날 주문한 고객의 이름을 보며 문득 누군가를 응원하고 싶었던 마음이었을 뿐이다. 그런데 그게 가장 큰 진심으로 전달된 것이다.

사람은 본능적으로 계산을 한다. 무엇을 받았는지, 무엇을 기대할 수 있는지를 빠르게 재본다. 그런데 동시에 감성적으로도 판단한다. 상대방이 나를 얼마나 신경 썼는지, 나를 어떻게 바라봤는지를 본다. 그래서 공짜라고 해도 아무 감흥이 없는 경우가 많다. 왜냐면 그것이 단지 '전략'이었기 때문이다.

진심은 전략이 아니다. 진심은 '태도'다. 매번 뭔가를 공짜로 줄 필요는 없다. 오히려 아무것도 주지 않아도 '이 브랜드는 날 진심으로 대하고 있구나'라는 감정을 줄 수 있다면 그게 훨씬 큰 자산이 된다. 그 브랜드는 '믿을 수 있는 브랜드'가 되고, '다음에도 또 사고 싶은 브랜드'가 된다.

그렇다면 우리는 무엇을 줘야 할까? 단순한 제품도 아니고, 무작정 감동을 줄 수 있는 이벤트도 아니라면 무엇을 내어줘야 할까? 나는 이렇게 답하고 싶다. "당신의 시간과 관심, 그리고 고민을 주세요." 그게 바로 진심이다. 그게 고객이 원하는 '공짜'다. 사람들이 정말 원하는 건 그들의 삶을 진지하게 바라봐 주는 누군가의 시선이다. 그 시선이 담긴 콘텐츠, 그 마음이 담긴 서비스, 그 태도가 녹아든 브랜드. 결국 그런 브랜드가 고객을 모은다.

브랜드의 성장은 진심을 얼마나 오래, 얼마나 일관되게 전달하느냐에 달려 있다. 하루 이틀 반짝하는 홍보는 누구나 할 수 있다. 하지만 몇 달, 몇 년 동안 고객에게 꾸준히 '우리는 당신을 진심으로 생각합니다'라는 메시지를 보내는 건 아무나 못한다. 그리고 그 꾸준함이 쌓일수록 고객은 당신을 잊지 않는다.

고객은 공짜보다 진심을 원한다. 당장은 티가 안 나도, 시간이 지나면 그 진심은 반드시 회수된다. 누군가는 말한다. "진심으로 하면 결국 남는 게 없더라." 하지만 나는 이렇게 말하고 싶다. "진심으로 하지 않으면 애초에 시작도 못한다." 우리는 제품을 파는 사람이 아니라, 신뢰를 만드는 사람이다. 그리고 신뢰의 본질은 언제나 진심이다.

# 62

# 모든 것이 성과로 연결되지 않아도 괜찮다

사업을 하다 보면, 특히 초보일수록 자꾸 눈에 보이는 성과에 집착하게 된다. 뭔가를 하면 그에 대한 '즉각적인 반응'이 따라와야 안심이 된다. 콘텐츠를 올리면 조회 수가 나와야 하고, 제품을 올리면 바로 매출이 발생해야 하며, 고객에게 뭔가를 했으면 리뷰나 반응이 돌아와야 마음이 놓인다. 성과가 곧 존재의 증명인 것처럼 느껴진다. 나도 그랬다. 아주 오랫동안. 무엇을 하든 "그거 해서 뭐 나왔어?"라는 질문을 스스로에게 던지며 스스로를 채근하곤 했다.

하지만, 시간이 지나고 보니 꼭 모든 일이 성과로 연결되어야 하는 것은 아니라는 걸 배웠다. 더 정확히 말하자면, 그 즉각적인 성과가 없더라도 그것이 쌓이고 있다는 사실을 뒤늦게 알게 되었다. 눈에 보이지 않는 무언가가 있었다. 나는 그걸 '깊이'라고 부른다. 깊이는 하루아침에 만들어지지 않는다. 깊이는 반복된 진심, 실패에도 불구하고 계속되는 실행, 그리고 조용히 이어지는 노력에서 만들어진다. 겉으로는 아무 일도 없는 것처럼 보일 수 있지만, 물밑에서는 단단히 뿌리가 자라고 있다.

초기에 나는 매번 뭔가를 기획하고 실행에 옮긴 뒤, 결과를 재는 일에 집중했다. 조회 수, 전환율, 클릭률, 팔로워 수, 리뷰 수… 모든 숫자를 집계하고 분석하고, 그것이 기대치에 못 미치면 금방 좌절했다. "내가 뭘 잘못한 걸까?" "왜 이렇게 반응이 없지?" 그런 고민 속에 빠지다 보면 금세 방향성을 잃고 다시 처음부터 뭘 바꿔야 하나 고민하게 된다. 어느 순간부터 나는 그런 생각을 버렸다. 내가 해야 할 일은 하루하루 내가 옳다고 믿는 방향으로 조금씩이라도 나아가는 것이지, 모든 시도에 성과를 요구하는 게 아니라는 걸 깨달았다.

한 가지 에피소드가 있다. 내가 꽤 정성을 들여 만든 콘텐츠가 있었다. 나의 생각, 나의 철학, 그리고 브랜드의 스토리를 담아 몇 날 며칠을 고민하며 제작한 영상이었다. 하지만 결과는 초라했다. 조회 수도, 반응도 거의 없었다. 아쉬움이 컸지만 묻어두고 잊었다. 그런데 몇 달 뒤, 한 고객이 찾아와 그 콘텐츠를 보고 감명받았다고 했다. 그 사람은 그 영상 덕분에 나를 알게 되었고, 신뢰가 생겨 제품을 구매했고, 지금은 우리 브랜드의 팬이 되어 주기까지 했다. 당시엔 성과가 없었던 일이, 시간이라는 거름을 만나 그제서야 열매가 된 것이다.

성과는 지표일 뿐이다. 그것이 전부는 아니다. 더 중요한 것은 방향이고, 의도이며, 태도다. 어떤 일을 할 때, '이걸 하면 얼마나 벌 수 있을까?'보다 '이걸 통해 나는 어떤 가치를 만들고 있는가?'를 묻는 게 더 건강한 방식이다. 물론 수익도 중요하다. 나 역시 수익을 만들어야 운영할 수 있고, 직원의 월급도 줄 수 있다. 하지만 진짜 무서운 건, 성과 없는 순간이 아니라 '성과만을 좇게 되는 순간'이다.

성과 지향적인 태도는 우리를 조급하게 만든다. 조급함은 판단을 흐리게 하고, 계속 방향을 흔든다. 처음에 세웠던 브랜드의 철학도 쉽게 포기하게 만든다. "이 방향으로는 안 먹히는구나." "사람들이 좋아하는 걸 해야겠어." 그렇게 나아가다 보면 결국 브랜드는 '아무 색깔도 없는 무난한 무엇'이 되고 만다. 남들이 좋아할 만한 것, 반응이 잘 나오는 것만 하다 보면 진짜 나다운 일은 점점 설 자리를 잃는다.

그래서 나는 성과보다 '축적'을 더 신뢰하게 되었다. 지금 당장은 티가 나지 않아도, 하나의 경험이 되고, 하나의 메시지가 되고, 나중에라도 언젠가는 누군가에게 닿는다는 믿음. 그 믿음이 쌓일 때 비로소 브랜드는 근육처럼 단단해진다. 고객도 느낀다. '이 브랜드는 단지 잘 팔기 위한 것이 아니라, 뭔가를 계속 만들어가고 있구나'라는 감정. 그것이 신뢰다.

이 책을 쓰고 있는 지금도 마찬가지다. 이 글 한 편이 누군가에게 얼마나 큰 울림이 될지는 나도 모른다. 아무도 읽지 않을 수도 있다. 하지만 나는 안다. 내가 이 글을 쓰는 순간, 나는 또 한 번 나의 이야기를 정리했고, 내 브랜드의 뿌리를 다졌다는 것을. 그것이 곧 나에게 돌아올 자산이라는 것을.

결론은 이것이다. 모든 일이 성과로 연결되지 않아도 괜찮다. 성과가 없어도, 그 시간이 허무하지 않다. 중요한 건 '무엇을 했는가'가 아니라, '어떻게 했는가'이다. 방향이 맞았다면, 그리고 그 길을 계속 걸었다면, 결국 언젠가 성과는 따라오게 되어 있다. 눈에 보이는 결과가 없다고 해서 그 길이 틀린 건 아니다. 가장 큰 성과는, 중간에 포기하지 않고 끝까지 나아간 당신 자신이다.

# 63

# 작은 브랜드의 강한 팬덤 만들기

처음 브랜드를 시작할 때, 많은 사람들이 수만 명의 팔로워를 꿈꾼다. 유명한 셀럽처럼 한마디 하면 수천 개의 좋아요가 달리고, 제품을 출시하면 품절 행진이 이어지는 모습 말이다. 나도 그랬다. 처음엔 숫자에 집착했다. 팔로워 수, 조회 수, 댓글 수, 매출액… 모든 것이 크면 클수록 성공이라고 믿었다. 그런데 시간이 지날수록 알게 됐다. 진짜 성공은 '얼마나 많은 사람에게 알려졌는가'가 아니라, '얼마나 단단한 관계를 맺었는가'에 있다는 사실을.

강한 팬덤은 우연히 생기지 않는다. 숫자 놀음으로도 만들어지지 않는다. 오히려 처음부터 수천 명을 상대하려 하지 말고, 열 명이라도 제대로 만나는 것이 중요하다. 내가 실제로 경험한 일이 있다. SNS를 시작한 지 얼마 되지 않았을 때였다. 그 당시 나는 매일같이 글을 쓰고, 영상도 올리고, DM으로 소통도 했다. 솔직히 말해, 처음엔 거의 반응이 없었다. 하루에 겨우 한두 명이 보는 콘텐츠에 무슨 의미가 있을까 싶었지만, 그냥 계속했다. 그러던 중, 나의 콘텐츠에 매일 댓글을 달아주고, 매번 반응을 보여주는 사람이 생겼다.

그 사람은 매일 내 글을 읽고, 때론 DM으로 격려의 메시지도 보냈고, 내가 내놓는 제품을 하나하나 구입하며 리뷰를 남겨줬다. 나는 그 사람을 이름까지 기억하게 됐고, 실제로 만나서 대화를 나누기도 했다. 그 사람이 나의 진짜 팬이었고, 내 브랜드의 '첫 번째 팬덤'이었다. 숫자는 하나였지만, 그 존재 하나가 내가 이 일을 계속할 수 있게 만든 힘이었다.

그때부터 나는 '강한 팬 한 명의 가치'에 대해 깊이 고민하기 시작했다. 수천 명의 유령 팔로워보다, 나를 정말 믿고 따라와 주는 한 사람이 훨씬 중요하다는 사실을 깨달았다. 그 사람은 나의 브랜드를 지지하고, 주변에 자발적으로 홍보해주며, 나에게 지속적인 에너지를 공급해줬다. 그 한 명이 나에게 준 힘은 광고 몇 백만 원의 효과보다 컸다.

그렇다면, 작은 브랜드가 강한 팬덤을 만들기 위해선 어떻게 해야 할까? 답은 단순하다. 그저 진심을 보여주면 된다. 꾸미지 말고, 포장하지 말고, 지금의 나 그대로를 보여줘야 한다. 완벽하지 않아도 괜찮다. 오히려 불완전한 모습이 사람들에게 신뢰를 준다. 완벽하게 보이려는 브랜드는 경계심을 만들지만, 꾸밈없이 진솔한 브랜드는 친근함을 준다.

내가 가장 중요하게 여기는 건 '일관성'이다. 일관성 있는 메시지,

일관성 있는 말투, 일관성 있는 태도. 이 세 가지가 쌓이면 신뢰가 되고, 신뢰가 반복되면 팬덤이 된다. 팬은 단순히 제품을 소비하는 사람이 아니다. 팬은 브랜드의 방향성과 철학을 함께 나누고, 때로는 브랜드보다 브랜드를 더 잘 설명하는 사람이다. 팬이 생기면, 브랜드는 비로소 살아 숨 쉬기 시작한다.

또한, 피드백을 적극적으로 받아들이는 태도도 중요하다. 팬은 당신의 브랜드를 좋아하지만, 무조건적으로 찬양하는 사람은 아니다. 때로는 아쉬운 점을 말해주고, 개선할 방향을 알려주기도 한다. 이 피드백을 귀하게 여겨야 한다. 나는 팬의 피드백 중 일부를 실제 제품 개선에 반영하기도 했고, 그 경험이 팬들과의 관계를 더욱 끈끈하게 만들었다.

작은 브랜드의 가장 큰 장점은 바로 '접근성'이다. 고객과의 거리가 가깝고, 소통이 쉽다. 이 점을 살려야 한다. 처음에는 수십 명, 수백 명의 팬이 생기지 않더라도, 한 명과의 관계를 깊게 만드는 것부터 시작하면 된다. 그리고 그 한 명이 또 다른 한 명을 데려오고, 그 두 명이 네 명이 되고, 그렇게 팬덤은 서서히 커진다. 그 과정이 느릴 수 있지만, 그만큼 단단하게 쌓인다.

브랜드를 운영하며, 큰 수치에 도달하지 못했다는 이유로 초조해지는 경우가 많다. 나도 그랬다. 하지만 돌아보면, 작고 단단한 팬덤이 나를 지켜줬고, 사업의 기반이 되어줬다. 팬덤은 단순한 소비자가 아니다. 함께 걷는 동료이며, 때론 스승이자 친구가 되기도 한다.

지금 브랜드를 키우고 있는 당신이 꼭 기억해야 할 것은, 팬덤은 마케팅으로 만들어지지 않는다는 것이다. 팬덤은 '사람'과 '사람' 사이의 신뢰로 만들어진다. 숫자에 현혹되지 말고, 한 명 한 명에게 집중하자. 그 한 명이 당신의 브랜드를 지탱할 기둥이 될 수 있다. 작지만 단단한 브랜드, 그게 바로 진짜 강한 브랜드다.

# 64 완벽한 제품보다 발전하는 브랜드

처음 사업을 시작했을 때 나는 완벽한 제품을 만들어야 팔릴 수 있다고 생각했다. '디자인은 더 세련되어야 하고', '기능은 하나라도 더 있어야 하며', '포장은 고급스럽고 흠 하나 없어야 한다.' 이런 기준을 세워놓고 제품을 반복해서 수정하고 또 수정했다. 그 결과는 어땠을까? 출시가 계속 미뤄졌고, 시장 반응은 이미 식은 후였다. 나 혼자 완벽하다고 여겼던 제품은 정작 고객에게는 그리 중요한 것이 아니었다.

사업을 하며 알게 된 건 단 하나였다. 고객은 완벽을 기대하지 않는다. 그보다는 '이 브랜드가 얼마나 나를 이해하고 있는지', '얼마나 발전하고 있는지', '다음엔 어떤 방향으로 나아갈지를 보여주는지'에 더 관심을 둔다. 소비자는 살아있는 브랜드를 좋아한다. 완성된 브랜드가 아니라, 함께 성장할 수 있는 브랜드를 지지한다.

완벽이라는 기준은 언제나 나를 멈추게 했다. '지금은 부족하다'

는 생각 때문에 시작조차 못한 적이 많았다. 그런데 어느 날, 한 고객의 피드백이 내 생각을 완전히 바꿔놓았다. 제품의 기능이 부족하다는 지적이 아니었다. 오히려 "이전 제품보다 많이 개선되었네요. 앞으로가 더 기대돼요."라는 메시지였다. 그 말 한마디가 나에게 큰 전환점이 되었다.

그때부터 나는 제품의 완벽함보다 브랜드의 개선 과정에 집중하기 시작했다. 중요한 건 지금 내가 얼마나 '더 나은 것'을 고민하고 있느냐는 것이다. 그리고 그 고민의 흔적을 고객과 어떻게 공유하느냐는 것이다. 이전보다 1%라도 좋아진 모습, 조금 더 나은 설명, 고객의 사용 경험을 반영한 업데이트… 이런 것들이 브랜드에 신뢰를 더했다.

브랜드는 결국 살아 있는 존재다. 사람처럼 성장하고 변화한다. 제품 하나를 팔기보다, '우리는 계속 발전하는 브랜드입니다'라는 메시지를 전하는 게 더 중요하다는 사실을 깨달았다. 처음부터 완벽한 브랜드는 없다. 오히려 완벽을 주장하는 브랜드는 고객의 피드백을 무시하는 경우가 많다. '우리 제품은 이미 최고야'라는 태도는 시간이 갈수록 시장에서 외면받는다.

반면에 "우리는 아직도 배우는 중입니다", "당신의 의견을 듣고 있습니다", "다음엔 더 나아질 겁니다"라고 말하는 브랜드는 고객과 함께 성장한다. 고객은 자신이 브랜드의 성장에 기여했다고 느낄 때, 더 큰 애착을 갖는다. 단순히 물건을 사고파는 관계를 넘어, '우리가 함께 만들었다'는 감정이 생긴다.

나는 이제 제품을 만들 때, 처음부터 완벽을 꿈꾸지 않는다. 대신 핵심 기능에 집중하고, 빠르게 시장에 내놓은 후, 고객의 피드백을 반영해 개선해 나가는 방식을 선택한다. 제품 하나를 만들고 팔고 잊는 것이 아니라, 그 제품이 고객과 함께 진화할 수 있도록 구조를 설계한다.

고객의 목소리를 반영한 제품은 시간이 지날수록 브랜드의 진정성을 증명해준다. 고객은 그 과정에서 브랜드의 방향성을 믿게 되고, 자연스럽게 팬이 된다. 그렇게 만들어진 팬은 브랜드의 가장 든든한 지지자가 되고, 입소문의 중심이 된다.

완벽을 추구하되, 그 기준이 '출시 전에 모든 걸 끝내자'가 되어선 안 된다. '출시 후에도 계속해서 개선하자'는 기준으로 바뀌어야 한다. 그래야 브랜드는 지치지 않고, 지속적으로 성장할 수 있다. 빠르게 완벽한 무언가를 만들어내려는 집착보다는, 천천히라도 계속 진화하는 브랜드가 더 긴 생명력을 갖는다.

고객은 무결점을 원하는 게 아니다. 그들은 진심을 원하고, 그 진심이 성장하는 모습을 지켜보며 감동을 느낀다. 완벽한 제품을 포기하라는 말이 아니다. 다만, 그 완벽은 '과정 속에서 만들어진다'는 것을 기억하자는 말이다. 끊임없이 피드백을 받고, 개선하고, 앞으로 나아가고 있다는 것을 고객에게 보여주자.

그게 브랜드가 살아남는 방법이고, 사람들의 마음속에 오래 남는 방식이다. 완벽한 제품보다, 함께 발전하는 브랜드. 그게 바로 우리가 지향해야 할 길이다.

# 트렌드보다
# 방향성이 중요하다

처음 사업을 시작할 무렵, 나 역시 매일같이 트렌드를 검색하고 따라 하기에 급급했다. "요즘은 이게 잘 나간다더라", "지금은 이 주제가 핫하대", "저 브랜드는 그 전략으로 대박이 났다더라." 그렇게 들리는 말마다 반응하고, 그때그때 유행하는 흐름에 올라타려 안간힘을 썼다. 하지만 그럴수록 결과는 더욱 불안정했고, 나 자신도 점점 지쳐갔다.

그때는 몰랐다. 그게 방향이 아니라 '흐름에 휩쓸리는' 거라는 걸. 트렌드는 언제나 빠르게 바뀐다. 오늘의 유행이 내일이면 촌스럽게 느껴지는 게 요즘 시장의 속도다. 그런 변화를 하루하루 좇아가다 보면, 어느 순간 '나는 왜 이걸 하고 있는 거지?'라는 질문에 부딪히게 된다. 정작 중요한 건, 트렌드를 아는 것이 아니라 '내가 어디로 가고 있는가'를 아는 것이었다.

방향성은 단순히 길을 정하는 일이 아니다. 그건 내가 하는 모든 선택의 기준이자 중심축이 된다. 광고 하나를 기획하더라도, 콘텐츠를 제작하더라도, 그 안에 '내가 추구하는 방향'이 깔려 있어야 일관된 메시지를 줄 수 있다. 반대로 방향이 불분명하면, 아무리 많은 콘텐츠를 만들어도 브랜드의 정체성은 흐릿해지고, 결국 고객은 이탈하게 된다.

나는 그제서야 트렌드를 좇는 것이 아니라, 나만의 기준과 흐름을 만들어야 한다는 사실을 깨달았다. 물론 새로운 흐름을 감각적으로 읽고 반응하는 능력은 중요하다. 하지만 그보다 더 중요한 건, 그 트렌드를 어떻게 내 브랜드의 색깔에 녹여낼 수 있느냐는 것이다. 남들이 다 쓰는 문구를 베껴 붙이는 것이 아니라, 내 방향성을 지키면서도 시장과 대화할 수 있는 방식을 찾아야 한다.

가끔 이런 질문을 받는다. "요즘은 무조건 쇼츠로 가야 하죠?", "이 타이밍엔 꼭 이 키워드를 써야 되는 거 아닌가요?", "이 플랫폼이 대세라는데요?" 그런 말을 들을 때마다 나는 이렇게 되묻는다. "당신은 지금 그 트렌드를 통해 어디로 가고 싶은가요?" 그 질문에 선뜻 대답하지 못하는 사람들은 결국 트렌드를 좇다가 지쳐 떨어지게 된다.

사업은 단기 게임이 아니다. 빠르게 반응하는 것보다, 꾸준히 방향을 유지하는 힘이 더 중요하다. 트렌드를 아예 무시하라는 이야기는 아니다. 다만 트렌드는 참고 자료일 뿐, 그걸로 내 브랜드의 운명을 맡겨선 안 된다는 것이다. 방향이 정해져 있다면 트렌드는 수단이 된다. 하지만 방향이 없으면 트렌드는 목적이 되어 버린다. 그때부터는 중심을 잃고 흔들릴 수밖에 없다.

지금의 나는 트렌드를 예의주시하되, 항상 내 브랜드의 방향성과 충돌하지 않는 범위에서만 선택한다. 그리고 그런 선택은 고객에게도 일관된 인상을 남긴다. 고객은 혼란스러운 브랜드보다, 일관되고 명확한 메시지를 가진 브랜드를 더 신뢰한다. 나 역시 어떤 브랜드를 선택할 때, 그 브랜드가 말하는 언어가 일관되고 철학이 느껴지는지를 본다. 그렇지 않으면 아무리 제품이 좋아도 믿음이 가지 않는다.

방향성을 가진다는 건, 단순히 정체성을 지키는 일에 그치지 않는다. 그것은 지속 가능한 성장을 위한 유일한 길이기도 하다. 고객은 일시적인 유행에 반응할 수 있지만, 그들이 진짜 팬이 되는 순간은 브랜드의 철학과 비전이 자신과 맞닿아 있다고 느낄 때다. 그 철학이야말로 방향성이며, 그 방향성은 시간이 갈수록 브랜드를 견고하게 만든다.

나는 더 이상 하루 단위의 반응을 쫓지 않는다. 오히려 몇 년 뒤에도 흔들리지 않을 나만의 중심을 가지고 선택하고 행동한다. 그렇게 쌓아 가는 브랜드는 느릴 수 있지만, 무너지지 않는다. 트렌드가 거세게 불어도 흔들리지 않을 만큼 단단한 뿌리를 갖게 된다.

기억하자. 트렌드는 바람이고, 방향성은 나침반이다. 바람을 이용할 수도 있지만, 나침반이 없다면 결국 표류하게 된다. 당신의 브랜드는 어디로 향하고 있는가? 그 물음에 확실한 답이 있다면, 지금 바람이 거세더라도 결국 도달할 곳에 도착할 것이다. 그리고 그것이 진짜 브랜드가 가야 할 길이다.

# 과정을 보여주는 사람이 신뢰를 얻는다

사업을 하다 보면 자꾸 '결과'만 보여주고 싶어진다. 잘되고 있는 모습, 매출이 나오는 순간, 누군가에게 인정받는 타이밍. 그런 것들을 앞세워야 사람들이 믿어줄 거라고 생각하기 때문이다. 그래서 우리는 자꾸 예쁘게 포장한다. 잘된 사례만 꺼내놓고, 실패와 시행착오는 감춘다. 나 역시 초창기에는 그랬다. "이렇게 하면 됩니다"라는 식의 결과만을 말했고, 그렇게 보이고 싶었다. 하지만 어느 순간부터였다. 정작 그 '잘된 결과'를 본 사람들은 감탄만 하고 사라졌고, 내게 진짜 질문을 던져오는 사람들은 아무도 없었다.

그때 깨달았다. 결과를 보여주는 건 관심을 끌 수 있을지는 몰라도, 관계를 만들지는 못한다는 걸. 반대로 내가 겪은 시행착오, 과정 속에서 느낀 감정, 망설였던 순간들을 솔직하게 나누기 시작했을 때, 사람들은 반응했다. "저도 그런 상황이었어요", "대표님도 그렇게 고민하셨군요"라고. 그제야 대화가 시작됐고, 그제야 나를 '신뢰'하기 시작했다.

우리는 알고 있다. 누군가가 지금 잘되고 있는 모습을 보면 멋져 보이지만, 그게 전부일 리 없다는 것을. 하지만 이상하게도, 자신의 일에서는 자꾸 그 '전부처럼 보이기'를 택한다. 뭔가 부족한 것처럼 보이고 싶지 않아서다. 그래서 본능적으로 실패는 감추고, 어려웠던 순간은 삭제해버린다. 그건 마치 인생의 편집본만을 보여주는 것과 같다. 보기에는 좋지만, 현실감은 없다. 그리고 무엇보다, 그렇게 잘라낸 장면들 속에서는 '나와의 접점'이 생기지 않는다.

과정을 보여주는 사람은 다르다. 그 사람은 완성되지 않았다는 것을 안다. 그러니 더 진솔하고, 더 유연하다. 잘난 척하지 않고, 뭔가를 알려 주기보다 같이 고민하자는 태도를 갖고 있다. 사람들은 그런 태도에 마음을 연다. 잘났다는 사람에게는 경계심을 갖지만, 같이 고민해 준다는 사람에겐 가까워지고 싶어진다. 이건 사업도 마찬가지다. 제품이 아무리 좋고, 마케팅이 잘돼 있어도, 그 이면에 있는 사람이 '닿을 수 없는 누군가'처럼 느껴지면 관계는 이어지지 않는다.

나는 그래서 어느 순간부터 '흠'도 같이 보여주기 시작했다. 일이 잘 안 풀렸던 날엔 솔직하게 공유했고, 왜 그런 선택을 했는지, 어떤 감정이었는지를 기록하고 전했다. SNS든 뉴스레터든, 내 콘텐츠엔 늘 그 '과정'이 담겨 있다. 완벽한 이야기보다, 조금 삐걱대고 부족하지만 사람 냄새 나는 이야기. 그런 이야기들이 결국 나와 사람을 연결해줬고, 그 연결이 돈보다 더 큰 자산이 되었다.

당신이 만약 지금 "어떻게 하면 사람들의 신뢰를 얻을 수 있을까"라는 고민을 하고 있다면, 가장 먼저 '어떤 과정을 보여주고 있는가'를 생각해봐야 한다. 잘된 결과만 보여주고 있는 건 아닌지, 혹은 실패나 고민을 감추고 있진 않은지. 솔직함이란 단순히 모든 걸 다 말하는 게 아니다. 내가 진짜 중요하다고 생각한 것, 그래서 그 안에서 배운 것이 있다면, 그걸 기꺼이 나눌 수 있느냐의 문제다.

물론 쉬운 일은 아니다. 자신의 과정을 보여준다는 건, 어느 정도의 '리스크'를 감수해야 하기 때문이다. 완벽해 보이지 않을 수도 있고, 그걸 흠잡는 사람도 생길 수 있다. 하지만 나는 믿는다. 그 리스크를 감수할 수 있는 사람이 결국 관계를 만들고, 고객을 만든다고. 믿음은 완벽해서 생기는 게 아니라, 인간적인 접점에서 생긴다. 그 접점을 만드는 가장 확실한 방법이 바로 '과정 공유'다.

사업은 결과로 평가되지만, 신뢰는 과정에서 만들어진다. 꾸준히 해온 사람인지, 무너졌을 때 어떻게 다시 일어났는지, 왜 그런 선택을 했는지. 이런 것들이 쌓여야, 고객은 지갑을 열고, 사람들은 주변에 추천한다. 믿음은 말이 아니라 기록과 태도에서 시작된다. 그 사람이 어떻게 여태 걸어왔는지를 보여줄 수 있을 때, 그 사람이 지금 어디로 가고 있는지도 믿을 수 있게 된다.

다시 말하지만, 잘 포장된 결과보다 중요한 건 '삶의 편집되지 않은 기록'이다. 우리가 공감하는 건 항상 그 지점이다. 당신의 여정에도 그런 흔적들이 남아 있다면, 그것이야말로 당신만의 스토리이

고, 당신만의 브랜드가 된다. 결과는 따라온다. 하지만 신뢰는 과정
에서 만들어지는 법이다.

# 67

# 감정의 진폭이 큰 브랜드가 사랑받는다

사업을 하다 보면, 이건 분명히 잘 만든 제품인데 왜 안 팔리지? 싶은 순간이 자주 찾아온다. 반대로, 겉보기엔 특별할 것 없는 상품인데도 사람들의 반응이 폭발적으로 터지는 경우도 있다. 물론 그 이유는 다양하다. 가격, 타이밍, 채널, 콘텐츠, 그리고 운. 하지만 그 모든 이유를 뛰어넘어 나는 확신한다. 결국 소비자들은 '감정'에 반응한다고. 특히 요즘 시대에는 더욱 그렇다. 아무리 이성적으로 판단하려 해도 결국 누군가의 선택은 감정에서 비롯된다. 그리고 그 감정을 크게 흔드는 브랜드가 결국 살아남는다.

내가 말하는 '감정의 진폭'이란 단순히 감성적인 콘텐츠를 말하는 게 아니다. 누군가의 하루를 흔들 수 있는 콘텐츠, 불편함을 깨닫게 해주는 문장, 마음속 응어리를 풀어주는 말, 나 대신 화내 주는 주장. 이런 것들이 사람들 마음속에 감정을 요동치게 만든다. 누군가는 댓글을 달고, 누군가는 조용히 저장해두며, 누군가는 친구에게 그 브랜드를 말해준다. 그렇게 '감정의 반응'은 '행동의 반응'으로 옮겨간다.

초기 사업을 할 때 나는 매출을 올리는 데만 집중했다. 광고를 집행하고, 리드를 모으고, 제품을 팔기 위한 프로세스를 정립하는 데 몰두했다. 그런데 이상하게도 어느 시점부터는 반복된 루틴 안에서 아무리 열심히 해도 터지지 않는 순간들이 왔다. 실적은 유지되지만 성장은 정체되고, 고객들은 늘어나는 것 같지만 깊이가 없었다. 그 이유를 나는 한참 뒤에야 알았다. 사람들에게 감정의 진폭을 주지 못했기 때문이다.

그때부터 조금씩 바뀠다. 제품 소개 영상에서 기능보다 사용자의 삶을 이야기하기 시작했고, 콘텐츠를 만들 때도 '무엇을 말할까'보다 '어떤 느낌을 줄 수 있을까'를 고민했다. 글의 톤도 바뀌었다. 단순한 설명이 아니라, 공감의 말투와 감정의 언어가 담기기 시작했다. 그러자 반응이 달라졌다. 처음엔 '좋아요' 하나였고, 그다음은 짧은 댓글, 그리고 긴 DM이 도착했다. "이 글을 읽고 제가 위로받았어요." 그 말을 처음 들은 날, 나는 매출보다 더 깊은 충족감을 느꼈다.

브랜드는 관계다. 관계에서 가장 중요한 건 감정의 교류다. 냉정하게 말해, 좋은 제품은 이제 너무 많다. 누가 더 싸게 팔 수 있는지도 이제 큰 의미가 없다. 선택의 기준은 제품의 스펙이 아니라, 그 브랜드가 나에게 어떤 감정을 주느냐에 달려 있다. 요즘 소비자들은 구매와 동시에 '정서적 연결'을 추구한다. 브랜드에 기대고 싶고, 공감받고 싶고, 이해받고 싶다. 때로는 대변해 주고, 때로는 나보다 나를 더 잘 아는 브랜드를 원한다.

그리고 그것은 우연히 만들어지지 않는다. 감정의 진폭이란, 결국 '사람의 경험'이 깃든 콘텐츠에서 생겨난다. 수십 번 실패한 이야기, 진심 어린 사과, 울컥했던 한순간, 그리고 작지만 뿌듯했던 성공의 감정. 그런 것들이 콘텐츠가 되고, 브랜드가 되고, 기억이 된다. 반짝이는 광고보다 마음을 건드리는 이야기 하나가 더 오래간다.

물론 여기에는 리스크도 따른다. 감정의 진폭이 크다는 건, 반대로 누군가에겐 불쾌함이 될 수도 있고, 오해가 될 수도 있다는 뜻이다. 모두가 좋아하는 콘텐츠는 결국 아무에게도 울림을 주지 못한다. 그래서 나는 좋아요가 많지 않아도 괜찮다고 생각한다. 내 이야기에 울컥하는 한 명이 있다면, 그게 바로 브랜드가 해야 할 역할이라고 믿는다.

감정은 충성도를 만든다. 어떤 브랜드가 감정의 진폭을 크게 흔들었다면, 고객은 그 브랜드를 쉽게 떠나지 않는다. 왜냐하면 그 브랜드는 단순히 제품을 제공한 게 아니라, 자신의 어떤 '마음의 빈칸'을 채워 줬기 때문이다. 그 경험은 오래 남는다. 시간이 지나도, 가격이 달라도, 경쟁자가 많아도 떠올리게 되는 브랜드. 나는 그것이 진짜 강한 브랜드라고 생각한다.

그래서 나는 지금도 감정을 먼저 생각한다. 콘텐츠 하나를 쓸 때도, 어떤 메시지를 전할 때도, 고객과의 상담을 할 때도. 어떤 감정을 주고 싶은가? 그 감정은 고객의 삶에 어떤 흔적을 남길 수 있을까? 그런 질문을 스스로에게 던진다. 그 질문이 쌓이고 쌓여 하나의 브랜드 철학이 되고, 그 철학이 결국 누군가의 마음속에 파문을 일으킨다.

감정을 다룬다는 건 결코 쉬운 일이 아니다. 감정은 무형이고, 측정할 수도 없다. 그러나 가장 확실한 건, 감정은 사람을 움직인다. 매출을 일으키고, 재구매를 만들고, 브랜드를 입소문 나게 한다. 결국, 우리가 해야 할 일은 누군가의 마음을 흔드는 것. 그것이 불편함이든, 감동이든, 울컥함이든. 감정의 진폭이 클수록 브랜드는 깊어진다. 그리고 그런 브랜드가 살아남는다.

# 68

# 단순하지만 지속 가능한 방법 찾기

사업을 시작하면 수많은 정보와 전략들이 머릿속을 점령한다. 이건 이렇게 해야 하고, 저건 저렇게 해야 하며, 유행하는 툴과 알고리즘까지 따라잡아야 한다는 압박. 처음에는 모든 것을 다 해내야만 할 것 같아서 머릿속은 복잡해지고, 하루는 바쁘기만 하고, 몸과 마음은 지쳐간다. 나 역시 그랬다. '지금 안 하면 뒤처질 거야', '이거 안 하면 경쟁사한테 밀릴 거야'라는 생각이 들끓었고, 매일 새벽까지 화면을 붙잡고 씨름했다. 그런데 그렇게 쏟아부은 노력에도 불구하고 내가 만든 결과물은 금세 바람 빠진 풍선처럼 꺼졌다. 왜 그랬을까?

시간이 흐르고 돌아보니, 이유는 단순했다. 너무 많은 걸 한꺼번에 하려다 보니, 결국 아무것도 제대로 하지 못했던 것이다. 하루에 해야 할 일을 스무 개씩 리스트업하고, 매일 밤 자기 전에 후회와 자기혐오에 빠졌다. '왜 이것밖에 못했지?' '나는 왜 이렇게 실행력이 부족하지?' 그런데 알고 보니, 문제는 실행력이 아니라 '방향'과 '방법'에 있었다. 내가 스스로에게 너무 많은 걸 기대했고, 복잡한 전략 안에 갇혀 있었다. 그리고 그걸 늦게야 깨달았다.

나는 그때부터 한 가지 원칙을 세웠다. '단순한 것을 지속하자.' 복잡하고 멋진 전략 말고, 내가 할 수 있는 가장 단순한 방법을 찾고, 그것을 매일같이 반복하자는 것이다. 예를 들어, 매일 한 편의 글을 쓰자. 매일 한 사람에게 제품을 설명하자. 매일 한 개의 인스타그램 피드를 올리자. 당장 수익으로 연결되지 않아도 좋다. 대신 하루에 하나는 반드시 내가 '완료했다'고 말할 수 있는 행동을 하자고 다짐했다. 그날부터 나의 삶은 달라지기 시작했다.

사람들은 '지속'이라는 말을 싫어한다. 힘들고 지루하니까. 단기적으로 성과가 안 보이니까. 그래서 계속 새로운 걸 찾아다닌다. 새로운 플랫폼, 새로운 마케팅 기법, 새로운 트렌드. 그런데 새로운 건 시작할 땐 화려하지만, 익숙해질수록 사람들의 반응은 줄어든다. 결국 남는 건 단 하나. 지속할 수 있는 구조를 가진 사람과 브랜드만이 살아남는다.

단순한 것을 지속한다는 건, 단지 쉬운 일만 반복한다는 의미가 아니다. 오히려 단순한 것일수록 깊게 파야 한다. 내가 매일 올리는 글 한 편이, 어떤 사람에게는 하루의 위로가 될 수도 있고, 또 다른 사람에게는 구매를 결정짓는 한 줄이 될 수도 있다. 반복되는 행동 안에서 나는 내가 전하고 싶은 메시지를 다듬을 수 있었고, 고객의 반응을 관찰하며 개선할 수 있었다. 하루하루 쌓이는 콘텐츠는 결국내 브랜드의 아카이브가 되었고, 그것이 내가 가진 자산이 되었다.

단순함은 '속도'보다 '지속'을 선택하게 한다. 오늘 당장 효과를 보는 일은 아닐 수 있지만, 일주일, 한 달, 세 달이 지나면 그 차이는 명확하게 나타난다. 처음에는 보이지 않던 고객의 반응이 쌓이고, 브랜드에 대한 신뢰가 생기고, 반복되는 루틴에서 내 사업의 핵심이 보이기 시작한다. 그렇게 나는 복잡했던 사업이라는 미로 속에서 출구를 찾게 되었다.

내가 이 글을 통해 말하고 싶은 건 하나다. 복잡한 전략보다, 단순한 실행이 더 강하다. 내가 정말 잘할 수 있고, 꾸준히 할 수 있고, 지속 가능한 방식이 무엇인지 찾아야 한다. 하루에 10개의 콘텐츠를 올리는 것보다, 1개의 콘텐츠를 100일 동안 올리는 게 더 강력한 브랜드를 만든다. 사람들은 지속적으로 보여주는 사람에게 신뢰를 느낀다. 그리고 그 신뢰는 결국 매출이라는 결과로 이어진다.

지금 어떤 복잡한 전략 속에 길을 잃고 있다면, 잠시 멈추고 가장 단순한 방법을 떠올려보라. 나에게 맞는 루틴은 무엇인가? 내가 매일 할 수 있는 일은 무엇인가? 그리고 그걸 적어라. 정답은 아주 가까운 곳에 있다. 눈에 잘 보이지 않을 뿐이다.

사업은 결국 마라톤이다. 순간의 폭발보다 꾸준한 호흡이 더 중요하다. 마라톤에서 가장 강한 사람은 빠른 사람이 아니라, 자기 속도를 아는 사람이다. 단순함을 무시하지 마라. 단순한 전략 하나가 당신의 인생을 바꿀 수 있다. 나는 그렇게 바꿔가고 있다. 이제 당신의 차례다.

# 69 하루 한 문장이 만드는 브랜드의 힘

　　나는 매일 아침 내 생각을 한 문장으로 정리한다. 길게 쓰지 않는다. 복잡하게 생각하지도 않는다. 그날 아침 내 안에서 가장 크게 울리는 문장 하나를 적는 것. 처음에는 아무 의미 없었다. 그냥 해야 하니까 했던 루틴이었다. 그런데 어느 날, 그 문장이 사람을 바꾸고, 나를 바꾸고, 결국 브랜드를 바꾼다는 걸 깨달았다.

　'이 문장이 왜 중요할까?' '이 문장을 보는 사람은 어떤 생각을 할까?' 처음에는 그냥 스스로를 다잡기 위한 말이었는데, 시간이 지나며 이 문장을 꾸준히 봐준 사람들이 생겼다. 그들은 나보다 내가 쓴 문장을 더 기억해 주었고, 어떤 날은 그 문장 하나로 하루가 바뀌었다고 메시지를 보내기도 했다. 하루 한 문장, 별거 아니라고 생각했던 그것이 나의 사업을 구체화하고, 나라는 사람을 표현하는 강력한 도구가 되어버린 것이다.

사업이란 결국, 사람을 만나고, 사람의 마음을 얻고, 그 마음을 움직이게 만드는 과정이다. 그런데 우리는 그 마음을 너무 자주 잊는다. 제품을 팔기 위해, 전략을 짜기 위해, 채널을 늘리기 위해 복잡한 숫자와 도표를 보느라 정작 '말'을 잊는다. 내가 누구인지, 내가 왜 이걸 하고 있는지, 이걸 하면서 어떤 감정을 갖고 있는지에 대한 '표현'이 사라진다. 브랜드는 말이 없다. 결국 누가, 어떤 목소리로, 어떤 태도로 이야기하느냐에 따라 브랜드가 결정된다. 그러니 말해야 한다. 그것도 매일. 거창한 말 말고, 솔직한 말로.

나는 '하루 한 문장'을 브랜딩 전략이라 생각하지 않았다. 그냥 습관이었다. 그런데 알고 보니, 이 습관이 브랜드의 일관성을 만들고 있었다. 사람들은 내가 누구인지, 어떤 가치를 추구하는지, 어떤 눈으로 세상을 바라보는지를 그 문장을 통해 이해하고 있었고, 어느 순간 나를 기억하고 따라오기 시작했다. 그 문장들이 쌓이면서 나는 브랜드가 되었다.

한 문장은 어렵지 않다. '오늘 하루, 나의 감정을 설명하는 말 한 줄.' 또는 '내 고객에게 오늘 해주고 싶은 말 한 줄.' 그게 전부다. 그런데 이게 무섭도록 강력하다. 그날그날의 내가 솔직하게 담겨 있기 때문에, 사람은 거기에 반응한다. 꾸며낸 말, 잘 포장된 문장은 처음엔 멋져 보여도 오래 기억되지 않는다. 하지만 진짜 경험에서 우러난 말, 체온이 느껴지는 문장은 오래 기억된다.

하루 한 문장을 쓰는 건 단순한 글쓰기 훈련이 아니다. 매일 나의 본질을 확인하는 과정이다. 나는 오늘 무슨 생각을 했는가, 나는 오늘 어떤 태도를 가지고 있었는가. 그걸 매일 스스로에게 묻는 습관은 사업가로서도, 브랜드로서도 반드시 필요한 루틴이다. 우리는 자기 자신을 오랫동안 들여다보지 않는다. 문제는 늘 바깥에서 생긴다고 믿기 때문이다. 하지만 정말 중요한 문제는 늘 안에서 생긴다. 그리고 그 안의 문제는 표현하지 않으면 절대 해결되지 않는다.

사업 초기에 나는 하루에 콘텐츠를 다섯 개, 일곱 개도 올리며 허덕였다. 수치는 늘었지만, 나는 점점 지쳐갔다. 그럴 때 내 하루를 붙잡아준 건 수백 개의 콘텐츠가 아니라, 나 스스로가 적은 한 문장이었다. '오늘 하루는 고객을 위한 것이었나, 나를 위한 것이었나.' 이런 문장을 적고 하루를 마감할 때, 비로소 내가 어디로 가고 있는지, 제대로 가고 있는지 확인할 수 있었다.

어느 날, 고객 한 명이 내게 이렇게 말했다. "대표님이 매일 올리는 그 문장 있잖아요. 저 사실 그거 캡처해서 하루를 시작해요." 나는 눈물이 날 뻔했다. 그렇게 간단한 한 줄이 누군가의 하루가 된다는 건, 어쩌면 내가 매일 쓰는 그 한 문장이 내가 파는 상품보다 더 가치 있는 것일지도 모른다는 뜻이니까.

하루 한 문장. 너무 작고 별것 아닌 습관이지만, 그것이 결국 브랜드가 되고, 관계가 되고, 신뢰가 되고, 돈이 되었다. 중요한 건 '지속성'이다. 100개를 한 번에 쏟아내는 사람보다, 하루에 한 줄을 100일 동안 쓰는 사람이 더 멀리 간다. 브랜드는 하루에 만들어지지 않는다. 매일 나를 설명할 수 있는 언어를 만들고, 그것을 사람들에게 자연스럽게 전달하는 사람. 그 사람이 결국 브랜드가 된다.

지금 나는 여전히 하루 한 문장을 쓴다. 가끔은 엉성하고, 가끔은 별 의미 없어 보이기도 한다. 하지만 나는 안다. 오늘 이 문장이 언젠가 누군가의 삶을 바꿀 수도 있다는 걸. 그리고 언젠가 돌아봤을 때, 그 문장들이 모여 나라는 브랜드를 말없이 증명하고 있을 거라는 걸.

브랜드는 거창한 말로 시작되지 않는다. 단단한 한 문장으로 시작된다. 당신의 브랜드는 오늘 어떤 문장을 말하고 있는가?

# 사업은 '왜'를 묻는 일이다

사업을 하면서 가장 많이 받는 질문은 '어떻게'에 관한 것이다. "어떻게 해야 매출이 나올까요?", "어떻게 광고를 집행하면 좋을까요?", "어떻게 시작하면 될까요?" 당연한 질문들이고, 나 역시 초기에 그 질문들만 반복했다. 하지만 어느 순간부터 나는 이 질문이 본질을 비껴가고 있다는 걸 느끼기 시작했다. '어떻게'는 방법을 묻지만, 방법은 그 사람의 상황과 조건에 따라 완전히 달라질 수 있다. 같은 전략으로 성공한 사람도, 실패한 사람도 존재한다. 결국 가장 중요한 건 '왜'라는 질문이다. 왜 이 사업을 하려고 하는지, 왜 이 제품을 팔고 싶은지, 왜 이 시장이어야 하는지를 스스로에게 끊임없이 묻고, 그 질문에 답할 수 있어야만 한다.

처음 내 사업이 잘됐던 건 솔직히 말해 운이 좋았던 것도 있다. 유행을 잘 탔고, 타이밍도 잘 맞았다. 돈이 들어오기 시작했을 땐 더 이상 '왜'라는 질문이 필요 없다고 착각했다. 어차피 잘되니까. 그런데 사업이 무너지기 시작할 때, 나는 '왜'라는 질문을 도망치듯 피했다. 내 제품은 괜찮았고, 운영도 나름 잘했다고 생각했다. 그런데도 결과는 내 생각과 달랐다. 사람들은 떠났고, 매출은 무너졌고, 나는 멍하니 앉아 있었다. 그때 깨달았다. 지금 내가 해야 할 질문은 '어떻게 다시 살릴 수 있을까?'가 아니라, '나는 왜 이 일을 하는가?'였다.

'왜'를 묻는 순간 모든 게 정리되기 시작했다. 표면적으로 보이는 문제들은 단기적인 결과일 뿐, 근본적인 동기는 사라져 있었던 거다. 내가 왜 이 브랜드를 시작했는지, 내가 처음 고객에게 전달하고 싶었던 감정은 무엇이었는지, 그것들을 잊고 그냥 굴러가는 바퀴를 밀고 있었던 것이다. 진심은 사라지고 방법만 남은 사업은 결국 버티기 어렵다. 사람은 본능적으로 진심을 알아보고, 그것에 반응한다. 고객은 광고보다도, 가격보다도, '왜'라는 진정한 이유에 더 쉽게 마음을 연다.

내가 만난 많은 사장님들도 비슷한 이야기를 한다. 처음엔 너무 간절했대요. 그런데 어느 순간부터 매출 그래프, 리뷰 수치, 광고 데이터만 보고 있더라고요. '처음 마음은 사라지고 숫자만 남았어요.' 이 말이 너무 마음에 남았다. 숫자가 중요하지 않다는 게 아니다. 숫자를 보는 것도 전략을 세우는 것도 중요하다. 다만, 그 모든 것 위에 '왜'라는 중심축이 있어야 흔들리지 않는다. 그 중심이 없는 숫자는 그냥 바람 따라 움직이는 풍선 같은 거다.

'왜'를 묻는다는 건 단순한 감정의 문제가 아니다. 그건 방향의 문제이고, 에너지의 근원이다. 힘들 때 다시 일어설 수 있게 해주는 힘이고, 어려운 선택 앞에서 기준이 되어주는 나침반이다. 브랜드의 톤과 무드, 운영 방식, 사람들과의 관계, 모든 것이 '왜'에서 시작되어야 한다. 그 질문에 명확한 답이 있는 사람은 흔들리지 않는다. 시간이 오래 걸려도 결국 자기 길을 걷는다.

'왜'라는 질문은 자주 불편하다. 특히 잘 안될 때, 지쳐 있을 때, 실패한 것 같을 때 이 질문을 하면 마음이 무거워진다. 지금껏 해온 노력들이 헛된 것처럼 느껴지기도 한다. 그래서 많은 사람들은 이 질문을 피해 간다. 당장 눈앞의 매출을 올리는 방법이 더 급하다고 생각한다. 하지만 돌이켜보면 사업이 무너지는 시점은 '왜'를 잃었을 때였다. 가장 단단해야 할 이유가 사라지면 아무리 외형이 멀쩡해 보여도 안에서는 이미 부식되고 있는 것이다.

내가 '왜'를 잃었던 그 시간들, 진짜 사업은 거기서 멈췄던 것 같다. 겉으로는 여전히 고객을 만나고, 제품을 팔고, 콘텐츠를 만들고 있었지만, 내 안에서는 단 하나의 문장도 명확하게 설명할 수 없었다. 나는 왜 이걸 하고 있는가? 나는 이걸 통해 어떤 사람을 만나고 싶은가? 나는 나를 통해 무엇을 전달하고 싶은가? 그 질문들을 피했던 나는 결국 스스로를 잃었다. 그리고 다시 찾기까지 오랜 시간이 걸렸다.

지금은 모든 선택 앞에 '왜'를 먼저 묻는다. 어떤 상품을 팔지, 어떤 채널을 쓸지, 어떤 메시지를 던질지 정할 때, 늘 그 중심에는 이 질문이 있다. 이건 단순히 콘텐츠의 방향을 잡기 위함이 아니다. 이건 나를 지키기 위한 일이다. '왜'가 분명하면 외부의 평가에 덜 흔들린다. 때로 비난을 받아도 스스로 납득할 수 있고, 가끔은 성과가 나오지 않아도 계속할 수 있는 힘이 생긴다. 그건 내 안에 분명한 이유가 있기 때문이다.

사업은 수많은 선택의 연속이다. 그리고 그 선택들은 결국 방향을 만든다. 처음엔 미세한 차이였던 것들이 나중엔 전혀 다른 결과를 만들어낸다. 그 갈림길 앞에서 가장 명확한 판단을 하게 해주는 건 숫자도 아니고 데이터도 아니다. 바로, 그 일을 왜 시작했는지, 내가 정말 원하는 게 무엇인지, 그리고 그 방향이 지금도 유효한지를 묻는 나 스스로의 질문이다.

"당신의 사업은 왜 시작되었나요? 그리고 지금도 그 이유는 유효한가요?"

이 질문에 매일 답할 수 있다면, 당신의 브랜드는 흔들리지 않을 것이다.

# 71 꾸준한 반복, 의미 있는 루틴 만들기

　　　　　　사업을 시작하면서 가장 어렵고도 중요한 것이 '루틴'이다. 누구나 처음엔 다짐을 한다. 매일 글을 쓰겠다, 매일 콘텐츠를 올리겠다, 매일 고객 피드백을 정리하겠다. 그런데 이상하게도 며칠만 지나면 흐지부지되기 일쑤다. 그게 인간이다. 문제는, 그걸 반복하느냐 마느냐의 차이에서 진짜 결과가 갈린다는 것이다.

　처음 사업을 시작했을 때, 나는 거창한 계획을 세웠다. 새벽 6시에 기상해서 책을 읽고, 7시에 명상하고, 8시에는 운동하고, 9시부터는 업무에 돌입하겠다는 식의 계획이었다. 하지만 그런 루틴은 3일도 가지 않았다. 현실의 피로감, 예상치 못한 변수, 사람들과의 약속들이 계획을 깨뜨렸다. 그리고 나는 곧 회의감에 빠졌다. 나는 왜 이렇게 의지가 약한 걸까? 왜 나는 계속 루틴을 실패하는 걸까?

　그런데 어느 날, 생각이 달라졌다. 실패가 아니라, 루틴 자체가 나에게 맞지 않았던 것이다. 중요한 건 누구의 루틴을 흉내 내느냐가 아니라, 나에게 맞는 루틴을 찾는 것이었다. 아주 사소하고 작은 것부터 시작했다. 매일 아침 일어나서 하루에 단 한 줄만이라도 기록하자. 한 줄이라도 쓴다는 것이 나에게 주는 안정감은 생각보다 컸다. 그게 하루 이틀 쌓이더니, 어느새 글이 되었고, 책이 되었고, 강의 콘텐츠가 되었다.

사람들은 '꾸준함'이라는 단어를 거창하게 생각한다. 하지만 꾸준함은 위대하지 않다. 작고 사소한 것에서 시작하는 것이다. 매일 같은 시간에 일어나지 않아도 괜찮다. 매일 운동을 1시간 하지 않아도 괜찮다. 중요한 건 '나에게 필요한 핵심 행동'을 반복하는 것이다. 어떤 사람에게는 매일 고객 문의에 답하는 것이고, 또 어떤 사람에게는 매일 피드백을 메모하는 것이 루틴일 수 있다.

사업은 일상의 집합이다. 루틴 없이 하는 사업은 언제든 흔들릴 수밖에 없다. 이유는 간단하다. 위기가 오거나 감정이 요동칠 때, 사람은 자신이 익숙한 행동을 하게 되어 있기 때문이다. 루틴은 위기의 순간에 나를 지켜주는 최후의 무기다. 생각이 흐려져도, 마음이 무너져도, 손이 움직이게 만들어주는 게 루틴이다.

나는 사업을 하며 수많은 루틴을 시도했고, 그만큼 포기하기도 했다. 그런데 시간이 지나며 분명하게 느낀 건, 루틴은 반복의 힘이라는 것이었다. 처음엔 억지로라도 하는 것이 중요했다. 그리고 그 반복 속에서 나만의 리듬이 생기기 시작했다. 몸이 기억하고 손이 기억하는 일상이 만들어지자, 어느새 고민하지 않아도 움직이게 되

없다. 마치 운동선수가 훈련 루틴을 반복하다가 경기에서 자연스럽게 실력을 발휘하는 것처럼 말이다.

루틴을 만드는 데 있어서 중요한 것은 '측정'이다. 막연히 한다고 해서 루틴이 정착되지 않는다. 하루가 끝나면 오늘의 루틴 중 무엇을 지켰는지 체크해 보는 습관이 필요하다. 나의 경우, 단순한 체크리스트를 만들었다. 오늘 콘텐츠를 작성했는가? 오늘 고객 메시지에 답변했는가? 오늘 피드백을 정리했는가? 그 리스트를 하루 끝에 보면 알 수 있다. 나는 오늘도 나를 위해 일했는지, 아니면 시간에 끌려다녔는지.

루틴은 곧 신뢰다. 내가 나를 믿을 수 있는 가장 확실한 방법이다. 매일 반복된 행동은 나를 믿게 만든다. 사업을 하면서 가장 무서운 건 외부의 위협이 아니다. 자기 자신을 믿지 못하는 것이다. 매출이 떨어졌을 때, 광고가 통하지 않을 때, 갑자기 팀원이 나갔을 때, 나를 지탱해 주는 것은 '내가 매일 해온 그 일들'이다. 아무도 보지 않아도, 아무도 칭찬해주지 않아도 해온 그 반복이 결국 나를 지켜준다.

어떤 사람은 이렇게 말한다. "사업이 너무 변화무쌍해서 루틴이 의미가 없어요." 물론 그렇다. 사업은 예측 불가능하다. 그런데 오히려 그렇기 때문에 루틴이 필요한 것이다. 변화 속에서도 지킬 수 있는 루틴은 단단한 뿌리처럼 나를 잡아준다. 바람이 불어도 뿌리가 깊은 나무는 쓰러지지 않듯이, 루틴이 있는 사람은 쉽게 흔들리지 않는다.

마지막으로, 루틴은 성장을 만든다. 하루하루는 별것 없어 보인다. 하지만 30일, 90일, 1년이 지나면 그것은 누구도 무시할 수 없는 자산이 된다. 내가 매일 기록한 생각들, 내가 매일 정리한 고객 피드백, 내가 매일 쌓아온 작은 콘텐츠 하나하나가 모이면, 그것은 곧 브랜드의 방향성이 되고, 사업의 기반이 된다.

당신은 어떤 루틴을 갖고 있나요?

하루 5분이라도, 나를 위한 루틴을 만들어 보세요. 의미 있는 반복이 당신의 삶과 사업을 바꿀 겁니다.

# 모든 것은 관계에서 시작된다

　사업을 하다 보면 돈보다 먼저 사람이라는 말을 수도 없이 듣게 된다. 누구나 아는 말이고, 또 많이들 공감하는 말이다. 그런데 막상 현실에서는 '사람'이라는 두 글자를 너무 쉽게 놓치곤 한다. 제품을 어떻게 팔지, 마케팅은 어떻게 할지, 어떤 전략이 잘 먹힐지를 고민하는 와중에 정작 가장 중요한 '관계'는 늘 후순위로 밀린다. 그런데 참 이상한 건, 사업이 잘 풀릴 때도 결국은 사람 때문이고, 망할 위기를 겪는 순간에도 꼭 사람 때문이라는 거다.

　나는 처음에 이커머스 사업을 하면서 '매출'에만 목을 매었다. 누구랑 일하는지가 중요한 게 아니라, 얼마나 팔리느냐가 전부라고 생각했다. 그런데 곧 깨달았다. 제품 하나가 잘 팔리려면 단순히 가격이나 구성만이 중요한 게 아니었다. 누가 그 제품을 만들었는지, 누가 고객에게 설명하는지, 고객은 누구와 소통하고 있는지를 중요하게 여긴다는 걸 알게 됐다. 그 지점에서부터 나는 '관계'라는 키워드에 눈을 뜨게 됐다.

관계는 단순히 친하게 지낸다는 게 아니다. 상대를 존중하고, 진심으로 이해하려는 태도에서 시작된다. 특히 고객과의 관계는 더욱 그렇다. 고객을 돈 쓰는 사람으로만 보면 관계는 절대 오래가지 않는다. 결국은 신뢰다. 내가 아무리 좋은 제품을 가지고 있어도, 고객이 나를 믿지 않으면 절대 선택하지 않는다. 고객은 제품을 사는 게 아니라, 제품을 만든 사람을 선택하는 것이다.

이 관계라는 건 또 참 묘하다. 성과가 안 날 때는 주변에서 사람들이 하나둘 멀어지고, 반대로 잘될 땐 평소에 연락 없던 사람들까지 찾아온다. 나는 그런 과정을 여러 번 겪으면서 이런 확신을 갖게 됐다. 진짜 내 편은 내가 힘들 때 내 곁에 남아준 사람이고, 내가 성공했을 때 진심으로 축하해주는 사람이다. 그리고 그런 관계를 만들어가는 데엔 시간이 걸린다. 단숨에 쌓이는 건 없다. 하루하루 신뢰를 쌓고, 작은 약속을 지키고, 거절해야 할 때는 정중하게 거절하고, 도와야 할 때는 먼저 손을 내밀어야 한다.

사업 파트너와의 관계도 마찬가지다. 거래처와의 관계가 단순한 계약서 한 장으로 끝나는 게 아니다. 신뢰가 없다면 계약서조차 의미 없어진다. 일방적인 이득을 취하려 하다 보면 금방 틀어지기 마련이다. 함께 오래갈 수 있는 관계는 항상 '상생'의 구조에서 만들어진다. 그 사람도 이득을 보고, 나도 함께 성장할 수 있어야 지속 가능하다. 이건 단순한 도덕적 개념이 아니라 실전에서 너무나 중요하게 작용하는 실력이다.

나는 어느 순간부터 숫자에 앞서 관계를 먼저 보기 시작했다. 사람을 대할 때, 이 관계가 나에게 어떤 이득을 줄까가 아니라, 내가 먼저 무엇을 줄 수 있을까를 고민했다. 물론 나도 사업가다. 결과가 필요하고, 매출이 나야 하고, 비용도 맞춰야 한다. 그런데 이 모든 게 '사람'이라는 바탕 없이 절대 지속되지 않는다. 한두 번은 운 좋게 성과가 나올 수 있다. 하지만 그것이 쌓이려면 결국 사람과의 관계가 단단해야 한다.

고객과의 관계도, 동료와의 관계도, 파트너와의 관계도 결국은 내 태도에서 시작된다. 누구보다 바쁘고 정신없는 하루 속에서도, 작은 인사를 잊지 않으려고 노력했다. 때론 문자 하나, 짧은 통화 하나가 오해를 풀고 신뢰를 다시 잇는 고리가 되기도 했다. 진심은 시간은 걸리지만 반드시 전해진다. 그리고 그 진심은 내 브랜드를 지탱해주는 핵심이 된다.

요즘은 이렇게 생각한다. 매출은 잠깐의 숫자일 수 있지만, 관계는 오래가는 자산이다. 잠깐의 이익 때문에 관계를 놓치지 말자. 시간이 지나고, 상황이 바뀌어도 결국 사람은 사람을 기억한다. 내가 어떤 사람이었는지, 어떤 태도로 일했는지, 얼마나 성실했는지를 기억한다. 그 기억이 내 브랜드를 만들고, 내 인생을 만든다.

관계를 잘 쌓는 일은 마케팅보다 어렵고, 브랜딩보다 시간이 오래 걸린다. 하지만 가장 확실한 투자다. 오늘도 나는 누군가와의 관계를 소중히 여긴다. 그게 결국 내 사업의 방향이고, 내 인생의 길이기 때문이다.

사업의 본질은 결국 사람이다. 모든 일의 시작은 '관계'에서부터 비롯된다.

# 73 피드백을 두려워하지 말 것

처음 사업을 시작했을 때, 나는 무언가를 공개적으로 내놓는 일이 꽤 부담스러웠다. 제품을 보여주는 것도, 콘텐츠를 제작해서 올리는 것도, 말 한마디 꺼내는 것조차 조심스러웠다. 왜냐하면 나는 '피드백'이 무서웠기 때문이다. 정확히 말하자면, 부정적인 피드백을 듣고 나서 내가 상처를 받을까 봐, 스스로 무너질까 봐 겁이 났다.

그런데 시간이 지나면서 깨달았다. 내가 겁을 냈던 건 피드백 그 자체가 아니라, 나 자신이 불완전하다는 사실을 마주하는 일이었다. 누군가의 지적은 단순한 한마디지만, 내 자존심엔 꽤나 깊은 상처를 낼 수 있었다. 그래서 무의식적으로 '애초에 들을 일이 없게 만들자'는 방식으로 피하고만 있었던 것이다. 결과적으로는 개선도 없고, 성장은 더딜 수밖에 없었다.

사업을 하다 보면 누구나 피드백을 마주하게 된다. 고객의 후기

일 수도 있고, 파트너의 평가일 수도 있고, 내부 직원의 의견일 수도 있다. 어떤 형태든 공통점은 하나다. '내가 만든 무언가에 대한 반응'이라는 점이다. 이 반응을 회피하면, 결국 시장과의 소통을 포기하는 것과 같다. 듣기 싫은 말을 무시해버리면 언젠가 그 말들이 현실로 다가와 손해로 돌아온다. 작은 소리라도 미리 귀 기울여야 한다.

가장 큰 문제는, 피드백을 받지 못하는 것이 아니라, 피드백을 받지 않겠다고 마음먹는 것이다. 이건 일종의 '성장 거부' 선언이다. 그런데 이상하게도, 피드백을 받아들이는 사람은 항상 더 빠르게 성장한다. 겸손한 태도로 "어떤 점이 아쉬우셨나요?"라고 묻는 사람, 그리고 그 대답을 가볍게 넘기지 않고 진지하게 고민하는 사람은 다음번에는 절대 같은 실수를 반복하지 않는다.

한때, 나는 내 제품에 대해 누군가가 부정적인 리뷰를 남겼을 때, 감정적으로 반응했다. 왜 몰라줄까, 왜 그런 식으로 표현했을까, 억울하다는 생각이 먼저 들었다. 하지만 시간이 지나면서 관점을 바꿨다. 그 리뷰 하나가 나의 허점을 보여준 거라고. 고객은 내 감정이 아닌 내 제품에 반응한 것이라고. 내가 개선할 여지가 있다는 신호라고 받아들이게 되었다. 그렇게 생각을 바꾸고 나니, 리뷰가 감사하게 느껴지기 시작했다.

물론 모든 피드백이 정답은 아니다. 때로는 지나치게 감정적인 이야기들도 있고, 개선보다는 불만을 쏟아내기 위한 말들도 있다. 하지만 중요한 건, 그런 피드백조차 '시장에서 내가 어떤 이미지로 비치고 있는가'를 파악할 수 있는 단서라는 점이다. 무조건 수용할 필요는 없지만, 무시해서도 안 된다. 최소한 그 말이 왜 나왔는지, 무엇이 불편했는지를 고민할 줄은 알아야 한다.

피드백은 단지 수정할 내용을 알려주는 것 이상이다. 그것은 '관심의 표현'이고 '관계의 증거'다. 말 그대로 아무 관심도 없는 사람은 피드백조차 남기지 않는다. 나를 보고, 내 제품을 사용해 보고, 무언가 느낀 사람이 피드백을 주는 것이다. 그 행위 자체가 감사한 일이다. '이건 아니다'라고 말해주는 고객이 있기에, 우리는 더 나은 방향으로 나아갈 수 있다.

지금까지 내 사업에서 가장 많은 개선과 발전을 만든 순간은 대부분 고객의 한마디에서 시작되었다. "이건 좀 아쉬웠어요." "다음에는 이런 게 있었으면 좋겠어요." 이런 소리를 들을 때마다, 처음엔 약간의 자존심이 상하기도 했지만, 결국은 그 말을 곱씹으며 방향을 조정했고, 결과적으로는 더 나아졌다. 피드백이 나를 괴롭히는 게 아니라, 나를 다듬어주는 도구라는 걸 알게 된 것이다.

내가 하고 싶은 말은 단순하다. 피드백을 두려워하지 말라는 것. 오히려 더 많이 들으려고 노력하라는 것. 적극적으로 요청하고, 그 안에 숨은 의도를 읽으라는 것. 피드백을 잘 듣는 사람은 잘 만든다. 잘 만드는 사람은 결국 인정받는다. 그리고 인정받는 사람은, 오래 간다.

사업에서 피드백은 거울이다. 기분 좋을 때만 보는 게 아니라, 어지러운 모습도 비추어야 비로소 정리가 된다. 지금 거울 앞에 서 있

다면, 눈을 감지 말고 제대로 바라보자. 부족한 부분을 외면하지 말
자. 내 부족함을 인정하는 순간부터, 진짜 성장은 시작된다.

# 74

# 브랜드에도 감정노동이 필요하다

우리는 흔히 '감정노동'이라는 말을 접하면 콜센터나 서비스직을 먼저 떠올린다. 고객에게 늘 친절해야 하고, 어떤 상황에서도 감정을 드러내지 말아야 한다는 규율 아래에서 일하는 사람들의 이야기가 자연스레 연상된다. 하지만 사업을 오래 하면서 나는 이런 감정노동이 특정 직군에만 해당되는 게 아니라는 사실을 알게 되었다. 브랜드를 운영하고, 시장과 소통하고, 고객과 관계를 맺는 모든 사람에게 감정노동은 깊게 스며들어 있다. 나 자신도 마찬가지였다.

한 브랜드를 만든다는 건 단순히 물건을 파는 것이 아니다. 브랜드는 결국 사람에게 닿는 이야기이자, 일관된 태도다. 그리고 그 일관됨을 유지하기 위해 우리는 수많은 상황 속에서 감정을 조절해야 한다. 내 안의 짜증과 불안을 꾹 눌러야 하고, 피곤함과 권태를 감춘 채 메시지를 보내야 한다. 고객이 불만을 제기할 때에도 내 입장을 억누르고 그들의 말을 끝까지 들어야 한다. 이건 그저 서비스 정신을 발휘하는 걸 넘어서서, 감정 자체를 브랜드의 일부로 다루는 일이었다.

나는 '나'를 드러내는 브랜드를 만들고 싶었다. 그래서 더욱 조심스러웠고, 더욱 많은 감정이 소모되었다. 나를 좋아해 주는 고객이 생길수록, 나는 그들이 실망하지 않기를 바랐고, 나를 비난하는 고객이 생길수록 그들이 왜 그렇게 느꼈는지를 분석하려고 애썼다. 그 어떤 말도 흘려듣지 못했고, 그 어떤 반응에도 무감각할 수 없었다. 나는 내 브랜드에 내 감정을 담았고, 결국 내 브랜드는 나의 감정을 요구했다.

특히 1인 사업자나 소규모 팀으로 브랜드를 운영하는 사람이라면 이 감정노동의 무게는 더 클 수밖에 없다. 단순히 고객과의 대화뿐 아니라, 콘텐츠 하나를 만들 때에도 '이 말이 누군가에게 상처가 되진 않을까', '이 이미지가 불편함을 주진 않을까' 고민하게 된다. 브랜딩이라는 것이 결국은 '타인의 인식'과 관계된 일이기 때문에 우리는 늘 세심해져야 하고, 때로는 내 감정보다 고객의 감정에 더 많은 에너지를 써야 한다.

그러나 여기서 중요한 건, 감정노동 자체를 부정하거나 피하려 하지 않는 태도다. 감정노동은 브랜드를 키우기 위한 당연한 과정이고, 오히려 그것을 통해 우리는 브랜드에 인격을 부여하게 된다. 어떤 브랜드는 무뚝뚝하고 차갑게 느껴지고, 또 어떤 브랜드는 친근하고 따뜻하게 느껴지는 차이는 결국 감정이 깃든 표현 방식의 차이다. 이 감정은 계산된 마케팅 문구에서 나오는 것이 아니라, 꾸준히 감정을 다듬고 소통하는 태도에서 나온다.

브랜드가 '사람'처럼 느껴져야 한다고 늘 말해왔다. 그런데 사람처럼 느껴지려면 당연히 사람처럼 반응하고, 표현하고, 이해하려는 노력이 필요하다. 브랜드는 고객에게 웃어야 하고, 때로는 사과도 해야 하고, 감사도 전해야 한다. 그것이 가식이 아니라면, 그것이 진심에서 나온 것이라면, 감정노동은 브랜드의 품격을 결정짓는 중요한 요소가 된다.

나 역시 수많은 감정노동의 시간을 보냈다. 피드백을 받고, 또 그에 응답하고, 때로는 억울하고 화나는 상황에서도 브랜드의 얼굴을 무너뜨리지 않기 위해 애썼다. 그런 순간들이 반복되면서, 감정의 폭이 넓어지고 감정 조절의 능력도 조금씩 쌓였다. 그리고 그런 감정의 궤적이 내 브랜드의 톤을 만들어냈다. 나는 고객의 목소리에 반응하면서도 내 감정의 중심을 지키려 했다. 그렇게 균형을 잡아가는 것이 결국은 '브랜드의 성숙함'이 되었다.

그래서 나는 오늘도 생각한다. 이 브랜드는 어떤 감정으로 고객을 대할 것인가? 단순히 서비스 정신이 아닌, 진짜 사람과 사람 사이의 대화로서 브랜드가 기능하려면 얼마나 더 깊은 감정의 동력을 준비해야 하는가? 물론 지치지 않기 위해 나를 보살피는 것도 중요하다. 감정을 조절한다는 건 억누르는 게 아니라, 제대로 표현하는 방식이기 때문이다.

브랜드는 결국 감정의 연결이다. 이 감정이 진짜여야 브랜드가 살아남는다. 표정 없는 브랜드는 기억되지 않는다. 감정을 담는다는 건 때때로 지치는 일이지만, 그럼에도 불구하고 감정을 다루는 법을 배우는 사람만이, 오래가는 브랜드를 만든다.

그게 바로 브랜드를 사랑하는 방식이다. 감정을 쓰고, 감정을 배우고, 감정을 기억하는 일. 그 모든 과정 속에서 우리는 브랜드를 통해 사람을 만나고, 그 사람을 통해 다시 나를 발견하게 된다. 브랜드도 감정을 갖는다면, 우리는 결국 브랜드를 통해 세상과 조금 더 따뜻하게 연결될 수 있다.

# 75

# 고객은 기억에 남는 브랜드를 찾는다

우리는 매일 수많은 브랜드와 마주하며 살아간다. 아침에 눈을 뜨자마자 마시는 커피 한 잔도, 집을 나설 때 손에 들리는 가방도, 습관처럼 켜는 유튜브 채널도 모두 브랜드다. 그런데 이 브랜드들 중에서 우리는 몇 개나 '기억'하고 있을까? 다시 찾고 싶은 브랜드, 다른 사람에게 소개하고 싶은 브랜드는 얼마나 될까?

사실 대부분의 브랜드는 일회성으로 소비된다. 그냥 지나치는 광고, 휘발성 정보, 기능만 남은 제품들. 무언가 특별한 감정이나 경험이 없으면 우리는 그 브랜드를 기억할 이유도, 기억할 수 있는 동기도 찾기 어렵다. 그래서 브랜드는 '기억되는 일'을 해야 한다. 고객의 마음에 머물 수 있는 흔적을 남겨야 한다.

기억에 남는다는 건 단순히 시끄럽고 자극적인 걸 의미하지 않는다. 오히려 그 반대일 수도 있다. 너무 화려해서 피로하게 만드는 브랜드보다, 조용히 다가와 마음에 박히는 브랜드가 더 오래 남는다. 우리가 누군가를 만났을 때 느끼는 감정처럼, 브랜드도 첫인상은 중요하지만, 결국 그 사람을 어떻게 기억하게 만드는지가 본질이다.

나 역시 초반에는 많은 착각을 했다. 잘 팔리는 것이 좋은 브랜드라고 믿었고, 매출이 바로 올라가는 것이 성공이라고 여겼다. 그래서 판매를 위해 자극적인 문구를 쓰기도 했고, 한눈에 이목을 끌기 위해 허세 섞인 메시지를 뿌린 적도 있었다. 그러나 시간이 지나고 보니, 그렇게 잠시 화제였던 브랜드는 기억에서 사라지는 속도도 무척 빨랐다. 사람들은 '그때 잠깐 봤던 브랜드'라고 말할 뿐, 다시 찾아오지 않았다.

그런데 이상한 일이 생겼다. 특별히 광고를 하지 않아도, 제품을 파는 얘기를 전면에 내세우지 않아도, 고객이 먼저 찾아오는 일이 반복되기 시작했다. 이유를 곰곰이 생각해 보니, 그들은 단지 제품이 좋아서가 아니라, 내가 전달한 '이야기'를 기억하고 있었고, 그 이야기를 통해 '사람'을 기억하고 있었다.

고객은 제품을 구매하는 동시에 브랜드가 가진 태도와 메시지도 함께 소비한다. 그리고 그 경험이 특별했을 때, 비로소 브랜드를 기억한다. 가령 한 번의 정성 어린 상담, 예상치 못한 사소한 배려, 제품 하나에 담긴 진심, 혹은 대표의 얼굴을 알 수 있는 콘텐츠. 이런 요소들이 쌓여서 브랜드의 '기억 포인트'가 된다.

특히 1인 사업자, 혹은 소규모 브랜드를 운영하는 사람이라면 이 지점을 더욱 세심하게 봐야 한다. 자본력에서 대기업과 경쟁할 수 없다면, 우리는 더 많은 '이야기'로 경쟁해야 한다. 고객이 브랜드를 기억하게 만드는 건, 결국 브랜드가 '사람'처럼 느껴지는 순간이다.

이때 중요한 건 일관성이다. 브랜드가 말하는 메시지, 사용하는 톤, 고객을 대하는 태도. 이 모든 것이 한결같아야 한다. 고객은 변덕스러운 브랜드를 기억하지 않는다. 그들은 신뢰를 기억하고, 꾸준함을 신뢰로 여긴다. 그래서 하루만 반짝 잘해선 안 된다. 고객은 당신이 어떤 상황에서도 같은 태도로 다가올지를 본다.

'기억에 남는다'는 건, 결국 감정의 영역이다. 사람은 자신에게 감정을 준 브랜드를 기억한다. 감동이든 위로든 즐거움이든, 어떤 감정이 오갔는가가 기억의 강도를 좌우한다. 그러니 브랜드는 고객의 감정선에 닿아야 한다. 그리고 감정은 말로만 전달되는 게 아니라, 행동으로, 태도로, 자세로 스며들어야 한다.

나는 지금도 종종 되묻는다. "고객은 나의 브랜드를 어떤 감정으로 기억할까?" 이 질문은 사업의 방향성을 점검하는 좋은 나침반이 되어준다. 브랜드를 정성스럽게 대하고 있는지, 고객을 한 명의 사람으로 존중하고 있는지, 나의 이야기가 진심인지 돌아보게 해준다.

고객의 기억에 남는 브랜드는 결국 지속되는 브랜드다. 재구매율, 추천율, 충성도, 모든 지표는 '기억'이라는 기반 위에서 형성된다. 그래서 고객이 다시 찾아오게 만드는 힘은 브랜드의 이야기와 태도에 달려 있다. 가격이 아닌, 기능이 아닌, '사람으로서의 느낌'

이 남아야 하는 것이다.

기억에 남고 싶다면, 남기고 싶은 메시지를 매일매일 고민해야 한다. 한마디라도 좋다. 나만의 언어로 고객의 마음을 두드려야 한다. 수많은 브랜드 사이에서 당신의 브랜드를 기억하게 만들고 싶다면, 그들에게 특별한 감정을 선물해야 한다.

감정은 사라지지 않는다. 경험은 쌓이고, 기억은 남는다. 그리고 그 기억은 언젠가 당신의 브랜드를 다시 불러올 가장 강력한 이유가 된다. 지금도 누군가는 당신을 기억하고 있다. 당신은 어떤 이유로, 어떤 표정으로, 어떤 이야기로 그들의 마음에 남고 있는가?

당신이 남긴 기억이, 결국 브랜드의 미래다.

# 76

# 고객과 대화하는 브랜드는 무너지지 않는다

나는 사업을 하면서 매출, 광고, 유통, 상품, 마케팅 등 수많은 개념을 공부해왔다. 시도하고 부딪히고 실패하면서 얻은 교훈은 꽤 많았지만, 그중에서 가장 중요하다고 느끼는 건 단 하나였다. 고객과 대화하지 않으면 절대 살아남을 수 없다는 것이다. 고객이 당신의 브랜드를 한 번 보고 지갑을 열게 만드는 일은 광고가 할 수 있다. 그러나 고객이 당신의 브랜드를 두 번, 세 번 찾게 하는 일은 오직 '대화'가 할 수 있다.

사업 초기에 나는 늘 결과에만 집착했다. 하루 매출이 얼마였는지, 광고 효율이 얼마나 나왔는지, 페이지뷰가 얼마나 올라갔는지. 숫자들은 때로 나에게 쾌감을 주었고, 때로는 깊은 좌절을 안겨주었다. 그런데 그 숫자들이 올라갔다고 해서 고객과의 관계가 좋아졌던 건 아니었다. 반대로, 아무리 노력해도 매출로 이어지지 않을 때조차 고객과의 관계가 단단해지고 있다는 걸 체감한 순간도 있었다.

우리는 고객을 너무 자주 '타깃'이라고 부른다. 정확한 마케팅을 하기 위해선 타깃팅이 필요하다고 말하면서, 그들을 마치 정적인 표적처럼 생각해버리는 것이다. 하지만 고객은 타깃이 아니라 사람이다. 그리고 그 사람은 듣고 싶어 하고, 말하고 싶어 하며, 이해받고 싶어 하는 존재다. 내가 진짜 고객을 '사람'으로 대하기 시작한 그 시점부터, 나의 브랜드는 조금씩 달라지기 시작했다.

대화라고 하니까 거창한 걸 떠올리는 사람도 있을 수 있다. 설문조사를 돌린다든지, 인터뷰를 잡고 뭔가 거창한 기획을 한다든지. 그런데 내가 말하는 대화는 그런 형식적인 것들이 아니다. 진심이 담긴 작은 질문, 제품을 구매한 후 자연스럽게 건네는 안부, SNS 댓글 하나하나에 다는 짧지만 따뜻한 답변. 이런 것들이 고객과의 대화다. 중요한 건 고객이 '답할 수 있는 틈'을 주는 것이다. 말할 기회 없이 듣기만 시키는 건 대화가 아니다. 브리핑일 뿐이다.

나는 라이브 방송에서 고객과 주고받은 짧은 말 한마디가, 광고 1,000만 원보다 더 큰 효과를 낸 경험을 해봤다. 그들이 나의 말에 반응하고, 나의 생각에 공감하고, 나의 실수에 웃어주었다. 그 순간 나는 고객과 대화를 하고 있다는 걸 느꼈다. 그리고 그 대화가 이어질수록 나는 단단해지고 있었다. 어떤 위기 속에서도 고객이 내 곁에 있어준 이유는, 내가 그들과 계속 말을 걸었기 때문이었다.

고객과의 대화는 단순히 브랜드에 대한 피드백을 듣는 수단이 아니다. 그것은 '관계'를 맺는 과정이며, '신뢰'를 축적하는 방식이다.

당신의 브랜드가 완벽하지 않아도 괜찮다. 오히려 그 부족함을 솔직하게 털어놓고 고객과 대화를 이어간다면, 그 브랜드는 더 강해진다. 사람들은 완벽해서 좋아하는 게 아니라, 진심이 느껴지기 때문에 사랑하게 되는 것이다.

지금 당신의 브랜드는 고객과 대화하고 있는가? 단지 정보를 전달하고 있는 것은 아닌가? 누군가가 댓글을 남겼을 때, 단순히 '감사합니다'라고 복사해 붙인 메시지로 반응하고 있는 건 아닌가? 고객이 문제를 제기했을 때, 진심 어린 사과가 아니라 매뉴얼에 적힌 답변을 내놓고 있는 건 아닌가? 브랜드가 살아 있으려면, 그 안에 사람의 온기가 있어야 한다. 대화란 결국 온기다. 무언가를 줄 수 있다는 따뜻한 믿음이다.

어떤 브랜드는 눈에 띄지 않지만, 꾸준히 사랑받는다. 그 이유는 제품이 특별해서가 아니다. 그 브랜드는 늘 고객과 대화했기 때문이다. 어떤 브랜드는 잘나가다가도 한순간에 무너진다. 고객과의 대화가 끊기고, 일방적인 소통만 남게 되면 브랜드는 생명력을 잃는다. 잠깐의 유행은 있을 수 있지만, 관계는 오래가지 않는다. 그리고 진짜 매출은 관계 안에서 발생한다.

사업을 하며 가장 두려웠던 순간은 매출이 줄어들 때가 아니라, 고객의 목소리가 들리지 않을 때였다. 피드백이 끊기고, 반응이 없고, 침묵만 흐를 때. 그때 느꼈다. 브랜드의 건강 상태는 매출표가 아니라, 고객과 나누는 대화의 밀도로 알 수 있다는 것을.

당신의 브랜드는 지금 누구와, 어떤 대화를 나누고 있는가? 고객과 진짜 대화를 해본 지 얼마나 되었는가? 대화는 노력이다. 시간과 에너지를 써야 한다. 하지만 그 대가로 당신은 단순한 소비자가 아닌, 관계를 맺은 '팬'을 얻게 될 것이다. 그리고 그 팬이 당신의 브랜드를 지켜주는 가장 강력한 방패가 될 것이다.

기억하자. 고객과 대화하는 브랜드는 쉽게 무너지지 않는다. 그들은 다시 돌아온다. 그리고 말할 것이다. "이 브랜드는, 내 이야기를 들어줘."

# 77 불안정한 수익 구조도 가능하게 하는 힘

사업을 하면서 가장 많이 듣는 조언 중 하나는 '안정적인 수익 구조를 만들어라'는 말이었다. 말만 들으면 당연하고, 지극히 맞는 말이다. 누구나 안정적인 수익을 바란다. 고정 매출이 매달 들어오고, 예측 가능한 흐름으로 사업이 유지된다면, 그보다 좋은 건 없다고 생각한다. 하지만 실상은 다르다. 현실에선 안정적인 수익이라는 건 환상처럼 느껴질 때가 많다. 특히 초기 창업자나 1인 사업가에게는 더더욱 그렇다. 나 역시 마찬가지였다.

나는 처음에 제품을 팔면서 '한 번 잘 팔리면 그게 쭉 이어지겠지'라는 기대를 했다. 광고비를 들여서 매출이 나오면, 그 매출이 누적되어 매달 일정한 수익 구조가 생겨날 거라 생각했다. 하지만 사업은 절대 그렇게 흘러가지 않았다. 오히려 처음 몇 번의 매출은 광고의 효과였을 뿐, 고객과의 관계가 형성되지 않으면 단발성 판매로 끝나 버리는 일이 다반사였다. 그리고 이런 일들이 반복되자 나는 생각했다. 아, 이건 구조의 문제가 아니라 방향의 문제구나.

사실 '수익 구조'라는 말은 어쩌면 너무 거창하다. 수익이 쌓이는 구조는 단번에 완성되지 않는다. 매달 고정적으로 돈이 들어오는 체계를 만들기 위해선 시스템도 필요하고 사람도 필요하고 콘텐츠도 필요하다. 그런데 그걸 단숨에 갖춘 사람은 없다. 그렇다면 중요한 건 이 불안정한 시기를 어떻게 버티느냐는 것이다. 즉, 불안정함 속에서도 '가능성'을 유지하고, '흐름'을 놓치지 않는 사람이 결국 안정에 가까워질 수 있다는 사실이다.

나는 지금도 완벽한 수익 구조를 갖추지 못했다. 고정적으로 들어오는 매출도 있지만, 여전히 예측할 수 없는 매출이 큰 비중을 차지한다. 어떤 달은 예상치 못한 이벤트로 큰 매출이 생기기도 하고, 어떤 달은 아무리 노력해도 기대 이하의 결과가 나오기도 한다. 그런 흐름을 반복하면서 깨달았다. 지금 중요한 건 '안정적인 구조'가 아니라, '불안정한 흐름을 감당할 수 있는 힘'이라는 것을.

그 힘은 어디에서 오느냐고 묻는다면, 단언컨대 '관계'에서 온다고 말할 수 있다. 고객과의 관계, 파트너와의 관계, 그리고 나 자신과의 관계. 그 관계들이 단단하게 연결되어 있으면 매출이 흔들려도 마음이 무너지지 않는다. 그리고 그 마음이 무너지지 않으면 다시 만들 수 있다. 다시 일어설 수 있다. 이 힘이 바로 불안정한 수익 구조 속에서도 사업을 지속하게 만드는 원동력이다.

또 하나 중요한 건 '다양성'이다. 나는 하나의 상품, 하나의 채널,

하나의 방법에만 의존하지 않으려 노력했다. 무조건 여러 개를 하라는 말이 아니다. '한 줄기라도 더 만들어 놓자'는 생각이었다. 강의를 하면 강의만, 제품을 팔면 제품만, 콘텐츠를 올리면 콘텐츠만. 그런 식의 일직선은 위험하다. 하지만 강의를 하면서 제품을 소개하고, 콘텐츠를 만들면서 고객을 만나고, 컨설팅을 하면서 브랜드를 알리면, 그건 하나의 연결 고리가 된다. 그 연결이 많아질수록 불안정한 흐름 속에서도 하나는 반드시 작동하게 되어 있다.

불안정함을 두려워하지 말아야 한다. 오히려 그것을 인정하고, 그 속에서 나를 훈련시키는 과정으로 삼아야 한다. 수익이 나오지 않는다고 초조해하기보다는, 지금 내가 쌓고 있는 것들이 어느 순간 하나의 결과로 이어질 수 있다는 믿음을 가져야 한다. 내 경험상, 눈에 보이지 않던 성과가 갑자기 수면 위로 떠오르는 순간은 반드시 있었다. 그때 '아, 내가 괜히 해온 게 아니구나'라는 안도감이 밀려온다.

지금 불안한가? 매출이 들쭉날쭉해서 괴로운가? 괜찮다. 그게 정상이다. 안정적인 수익은 결과이지 출발점이 아니다. 출발은 항상 불안하다. 흔들림 속에서 중심을 잡고 나아가는 과정이 필요하다. 그 중심을 잡아주는 것이 당신의 신념이고, 당신의 방향성이고, 당신이 지금 쌓고 있는 콘텐츠와 고객과의 이야기다.

나는 지금도 매출에 흔들릴 때가 많다. 하지만 예전처럼 무너지지 않는다. 왜냐하면 나는 안다. 수익이 없어도 관계는 남고, 관계는 또 다른 기회를 만들어낸다는 것을. 그래서 나는 오늘도 불안정한

수익 속에서 가능성을 본다. 그리고 이 가능성이 언젠가, 진짜 안정
으로 이어질 거라고 믿는다.

불안정하다는 건 아직 가능성이 있다는 증거다. 흔들리고 있다는
건 여전히 살아있다는 증거다. 그리고 버티고 있다는 건 당신이 잘
가고 있다는 증거다.

# 78

# 작은 성공을 기념하라, 그것이 성장의 에너지다

사업을 하면서 느낀 가장 큰 착각 중 하나는, '성공'이라는 단어가 마치 거대한 폭발처럼 찾아올 거라는 믿음이었다. 모든 준비를 끝낸 뒤, 어느 날 갑자기 수십만 원, 수백만 원, 수천만 원이 순식간에 벌어지며 내 인생이 드라마틱하게 바뀔 거라는 그 막연한 기대. 나는 한동안 그 기대를 품고 있었다. 열심히 달렸고, 더 많은 걸 투자했고, 더 큰 기획을 세웠다. 하지만 이상하게도, 그 '폭발'은 오지 않았다. 대신 나를 맞이한 것은 더디고, 또 더딘 수치였다.

매출 10만 원. 고객 리뷰 하나. 팔로워 한 명 증가. 어떤 날은 아무것도 일어나지 않았다. 그러다 우연히 다시 열어본 판매 데이터에서 며칠 전 3만 원짜리 상품이 팔렸다는 걸 확인했다. '에이, 겨우 하나 팔렸네…'라고 생각하면서도, 나는 괜히 기분이 좋았다. 이상하리만큼 그 하루가 가볍게 지나갔다. 나중에서야 알았다. 그 작은 성공이 내 하루를 견디게 하는 힘이었음을.

우리는 너무 큰 성공만 꿈꾼다. 매출 천만 원, 억대 연 매출, 수십만 명의 팔로워, 베스트셀러 작가. 하지만 그런 성공을 경험하는 사람은 극히 일부다. 대부분은 아주 작은 성공을 반복하고, 그 성공을 축적해간다. 문제는, 그 '작은 성공'을 알아보지 못한 채 지나쳐 버린다는 점이다. 스스로에겐 의미가 없다고 단정 짓고, 축하하지도 않고, 기억에도 남기지 않는다. 그러다 보니, 점점 동기부여가 약해지고, 결국 멈춰 버린다.

나는 작은 성공을 의도적으로 기념하기 시작했다. 인스타그램 DM으로 "대표님 콘텐츠 보고 힘이 났어요"라는 메시지가 오면, 그날은 일부러 한 끼라도 외식을 했다. 누가 강의 후기를 잘 써 주면, 캡처해서 인쇄해 책상 앞에 붙였다. 온라인 클래스에서 예상보다 조금 더 많은 수강생이 들어오면, 스스로에게 하루 휴식을 허락했다. 말 그대로 작은 성과였지만, 그 기념이 나를 다시 한 걸음 더 움직이게 만들었다. 이걸 모르고 지나쳤다면, 나는 중간에 그만뒀을지도 모른다.

특히 초기 사업자에게 '작은 성공의 기념'은 필수다. 아무도 알아주지 않고, 숫자도 보잘것없고, 성과가 분명히 보이지 않을 때, 자기 자신만이라도 알아줘야 한다. 그게 자존감이다. 그리고 그 자존감이 나중에 팀을 만들고 브랜드를 확장해 나갈 때 가장 강력한 중심축이 된다. 지금 당장은 작고 보잘것없어 보여도, 그 작았던 기쁨을 기억하고 지켜내는 사람이 결국 진짜 브랜드를 만든다.

누군가는 말한다. "이 정도 가지고 뭘 기념해?"라고. 그 말, 내가 제일 많이 했던 말이다. 그리고 지금은 반대로 말한다. "이 정도니까 더 기념해야 해." 시작이 작았던 사람일수록, 작게라도 쌓아 가는 기쁨에 민감해져야 한다. 왜냐하면, 그 민감함이 곧 감각이 되고, 그 감각이 쌓이면 '흐름'을 만든다. 사업에서 흐름을 만드는 사람은 무너지지 않는다.

작은 성공을 기념하는 건 결코 유치하거나 감성적인 일이 아니다. 사업적으로도 전략적이다. 고객이 남긴 리뷰를 통해 다음 프로모션의 키워드를 찾을 수 있고, 한 번이라도 구매한 고객을 중심으로 마케팅 전략을 수정할 수 있다. 작게 반응한 콘텐츠가 무엇이었는지 살펴보다 보면, 다음 콘텐츠 기획의 출발점이 생긴다. 이렇게 작게 시작된 인사이트가 나중에 큰 그림으로 확장되기도 한다.

우리는 흔히 '작은 성공'이라는 표현 자체를 무시한다. 하지만 나는 말하고 싶다. 작은 성공은 절대 작은 것이 아니다. 그것은 시작된 증거이고, 살아 있다는 신호이며, 방향이 맞다는 징표다. 마치 땅을 뚫고 나온 새싹처럼, 처음에는 보잘것없지만 그 안에는 나무가 자랄 가능성이 들어있다. 그리고 그 새싹이 자라서 나무가 되고, 숲이 되는 걸 지켜보는 사람은, 단 한 명이라도 그 새싹을 알아보고 물을 준 사람이었다.

그러니 오늘 하루, 무엇이든 좋으니 당신의 '작은 성공'을 찾아보자. 콘텐츠 하나를 올렸는가? 그게 성공이다. 3일째 블로그를 쓰고 있는가? 그것도 성공이다. 용기 내서 고객에게 메시지를 보냈는가?

그 자체로 성공이다. 그걸 기념하자. 혼자라도, 작게라도, 마음속으로라도.

기념하는 자에게는 에너지가 남고, 에너지가 있는 자는 앞으로 나아갈 수 있다. 큰 성공은 기다리지 말고, 작은 성공부터 환영하라. 그러면 결국 당신은, 성장의 중심에 서 있을 것이다.

# 79

# 사업에는 개인의 철학이 묻어난다

사업을 오래 하다 보면 결국엔 이 질문으로 돌아오게 된다. "왜 이걸 하고 있는가?"라는 질문. 처음에는 돈을 벌기 위해서였다. 먹고살기 위해서였고, 빚을 갚기 위해서였고, 자존심을 지키기 위해서였다. 누군가에게 증명하고 싶었고, 나도 뭔가 할 수 있는 사람이라는 걸 보여주고 싶었다. 이유는 수없이 많았고, 그중 하나를 택해서 달릴 수도 있었지만, 시간이 지날수록 나는 그 많은 이유들이 하나의 질문으로 정리되는 걸 경험하게 됐다. 그건 바로, 이 일을 내가 왜 계속 이어가는가 하는 것이었다.

사업은 단순한 생계 수단이 아니다. 그렇게 치부하기엔 이 안에서 겪는 고통과 감정의 진폭이 너무 크다. 하루 매출에 따라 기분이 널뛰고, 리뷰 하나에 잠을 설치며, 작은 변화에도 전쟁처럼 반응하게 된다. 그렇게 몇 년을 보내고 나니 알겠더라. 이건 단순한 '일'이 아니라, 내가 세상을 대하는 태도이자, 나라는 사람의 철학이 묻어 있는 선택이라는 걸.

철학이 없는 사업은 오래가지 못한다. 이유는 간단하다. 버티지 못하기 때문이다. 어떤 목표든 단기적 성과만을 바라보고 움직이면, 그 목표가 흔들릴 때 함께 무너질 수밖에 없다. 반면 철학이 있는 사람은 상황이 변해도 중심을 잃지 않는다. 매출이 줄어도, 인력이 줄어도, 고객 반응이 안 좋아도, 왜 이걸 시작했는지, 이걸 통해 무엇을 만들고 싶은지가 명확하면 다시 일어설 수 있다.

나 역시 수없이 무너졌다. 말 그대로 '이제는 끝인가' 싶은 순간이 여러 번 있었다. 하지만 그럴 때마다 마음을 다잡게 한 건 외부의 조언이나 위로가 아니었다. '내가 왜 이걸 시작했지?'를 되묻는 일이었다. 처음엔 돈이었을지 몰라도, 시간이 지나면서 내 안에 쌓인 방향성과 가치가 있었다. 사람들과 나눈 이야기, 함께 이룬 작은 성과, 고객이 남긴 한 줄의 메시지, 직원의 웃음, 나를 믿고 함께해준 파트너의 눈빛. 이런 것들이 모여서 '그래도 계속해야겠다'는 결심을 만들어 줬다. 철학이 없었다면, 그냥 이 일을 때려치웠을지도 모른다.

이쯤 되면 사업은 철학을 담는 그릇이라는 말이 실감난다. '어떻게 살 것인가'를 묻는 질문에 나는 '무엇을 팔 것인가'라는 방식으로 답해온 셈이다. 고객에게 보여주는 메시지, 상품의 포장, 상담 방식, 직원에게 하는 말투, 회의 방식까지. 결국 내가 어떤 사람인지가 내 사업에 그대로 투영된다. 그래서 사업은 거짓말을 할 수 없다. 시간이 지나면 결국 그 사람의 진심이 드러나고, 철학이 없는 사람은 껍데기만 남는다.

우리는 흔히 '가치'와 '이윤'을 대립되는 개념처럼 말하곤 한다. 가치 중심의 사업은 돈이 안 되고, 돈을 잘 버는 사업은 비인간적일 거라고. 하지만 나는 이분법이 오히려 성장을 막는다고 생각한다. 제대로 된 철학이 있는 사람은, 그 철학을 기반으로 시장에서 통하는 방법을 찾아낸다. 고객도 그런 사람의 브랜드를 기억하고 응원한다. 나도 그랬다. 처음엔 단지 팔기 위해 말을 붙였지만, 어느 순간부터는 '이 제품을 쓰면 이런 변화가 생긴다'는 믿음을 심어주고 싶어졌다. 그것이 내 철학이었다. 그리고 그런 철학은 내 말과 행동, 브랜드 전체의 태도를 결정짓게 되었다.

철학은 거창한 말이 아니다. 그냥 '나는 어떤 사람이 되고 싶은가'라는 질문에 대한 내 나름의 답이다. 그게 정직함일 수도 있고, 지속 가능성일 수도 있고, 함께 성장하는 공동체일 수도 있다. 중요한 건 그 철학이 진짜 내 것이냐는 거다. 어디서 주워온 문장이나 남이 써서 멋져 보이는 캐치프레이즈가 아니라, 진짜 내가 삶에서 겪고 느껴온 것들이 축적되어 자연스럽게 나온 문장. 그런 문장 하나만 있다면, 그걸 중심으로 사업을 계속해 나갈 수 있다.

지금도 나는 매일 질문한다. 이 방향이 맞는지, 내가 하는 일이 내가 원하는 삶과 맞닿아 있는지. 그 질문에 답을 하며 조금씩 수정하고, 더 나아가고, 때로는 멈춰서기도 한다. 철학은 고정된 것이 아니다. 시간이 지나면 진화하고, 성장하고, 더 단단해진다. 그 변화에 유연하게 반응하면서도 중심은 지킬 수 있어야 한다. 결국 그게 지속 가능한 사업을 만드는 힘이다.

그리고 중요한 건, 이 철학은 누구에게나 있다. 다만 아직 언어화되지 않았을 뿐이다. 당신이 왜 그 제품을 만들었는지, 왜 그 서비스를 시작했는지, 왜 굳이 그 길을 선택했는지를 다시 생각해 보면 된다. 거기서 시작된 말 한마디가, 당신의 브랜드를 이끄는 문장이 되고, 그 문장을 따라오는 사람들이 생길 것이다.

사업은 단순한 생존 게임이 아니다. 그것은 나의 철학이 삶의 형태로 드러나는 하나의 방식이다. 그러니 당신이 어떤 철학으로 살아가고 싶은지를 먼저 결정하라. 그 철학이 당신의 방향을 잡아줄 것이다. 그리고 그 방향 안에서 진짜 당신의 브랜드가 시작될 것이다.

# 80 브랜딩은 살아 있는 생명체와 같다

사업을 하면서 나는 브랜딩이 마치 정적인 결과물처럼 여겨지던 시절이 있었다. 로고를 만들고, 브랜드 이름을 정하고, 색깔을 정하고, 포장 디자인을 멋지게 하고 나면 어느 정도 끝난 것 같았다. 그럴듯한 이미지로 외부에 보여주면, 그것으로 브랜드가 완성된 줄 알았다. 그런데 어느 순간 깨달았다. 이 모든 건, 단지 '껍데기'였다는 것을. 진짜 브랜딩은 살아 숨 쉬는 생명체 같았다. 시간이 지나고, 환경이 바뀌고, 고객이 바뀌면 그에 맞춰 반응해야만 한다. 가만히 있으면 금방 낡고 잊힌다.

브랜드는 정적인 것이 아니라 역동적인 것이다. 감정도 있고, 성장도 있고, 병들기도 하고, 때론 회복도 해야 한다. 처음 만들었던 메시지가 시간이 흐른 뒤 어울리지 않을 수 있다. 과거에는 반짝이던 콘셉트가 지금은 오히려 브랜드의 발목을 잡기도 한다. 나는 내 브랜드가 '살아있다'는 전제로 다루기 시작하면서부터 관점이 달라졌다. 브랜드를 키운다는 말은 곧 '살아있는 브랜드를 돌보고 기르는 일'이라는 뜻이 된다.

예를 들어, 사람도 계절에 따라 옷을 갈아입는다. 브랜드도 마찬가지다. 계절이 바뀌고 시대가 바뀌면, 브랜드도 거기에 맞춰 유연하게 변화해야 한다. 핵심 가치까지 바꾸라는 말이 아니다. 외형이든 소통 방식이든, 감정선이든, 시대의 언어에 귀 기울이고 반응할 수 있어야 한다는 뜻이다. 브랜드가 생명체라면 고객은 그 브랜드와 함께 살아가는 또 다른 생명체다. 고객의 피드백, 반응, 외면, 애정은 곧 브랜드의 건강 상태를 체크하는 신호와 같다.

처음에는 '이게 뭐지?' 싶던 메시지가, 반복적으로 사람들에게 닿으면서 점점 익숙해지고, 어떤 순간에는 '이건 그 브랜드의 느낌이지'라고 자리 잡는다. 브랜드는 그렇게 만들어진다. 한 번에 멋진 문장으로 완성되는 것이 아니라, 매일같이 반복되고 다듬어지며 사람들의 인식 안에 천천히 각인된다. 그 과정은 생명체가 자라는 것과 같다. 제대로 먹이고, 꾸준히 돌보며, 때로는 아플 때 병원도 데려가고, 외로워 보이면 대화도 걸어야 한다.

나는 브랜드를 운영하며 수많은 사람들을 만났다. 소비자, 파트너, 협력사, 그리고 직원들. 그들 모두가 내가 만든 브랜드라는 생명체와 관계를 맺는다. 어떤 사람은 멀리서 지켜보는 구경꾼처럼, 어떤 사람은 애정을 가진 친구처럼, 또 어떤 사람은 비판을 던지는 냉정한 조언자처럼 다가온다. 나는 이들과의 상호작용 속에서 브랜드가 살아있다는 것을 느낀다. 살아있는 존재이기에, 브랜드는 사람처럼 '성장통'을 겪는다.

어떤 시기에는 성장보다 회복이 중요할 때도 있다. 지나치게 앞만 보고 달리다 보면, 브랜드가 지친다. 콘텐츠가 뻔해지고, 말투가 기계적으로 변하고, 감정이 빠진다. 고객들도 그걸 알아챈다. 그럴 땐 잠시 멈춰서 호흡을 가다듬고, 브랜드가 왜 만들어졌는지를 다시 들여다봐야 한다. 브랜드는 살아있으니, 무리하게 밀어붙이면 병든다. 건강하게 성장하려면 리듬이 필요하다. 때로는 숨을 고르고, 때로는 방향을 바꾸고, 때로는 그냥 쉬어야 한다.

또 하나 중요한 건, 브랜드도 '성격'이 있다는 것이다. 어떤 브랜드는 다정하고, 어떤 브랜드는 유쾌하며, 어떤 브랜드는 진중하다. 이 성격이 일관되게 유지되면 고객은 브랜드에 애정을 갖게 된다. 마치 사람과 친해지는 것처럼. 브랜드의 말투, 대응 방식, 보여주는 이미지, 콘텐츠의 톤 앤 매너까지 모두가 브랜드의 성격을 구성하는 요소들이다. 이게 들쑥날쑥하면 사람들은 혼란을 느낀다. 살아있는 브랜드는 '자기다움'을 가지고 있어야 한다. 흔들릴 수 있지만 본질은 잊지 않아야 한다.

사업을 하면서 나는 점점 내 브랜드가 나를 닮아간다는 걸 느꼈다. 브랜드는 내가 어떤 생각을 하는지를 반영하고, 내가 어떤 말투를 쓰는지를 따라한다. 나의 경험, 나의 가치관, 나의 태도가 고스란히 브랜드의 모습으로 스며든다. 그래서 브랜드를 가꾸는 일은 곧 나 자신을 성장시키는 일과 다르지 않다. 내가 성장하면 브랜드도 성장하고, 내가 흔들리면 브랜드도 흔들린다. 브랜드는 거울이다.

나를 비추는 거울이자, 나와 함께 나이 들어가는 존재다.

이제 나는 브랜드를 만들 때, 완성된 이미지가 아니라 '어떤 생명체를 길러갈 것인가'를 먼저 생각한다. 이것은 곧 브랜드의 생애주기를 설계하는 일이기도 하다. 탄생, 성장, 위기, 회복, 도약. 이 단계를 차근차근 밟아가려면, 한순간의 성과에 매몰되지 않아야 한다. 단기 성과에 눈이 멀면, 브랜드가 병들어가는 걸 놓치기 쉽다. 돈은 벌 수 있어도, 사람들의 기억에 오래 남지 못한다. 나는 그런 브랜드를 많이 봐왔다. 빨리 떴다가 빠르게 사라지는 브랜드들. 살아있는 브랜드는, 오래가는 브랜드다.

이제 당신에게 묻고 싶다. 당신의 브랜드는 숨 쉬고 있는가? 당신이 지치면 함께 지쳐 있는가? 당신이 웃으면 같이 웃는가? 만약 그렇다면 당신은 지금 제대로 브랜드를 키우고 있는 것이다. 반대로 당신의 브랜드가 지금 어떤 상태인지조차 모른다면, 이제라도 돌아봐야 한다. 살아있는 브랜드는 관리가 필요하다. 애정이 필요하고, 대화가 필요하고, 무엇보다 주인의 관심이 필요하다.

브랜딩은 로고가 아니다. 한 줄의 슬로건도 아니고, 멋진 포장도 아니다. 브랜딩은 살아있는 생명체다. 그러니 부디 당신의 브랜드를 하나의 '존재'로 대해주길 바란다. 그 존재와 함께 자라고, 함께 늙어가고, 함께 꿈꾸길 바란다. 그렇게 살아 있는 브랜드는 결국, 사람들의 기억 안에서 오래 살아남게 될 것이다.

# 81 결국 모든 길은 사람으로 통한다

사업을 하면 숫자와 시스템, 마케팅과 전략이 세상을 지배하는 언어처럼 보인다. 누가 얼마나 매출을 냈는지, 어떤 광고가 전환율이 높은지, 어떤 플랫폼이 유리한지. 나 역시 처음엔 그것들이 모든 것을 결정한다고 믿었다. 숫자를 만들기 위해 전략을 짰고, 그 전략을 현실로 만들기 위해 시스템을 도입했다. 하지만 시간이 지나면 지날수록, 결국 이 모든 것이 사람으로부터 시작되었고, 사람으로 귀결된다는 사실을 부정할 수 없게 되었다.

내가 했던 모든 사업의 중심에는 늘 '사람'이 있었다. 소비자, 고객, 직원, 파트너, 그리고 나 자신까지. 무언가 잘 풀릴 땐 좋은 사람이 있었고, 문제가 생길 땐 대개 사람의 문제가 있었다. 초창기엔 이걸 운이라고 생각했다. 좋은 사람을 만났고, 때마침 함께해서 일이 풀렸다고. 그런데 그런 만남이 반복되면서, 나는 그것이 단순한 행

운이 아니라는 걸 알게 되었다. 그건 결국 나의 태도에서 비롯된 결과였다.

사람은 거울과도 같다. 내가 어떤 자세를 가지고 있느냐에 따라 내 앞에 있는 사람도 달라진다. 처음엔 "왜 나는 좋은 파트너를 못 만나지?"라는 의문으로 시작했지만, 결국은 "내가 좋은 파트너가 아니었구나"라는 결론에 다다랐다. 내가 나를 챙기지 않고, 성급하게 거래를 맺고, 상대를 이해하지 않으면서도 기대만 높게 걸었던 것이다. 관계는 언제나 쌍방의 반영이었다.

사업을 하면서 가장 힘들었던 순간들은 수치가 바닥을 쳤을 때가 아니다. 가장 힘든 건 사람이 등을 돌릴 때였다. 나를 믿고 함께하던 직원이 떠나고, 오랫동안 거래하던 고객이 등을 돌리고, 내가 의지하던 누군가가 나를 놓았을 때. 그때는 내가 아무리 돈이 있어도 무력했고, 어떤 전략도 먹히지 않았다. 그제야 나는 알게 됐다. 사업이란 결국 사람을 얻는 과정이라는 것을.

그래서 나는 사람에게 투자하기 시작했다. 물론 말처럼 쉬운 일은 아니다. 사람은 복잡하고, 상황은 늘 바뀌고, 실망할 때도 있다. 하지만 이상하게도 사람에게 제대로 된 진심을 쓰면, 그 진심은 어느 지점에서 반드시 돌아온다. 지금 나와 함께하고 있는 직원들, 파트너들, 고객들 중 많은 이들이 처음엔 단순한 '거래 관계'였다. 하지만 시간이 지나면서 우리는 '함께 살아가는' 동반자가 되었다. 서로를 위해서 일하고, 서로를 존중하고, 때론 서로를 도와 가며 여기까지 왔다.

사람은 감정의 동물이다. 그 감정을 건드리지 못하면 아무리 좋은 제품도, 아무리 훌륭한 콘텐츠도 소용없다. 그래서 나는 지금도 콘텐츠를 만들 때, 제품을 개발할 때, 서비스를 기획할 때 늘 사람을 생각한다. "이걸 본 사람이 어떤 감정을 느낄까?" "이걸 사용하는 사람이 과연 만족할까?" 결국 사업은 사람의 감정을 움직이는 일이다. 돈은 그 감정이 움직인 결과일 뿐이다.

내가 생각하는 브랜딩도 결국 사람이다. 브랜드가 사랑받는 건 결국 사람에게 사랑을 받았기 때문이다. 브랜드의 메시지가 사람들의 삶과 맞닿아야 기억된다. 제품이 아무리 뛰어나도, 그것을 건네는 사람이 불편하면 다시는 사고 싶지 않다. 반대로, 조금 부족한 제품이라도 건네는 사람의 태도와 진심이 좋다면 다시 찾게 된다. 감정이 만든 신뢰는, 이성보다 오래간다.

나는 사업을 하면서 수많은 시스템과 도구를 도입했다. 자동화, 매출 추적, 마케팅 툴, CRM… 분명히 필요하고 유용하다. 하지만 그 어떤 것도 사람을 대신할 수는 없었다. 고객의 불만 하나에 직접 전화해주는 일, 직원이 힘들어할 때 함께 밥 한 끼 하는 일, 파트너와 진심 어린 대화를 나누는 일. 이런 작고 사소한 행위들이 오히려 큰 전환점을 만들어 줬다.

지금 이 순간에도 수많은 사업가들이 고민하고 있다. 어떤 제품이 잘 팔릴지, 어떤 플랫폼이 더 수익성이 있을지, 어떤 콘텐츠가 더 조회 수를 얻을지. 나도 늘 고민한다. 하지만 고민의 방향은 언제나 같다. "어떤 사람이 내 말을 들어줄까?" "이걸 보면 누가 기뻐할까?"

이 질문을 놓치면, 길을 잃는다. 사람 없는 시장은 없다. 고객 없는 성공은 없다. 결국 모든 길은 사람으로 통한다.

이 책을 쓰는 지금도 나는 여러 사람을 떠올린다. 나에게 상처를 준 사람, 나를 일으켜 세운 사람, 함께 울고 웃었던 사람, 내 손을 잡아준 사람들. 그들이 없었다면 나는 여기까지 오지 못했을 것이다. 그리고 지금도 여전히 사람 속에서 살아가고 있다. 사업을 잘하고 싶은가? 그럼 사람을 연구하자. 사람의 마음을 이해하고, 그 마음 안에 들어가 보자.

당신이 만나는 모든 사람은 당신의 사업에 영향을 준다. 고객도, 직원도, 협력사도, 그리고 스스로도. 결국 당신이 어떤 사람인가에 따라, 당신 앞에 어떤 사람이 서는지가 결정된다. 그래서 나는 오늘도 묻는다. 나는 어떤 사람인가? 나는 누군가에게 어떤 존재인가? 그리고, 내 곁에 어떤 사람을 두고 있는가?

결국 모든 길은 사람으로 통한다. 그러니 사람을 소홀히 하지 말자. 돈은 숫자에 찍히지만, 신뢰는 사람 사이에 새겨진다. 제품은 팔려야 하지만, 진심은 기억되어야 한다. 사업이란 결국, 좋은 사람들과 오래 함께하기 위한 여정이다.

# 한 명이라도 제대로 만나자

사업을 하면서 가장 흔히 듣는 말 중 하나는 "스케일업을 해야죠"라는 말이다. 더 많은 고객을 만나고, 더 많은 채널을 열고, 더 큰 판으로 가야 한다는 조언들. 나 역시 초창기에는 그런 말들에 굉장히 민감했다. 마치 그 말을 듣지 않으면 도태될 것 같고, 실행하지 않으면 뒤처질 것 같은 불안감에 시달렸다. 하지만 시간이 지나고, 수많은 시도와 실패를 반복한 지금은 그 말보다 더 소중한 진리를 알게 되었다.

많은 사람을 만나려고 애쓰기보다, 단 한 명이라도 제대로 만나는 게 중요하다는 것이다.

우리는 마케팅에서 종종 '타깃'을 설정한다. 나의 제품이나 서비스가 닿아야 할 사람들. 그중에서도 핵심 타깃이 존재한다. 그런데도 정작 사업을 시작하면 우리는 타깃을 향해 이야기하기보다는, 최대한 많은 사람을 붙잡으려 한다. 그 욕심이 콘텐츠를 흐리게 만들고, 메시지를 흐릿하게 만든다. 결과적으로 누구에게도 확실한 울림을 주지 못한 채, 희미한 인상만 남기게 된다.

사업 초창기, 나도 그랬다. 누가 되든 일단 팔아야 한다는 생각이 강했다. 가격을 낮추기도 하고, 기능을 과장하기도 하고, 한 명이라도 더 유입되길 바라는 마음으로 채널을 열고 콘텐츠를 쏟아부었다. 그 과정에서 실제로 몇몇 매출이 발생하기도 했다. 하지만 이상하게도 마음 한구석은 허전했다. 내가 만들고자 했던 브랜드의 본질이 점점 흐려지는 느낌이었다. 그리고 결국, 고객이 아닌 숫자만 남게 되었다.

그때부터 방향을 바꾸기 시작했다. '다수에게 다가가자'는 전략을 버리고, '한 사람에게 제대로 닿자'는 전략으로 전환했다. 내 메시지를 정말 듣고 공감할 수 있는 단 한 명에게 집중하기 시작한 것이다. 그 한 명이 어떤 삶을 살고 있는지, 무엇을 고민하는지, 어떤 순간에 내 제품이나 서비스가 필요할지를 생각하고 또 생각했다. 그 사람에게 줄 수 있는 가치를 명확히 정의했고, 그 언어로 콘텐츠를 다듬었다.

결과는 놀라웠다. 놀랍게도 진심으로 누군가를 향해 만든 콘텐츠는, 꼭 그 사람이 아니더라도 누군가에게 닿는다. 한 사람을 향해 쓴 글이 열 명을 울렸고, 한 사람을 위해 만든 서비스가 수십 명에게 전해졌다. 억지로 끌어오려 했던 고객보다, 스스로 찾아온 고객이 많아지기 시작했다. 그리고 무엇보다 만족도가 달랐다. 나와 맞는 사람, 나를 이해하고 믿는 사람과 함께할 때, 사업은 전혀 다른 속도로 성장하기 시작한다.

우리는 자주 '고객의 수'를 말하지만, 정말 중요한 건 '고객의 질'이다. 아무리 많은 고객이 들어와도, 금방 떠나고 재구매가 없고 후기가 없으면 그건 숫자일 뿐이다. 반면에 단 한 명이라도 나를 알고, 내가 전달하는 메시지에 반응하고, 지속적으로 관계를 이어가는 사람이 있다면, 그는 나의 진정한 자산이다. 그가 다음 사람을 데려오고, 브랜드를 확산시키고, 성장을 뒷받침하는 든든한 버팀목이 된다.

요즘 나는 이런 생각을 자주 한다. "오늘 내가 이야기하는 이 글이, 단 한 명에게라도 제대로 닿고 있는가?" 만약 그렇다면 그것으로 충분하다고 믿는다. 누군가에게 내 목소리가 울림이 된다면, 그 여운은 결국 또 다른 사람에게 퍼져 나간다. 우리가 흔히 말하는 '바이럴'은 그렇게 시작된다. 억지스러운 광고나 반복되는 홍보가 아니라, 진짜 연결로부터 시작된 신뢰에서 비롯된다.

그래서 나는 오늘도, 한 사람을 위한 메시지를 쓴다. 내가 지나온 길을 이야기하고, 내가 겪었던 시행착오를 나누며, 지금 그 과정을 걷고 있는 누군가에게 닿길 바란다. 내가 건넨 말 한 줄이 누군가에게 힘이 되길, 내가 만든 제품 하나가 누군가의 문제를 해결하길, 내가 한 행동 하나가 누군가의 일상에 작은 희망이 되길. 그렇게 단 한 명을 제대로 만나는 일을 멈추지 않는다.

사업이 커지고 영향력이 생기면 오히려 이 기본을 잊기 쉽다. 사람을 숫자로 보고, 고객을 타깃으로만 바라보며, 실체 없는 관계를 맺게 된다. 그때 가장 중요한 건 초심이다. 처음 내가 단 한 명의 고객을 위해 준비하고 고민하던 그 자세. 그 마음을 잃지 않는 것이야말로, 오래가는 브랜드의 가장 기본이 된다.

당신에게도 꼭 전하고 싶다. 지금 당신이 무엇을 팔고 있든, 어떤 사업을 하고 있든, 모든 것은 결국 사람에게 도달해야만 비로소 의미를 가진다. 단 한 명이라도 진심으로 만날 수 있다면, 그 시작은 성공이다. 오늘 하루, 당신의 진심이 꼭 한 명에게라도 제대로 닿기를 바란다. 그렇게 시작된 관계는 생각보다 훨씬 더 깊고 오래간다.

# 83 데이터보다 더 중요한 감

요즘 시대에 데이터는 신이 된 것처럼 여겨진다. 숫자, 그래프, 통계. 모든 결정을 데이터 기반으로 내리라고 한다. 광고 성과도, 고객 반응도, 시장 반응도 결국엔 수치로 설명되기를 바란다. 심지어 "감으로 하면 망한다"는 말까지 심심찮게 들려온다. 숫자를 모르면 사업을 못 한다고 생각하고, 엑셀을 능숙하게 다루는 사람에게서만 전략이 나온다고 믿는다.

그 말들이 전부 틀렸다고 말하고 싶은 건 아니다. 나도 데이터를 무시하지는 않는다. 아니, 사업을 하다 보면 어느 순간부터는 데이터가 없으면 의사 결정을 하기 어렵다는 것을 절감하게 된다. 하지만 그럼에도 불구하고, 데이터보다 더 중요한 게 있다고 생각한다. 바로 감이다.

여기서 말하는 '감'은 근거 없는 직감이나 운에 맡기는 선택이 아니다. 수많은 시행착오 끝에 몸으로 체득한 패턴, 경험으로 길러진 판단력, 그리고 흐름을 읽어내는 능력. 그것이 바로 진짜 감이다. 숫자로는 다 설명되지 않는 부분을 채우는 것이 감이다. 그리고 내 경험상, 이 감이 맞는 방향으로 나아갈 때 숫자도 따라온다.

사업 초창기엔 모든 게 낯설고 두려워서 숫자에 매달리게 된다. 매출, 전환율, 클릭 수, 유입자 수 같은 지표들을 붙잡고 안심하려 한다. 그런데 그 숫자들이 말해주지 않는 게 있다. 고객이 진짜 왜 이탈했는지, 왜 리뷰는 좋은데 재구매는 없는지, 왜 이 제품은 계속 돌아가는지. 숫자가 보여주는 건 결과일 뿐, 그 안에 담긴 맥락은 감으로 느끼는 수밖에 없다.

예를 들어보자. 한때 나는 제품 상세 페이지에 단 하나도 집중하지 않았고, 오로지 광고에만 몰두했던 시절이 있다. 클릭률, 전환율, CPA를 분석하느라 하루가 갔다. 그런데 아무리 수치를 높여도 고객의 반응은 더디기만 했다. 그때 나는 처음으로 데이터를 내려놓고 고객의 입장에서 다시 상품을 바라봤다. 제품을 직접 써 보고, 포장부터 후기까지 전 과정을 경험하면서 느낀 건, '광고 이전에 감동을 줄 준비가 안 돼 있었다'는 것이었다. 그 감을 바탕으로 콘텐츠를 바꾸자, 신기하게도 숫자가 살아나기 시작했다.

데이터는 지난 시간을 보여주는 지도이고, 감은 앞으로 걸어갈 길을 비추는 나침반이다. 둘 중 하나만 있으면 불안정하다. 데이터만 믿으면 그저 과거에 머무르게 되고, 감만 믿으면 방향을 잃는다. 하지만 이 두 가지가 함께할 때, 진짜 길이 열린다. 감이 선택을 이끌고, 데이터가 그 선택을 검증해주는 구조. 그 균형을 만든 사람이 오래가는 사업가가 된다.

나는 지금도 내 감을 믿는다. 어쩌면 과거보다 더 절실히 믿고 있다. 지금의 나는 데이터를 통해 현재를 점검하고, 감을 통해 미래를 상상한다. 데이터는 늘 지금 이 순간의 정답을 말하지만, 감은 그다음을 보여준다. 감이 없다면 창의성은 태어날 수 없고, 통찰은 따라오지 않는다. 감이 있어야 사업의 본질을 잃지 않고, 사람의 마음을 읽을 수 있다.

또 하나, 감은 사람을 만나야 자란다. 책상에 앉아 수치를 분석하는 것보다 현장에서 고객의 얼굴을 보고, 목소리를 듣고, 불만을 받아들이는 일이 중요하다. 그 현장에서 축적되는 감각이야말로 어떤 데이터보다 강력한 무기다. 현장을 외면한 감은 억측이 되지만, 현장에서 길러진 감은 예측이 된다.

사업은 숫자와 감의 줄타기다. 그리고 그 줄 위에서 균형을 잃지 않으려면, 자신이 어디에 서 있는지를 늘 인식해야 한다. 나는 지금 숫자만 보고 있지는 않은가? 아니면 근거 없는 감에만 의존하고 있지는 않은가? 그 질문을 던지고, 그 답을 찾기 위해 다시 현장으로 돌아가야 한다.

끝으로 이 말을 남기고 싶다. 숫자는 늘 정답을 알려주지만, 감은 그 정답을 선택하게 만드는 힘이다. 결국 사업은 숫자와 감, 양손에 두 무기를 쥔 채 싸워나가는 일이다. 그리고 그 싸움에서 승리하는 사람은, 어느 한쪽이 아니라 그 둘을 조화롭게 사용할 줄 아는 사람이다. 감을 무시하지 마라. 당신의 감은 지금까지 살아남은 당신의 모든 경험이 만들어낸 가장 정교한 안내자다.

모든 경험이 만들어낸 가장 정교한 안내자다.

# 감은 경험에서
# 온다

처음 사업을 시작했을 때, 나는 '감'이라는 것을 믿지 않았다. 아니, 정확히 말하면 감을 갖고 싶었지만 내 안에는 아무런 근거도 없었고, 그게 부끄러워 숫자와 이론, 전략에만 매달렸다. 무언가를 감으로 말하면 무책임해 보일 것 같았고, '왜 그렇게 하려고 해요?'라는 질문에 '그냥요'라고 답하는 건 사업가의 자세가 아니라고 생각했다. 그래서 내 선택에는 항상 이유를 달아야 했고, 자료를 붙여야 했고, 누군가를 설득할 만한 논리를 동원해야만 했다.

하지만 시간이 지나면서 알게 된 것이 있다. 감은 근거 없는 직감이 아니라, 시간이 만든 판단의 흔적이라는 것. 하루 이틀 해보고 떠오른 생각은 '감'이 아니라 '착각'일 수 있다. 하지만 수많은 시행착오를 거쳐 얻은 통찰은 단순한 직감이 아니라 '경험으로 체득된 판단력'이다. 감은 어느 날 갑자기 생기는 것이 아니다. 실패한 경험,

후회했던 선택, 기뻤던 결과, 놓쳤던 기회, 그리고 그 모든 장면에서 반복해서 관찰하고 기록했던 나의 반응들 속에서 조금씩 쌓여가는 것이다.

나는 감을 몰랐을 때, 항상 누군가에게 물었다. 이건 될까요? 이건 해도 되나요? 저렇게 하면 망하지 않을까요? 두려움이 많았던 그 시기에는 감히 내 판단을 믿을 수 없었다. 그럴 만도 했다. 실패한 경험이 쌓여야 감이 생기는데, 실패를 피하기 위해 무작정 남의 말만 따라다녔으니까. 하지만 그런 방식은 결코 내 감각을 키워주지 않았다. 오히려 감은 계속 무뎌지고, 나중에는 모든 걸 외부에서만 찾게 되는 악순환에 빠졌다.

감이 중요한 이유는, 사업의 모든 순간이 예측 불가능하기 때문이다. 데이터로 설명되지 않는 상황은 언제든지 생기고, 정해진 공식이 통하지 않는 경우가 허다하다. 그럴 때 필요한 건 정답이 아니라 '판단'이다. 지금 이 순간 내가 무엇을 선택해야 할지, 어떤 목소리에 귀를 기울여야 할지를 알아차리는 힘. 그게 바로 감이다.

예를 들어, 나는 요즘도 상담을 할 때면 고객의 말보다 표정, 말투, 공백, 주저하는 그 사이의 느낌들을 더 많이 본다. "이건 너무 비싸요"라는 말 뒤에 진짜 숨겨진 의미는 돈이 아니라 '신뢰'의 문제일 수 있다. "이건 좀 고민해 볼게요"라는 말은 제품이 문제가 아니라 내가 제공한 가치의 전달이 부족했던 걸 수도 있다. 이런 디테일은 절대 데이터로는 포착되지 않는다. 오직 감으로만 느낄 수 있고, 그 감은 과거에 내가 비슷한 상황에서 경험했던 그 수많은 장면들이 하나로 연결되어 있을 때만 가능하다.

그렇다면 감을 키우는 방법은 무엇일까? 나는 늘 이 질문에 하나의 답을 준다. "기록하고 반복하라." 경험은 누구나 하지만, 경험을 쌓는 사람은 따로 있다. 똑같은 1년을 살았어도 누군가는 그냥 지나갔고, 누군가는 하루하루를 해체하고 정리하며 감각을 키웠다. 이 차이가 결국 '감'이라는 이름으로 드러난다.

나는 내가 했던 프로젝트, 만났던 사람들, 잘된 일과 잘 안된 일을 작은 수첩에 메모해 뒀다. 이 과정이 너무 사소하고 귀찮게 느껴졌지만, 시간이 지나고 나니 그 기록들이 나의 판단력을 만들어 줬다. 비슷한 상황에 놓였을 때, 데이터를 보지 않아도 왜 이 방향이 맞는지 설명할 수 있었고, 그 설명이 자신감이 되었다. 그렇게 하나둘 내 감을 믿게 되었고, 그 믿음이 사업의 방향을 틀어주는 나침반이 되었다.

결국, 감은 내가 살아온 모든 흔적이자 요약본이다. 누군가는 빠르게 감을 타고나는 사람도 있을 것이다. 하지만 대부분은 감을 키워야 한다. 그리고 그 감은 결코 남이 줄 수 있는 것이 아니다. 아무리 훌륭한 조언도, 멘토의 경험도 내 감을 대신할 수는 없다. 내 삶의 맥락 위에 쌓이지 않은 판단은 결국 외부의 것이고, 그건 언젠가 흔들리게 마련이다.

지금 감이 부족하다고 느낀다면, 당연한 거다. 그건 감이 없는 게 아니라, 아직 충분한 경험이 모이지 않았다는 뜻이다. 실패해도 괜찮다. 성공해도 기록하라. 실망해도, 두려워도, 일단 부딪혀 보자.

그러다 보면 어느 순간 당신만의 '감'이 생긴다. 그리고 그 감은 언젠가 당신을 숫자가 말해주지 못하는 그 길로 이끌어줄 것이다. 마치 오래된 친구처럼, 조용히 옆에서.

# 85 성장보다 회복이 먼저일 때도 있다

우리는 흔히 성장이라는 단어에 집착한다. 성장해야 한다. 매출이 늘어나야 하고, 팔로워 수가 증가해야 하며, 고객 수가 전월 대비 상승 곡선을 그려야 한다. 그게 아니면 실패처럼 느껴진다. 정체된 듯 보이는 숫자들은 불안감을 자극하고, 남보다 늦어 보이면 초조함은 더 짙어진다. 나 역시 그랬다. 성장이라는 두 글자가 주는 압박감에 스스로를 몰아붙였다. 무조건 앞으로 나아가야 한다는 생각, 조금만 멈춰도 안 된다는 강박, 그게 나를 무너뜨리고 있다는 걸 알아차린 건 꽤 시간이 흐른 뒤였다.

사업을 하다 보면 버텨야 하는 시기가 있다. 성장은커녕, 하루하루를 버티는 것만으로도 벅찬 시기. 그때의 나는 '성장'이라는 단어 앞에 늘 초라했다. 매출은 떨어지고, 광고비만 나가고, 채널은 지지부진했다. 뭐 하나 확실히 풀리는 게 없는 그 시절, 자책하는 마음만 커져갔다. "나는 왜 계속 안 되는 걸까." "도대체 어디서부터 잘못된 걸까." 그러면서도 '성장해야 한다'는 강박은 내려놓을 수 없었다. 안 되는 이유가 너무 많았기에, 더 빠르게, 더 많이, 더 바쁘게 움직이려 했다. 하지만 그건 악순환이었다.

지금 생각해 보면, 그때 나에게 가장 필요한 것은 성장이 아니라 '회복'이었다. 잠시 쉬고, 나를 돌아보고, 다시 정비하는 시간. 그걸 허락하지 않으니 무너졌던 것이다. 우리는 뭔가 '하는 사람'이 되어야 한다는 부담을 안고 살아간다. 아무것도 하지 않으면 세상에 뒤처진 것 같고, 한 발짝 멈추면 금세 경쟁자들이 내 앞을 지나칠 것만 같다. 그런데 가끔은, 아니 생각보다 자주, 가장 중요한 건 그 속도를 늦추고 중심을 다시 잡는 일이다.

회복은 정체가 아니다. 오히려 회복은 다시 성장하기 위한 준비 과정이다. 아픈 몸을 끌고 마라톤을 계속 뛸 수는 없다. 잠깐 멈추고, 물을 마시고, 호흡을 가다듬어야 다시 뛸 수 있다. 정신도, 감정도, 사업도 마찬가지다. 탈진한 상태에서 쥐어짜낸 아이디어는 힘이 없다. 지친 마음으로는 고객의 피드백을 제대로 들을 수 없다. 내부가 흔들리고 있는데, 겉으로 아무리 멋진 콘텐츠를 쌓아도 무너지는 건 시간문제다.

나는 어느 시점에 회복을 선택했다. 처음엔 두려웠다. "쉬어도 괜찮을까?" "이렇게 멈추면 끝나는 거 아닐까?" 하지만 정작 멈추고 나서야 진짜 내 문제를 볼 수 있었다. 그동안 외면해온 감정들, 흘려보낸 관계들, 무시해온 몸의 신호들. 그리고 그 속에 숨겨진 질문 하나. "나는 왜 이 일을 하고 있는가?" 사업을 다시 시작하는 일은 언제나 이 질문에서 시작된다. 다시 성장하려면 먼저 내가 왜 무너졌는지를 이해해야 했다.

회복이 필요한 순간을 인지하는 건 쉽지 않다. 대부분은 '지금은 바쁘니까' '조금만 더 해보고' '이번 일만 끝내고'라고 말하며 미룬다. 하지만 그렇게 쌓인 피로는 언젠가 폭발한다. 관계가 깨지고, 팀이 무너지고, 자신이 무너지기도 한다. 그 전에, 하루를 통째로 쉬든, 오전에 산책을 하든, 글을 쓰든, 사람을 만나든, 무언가를 정리하든… 자신을 회복하는 시간은 반드시 필요하다.

지금 이 순간, 만약 성장이 더뎌졌다고 느끼는 사람이 있다면, 자신을 자책하기보다 물어봤으면 한다. "지금 나는 회복이 필요한 시기인가?" 정체된 것처럼 보이는 지금이, 사실은 회복이라는 이름의 깊은 뿌리내림일지도 모른다. 나무는 자라지 않는 것 같을 때 가장 깊이 뿌리를 내린다고 하지 않나. 그 뿌리가 있어야, 다시 바람에도 흔들리지 않을 수 있다.

사업은 오르막과 내리막의 연속이다. 무조건 위로만 가는 사업은 없다. 성공한 사람들은 모두 알고 있다. 회복의 중요성을. 그들은 멈추는 법을 아는 사람들이고, 멈춘 후에 다시 시작하는 용기를 아는 사람들이다. 회복 없이 이룬 성장은 부서지기 쉽고, 얕다. 반대로 회복을 통해 다져진 성장은 깊고 단단하다.

지금 내가 힘든 이유가 성장하지 못해서라기보다, 회복이 필요해서일 수 있다면, 잠시 걸음을 멈추는 것도 용기다. 회복은 두려움이 아니다. 회복은 다음 성장의 예고편이다. 그리고 우리는, 성장만큼

회복도 연습해야 한다. 그렇게 해야 오래간다. 그렇게 해야 진짜로
이 일을 계속할 수 있다.

# 위기에서 브랜딩은 강해진다

사업을 하다 보면 누구나 위기를 겪는다. 내가 뭔가를 잘못해서가 아니라, 세상이 내 뜻대로 흘러가지 않기 때문이다. 내가 가진 실력이나 마음가짐과 무관하게 때론 시장이 흔들리고, 때론 고객이 바뀌고, 때론 나 스스로가 변한다. 그렇게 예기치 못한 순간에 위기가 찾아온다. 그리고 많은 브랜드는 그 시점에서 무너진다. 반면 어떤 브랜드는 오히려 그 위기 속에서 더 강해진다. 도대체 그 차이는 무엇일까? 나는 그것이 '브랜드의 본질'에서 시작된다고 믿는다.

위기 앞에서 강한 브랜드는 처음부터 완벽했던 브랜드가 아니다. 다만, 스스로의 방향성을 너무도 잘 알고 있던 브랜드였다. 매출이 떨어졌을 때, 경쟁자가 나타났을 때, 고객의 니즈가 바뀌었을 때 이들이 흔들리지 않을 수 있었던 이유는 단 하나, '왜 시작했는가'를 잊지 않았기 때문이다. 반면 방향 없이 트렌드만 따라가던 브랜드는 어떤가? 위기가 오면 정체성을 잃고, 계속 새로운 무언가를 붙이며 자신을 지우기 시작한다. 고객이 그 브랜드를 더 이상 기억하지 못하는 건 당연한 결과다.

브랜딩은 겉모습이 아니다. 로고나 색깔, 포장이나 톤 앤 매너로 브랜드가 세워지는 게 아니다. 진짜 브랜딩은 위기를 견디는 힘이다. 그것은 단단한 내면에서 나오는 고유의 목소리고, 그 브랜드만의 방식으로 말하고 행동하는 일관성이다. 위기 속에서 우리는 알 수 있다. 이 브랜드가 지금 무너지고 있는지, 아니면 진짜 자신을 보여주고 있는지. 그리고 그 순간 고객은 판단한다. 이 브랜드를 다시 선택할 것인지, 이 브랜드를 계속 신뢰할 것인지.

나 역시 위기를 겪으며 이 사실을 뼈저리게 배웠다. 잘나가던 시절엔 몰랐다. 매출이 좋을 땐 브랜딩이 필요 없어 보인다. 사람들이 알아서 찾아주고, 상품은 알아서 팔리고, 시스템은 잘 돌아가는 것 같기 때문이다. 그런데 한순간 흐름이 바뀌고, 사람들의 관심이 옮겨가고, 광고가 먹히지 않게 되면 비로소 본질적인 질문과 마주하게 된다. "우리는 누구인가?", "우리가 왜 이 일을 시작했지?", "이 브랜드는 무엇을 위해 존재하지?"

그 질문에 답하지 못하는 브랜드는 다시 시작할 수 없다. 왜냐하면 다시 시작할 지점이 없기 때문이다. 하지만 브랜드의 중심에 진심과 철학이 있는 곳은 다르다. 그들은 잠깐 멈추더라도 곧 다시 일어난다. 고객과 대화하듯 콘텐츠를 다시 쓰기 시작하고, 자기가 누구인지 말하기 시작한다. 사람들은 그 진심에 다시 귀를 기울인다.

이전보다 더 깊게 신뢰하게 된다.

위기는 브랜딩의 시험대다. 위기를 어떻게 대처했는지가 곧 그 브랜드의 메시지가 된다. 코로나19가 그랬고, 경기 침체가 그랬다. 누구에게나 같은 파도가 몰아쳤지만, 어떤 브랜드는 무너졌고 어떤 브랜드는 더욱 깊은 관계를 만들었다. 우리가 위기 속에서 보여주는 태도는 브랜드의 품격이다. 그리고 이 품격은 단기간에 만들어지는 것이 아니다. 평소의 누적, 평소의 습관, 평소의 진심이 위기의 순간에 드러난다.

결국 브랜드는 말보다 행동이다. 위기 상황에서 우리가 취한 작은 행동 하나하나가 브랜드를 만든다. 고객에게 전화 한 통 더 걸었는지, 불편을 겪은 고객에게 진심 어린 사과를 했는지, 문제가 생겼을 때 변명보다 먼저 책임을 졌는지. 이런 디테일들이 쌓여 브랜드를 다시 일으켜 세운다.

브랜딩을 거창하게 생각할 필요는 없다. '우리는 누구인가?'라는 질문에 답하는 일, 그리고 그 답을 일관되게 전달하는 모든 과정이 브랜딩이다. 위기 속에서는 이 과정이 더 절실해지고, 더 정직해진다. 마케팅은 일시적인 눈길을 끌 수 있다. 하지만 브랜딩은 고객의 마음에 남는 일이다. 그리고 마음에 남은 브랜드는, 어떤 위기 속에서도 다시 선택된다.

위기에서 진짜 브랜딩은 시작된다. 고객의 마음을 얻는 가장 강력한 계기는 화려한 성공의 순간이 아니라, 함께 고통을 견딘 기억 속에 있다. 지금 위기를 겪고 있다면, 그것은 끝이 아니다. 오히려 가장 강력한 브랜드가 될 수 있는 시작점이다. 진짜로 기억에 남는 브랜드는, 늘 위기 이후에 만들어졌다.

# 87 위로를 넘는 실질적 제안이 필요하다

누군가 힘든 상황에 있다고 하면, 대부분은 본능적으로 위로부터 건넨다. "힘내세요", "잘될 거예요", "저도 그랬어요". 그 말들이 나쁘다는 건 아니다. 인간은 누구나 공감받고 싶은 존재고, 위로는 관계를 지탱하는 최소한의 정서적 교환이니까. 하지만 사업을 하다 보면 어느 순간 깨닫는다. 위로만으로는 현실이 바뀌지 않는다는 것을. 위로는 상처를 어루만질 수는 있지만, 해결은 하지 못한다.

사업을 하면서 마주한 많은 사람들—그들은 힘들다는 말을 꺼내면서도 사실은 '해결'에 굶주려 있었다. 위로가 필요한 게 아니라, 실질적인 방향 제시가 필요했던 것이다. 그들은 "어떻게 해야 하죠?"라는 질문을 돌려서 묻고 있었다. 그런데 그 질문에 "마음부터 다잡으세요"라는 답만 반복한다면, 그것은 오히려 무책임한 말일 수 있다.

나는 그 말을 했던 적이 있다. "힘내세요", "저도 그렇게 힘들었어요", "시간이 해결해 줄 거예요". 틀린 말은 아니지만, 아무것도 바뀌지 않았다. 내 말은 따뜻했지만, 상대에게 아무런 전략도, 행동도 남기지 못했다. 그렇게 위로를 해놓고, 내가 무언가를 했다는 착각에 빠졌던 적이 있다. 그리고 그 착각은 나를 더 게으르게 만들었다. 문제를 진짜로 해결하려면, 결국 '실행 가능한 제안'이 필요하다.

실질적인 제안이란 건 거창한 것이 아니다. 그 사람의 상황을 정확히 듣고, 그가 오늘 당장 할 수 있는 한 가지를 제시해주는 것이다. 예를 들면 이런 식이다. "오늘 한 가지 제품만 진심 담아 소개해 보세요. 안 팔리더라도 리뷰를 모을 수 있습니다." "매일 30분, 당신 제품에 대해 글을 써 보세요. 그게 결국 브랜드가 됩니다." "당신의 첫 고객은 멀리 있지 않아요. 전화번호부를 다시 열어 보세요."

이런 제안은 단순하지만 구체적이다. 그리고 무엇보다 중요한 건, 실행 가능한가 아닌가다. 아무리 멋진 전략이어도, 지금 그 사람이 할 수 없다면 그건 제안이 아니라 방해다. 나는 내가 살아남은 과정에서 깨달았다. 진짜 변화는 거창한 철학에서 나오지 않았다. 단 하나의 실행 가능한 행동에서 시작되었다. 그리고 그 행동이 반복되며 습관이 되었고, 그 습관이 내 사업을 다시 일으켜 세웠다.

많은 사람이 위로를 받고 나서도 여전히 제자리인 이유는, 움직일 구체적인 이유를 못 찾았기 때문이다. 그래서 나는 이제 누군가 힘들다고 하면 되묻는다. "지금 당장 무엇을 할 수 있나요?", "내가 도와준다면 어떤 행동을 할 의지가 있나요?" 그 사람의 마음에 불을

지필 수 있는 것은 감정이 아니라 동기다. 그리고 동기는 행동에서 생긴다.

사실 위로는 쉽다. 위로는 그냥 말을 던지면 된다. 하지만 실질적인 제안은 어렵다. 상대를 이해해야 하고, 듣고 공감해야 하고, 동시에 스스로도 충분한 경험과 고민이 축적되어 있어야 한다. 그래서 위로는 누구나 할 수 있지만, 제안은 아무나 할 수 없다. 특히나 실무에 대해 잘 알지 못하는 사람이 건네는 조언은 종종 더 큰 혼란만 남긴다.

그렇다고 해서 우리가 조언을 아껴야 한다는 뜻은 아니다. 오히려 더 많이 해줘야 한다. 단, 단순한 감정적 토닥임이 아니라, 정말 이 사람이 해볼 수 있는 행동을 함께 고민해주는 조언이어야 한다. 그리고 그 조언은 '이거 해보세요'가 아니라 '제가 해보니 이게 되더라고요'여야 한다. 경험에서 나온 제안은 훨씬 더 강력하다. 그리고 신뢰를 만든다.

나는 누군가에게 한 번이라도 실질적인 제안을 해본 적 있는가? 나 자신에게도 그렇게 해봤는가? 이 질문은 무척 중요하다. 우리가 진짜로 누군가를 돕고 싶다면, 그리고 내 사업 역시 제대로 된 관계망 속에서 성장하길 바란다면, '위로를 넘어선 제안'을 할 수 있는 사람이 되어야 한다. 그것은 그 사람을 위한 일이면서도, 결국 나 자신을 위한 일이기도 하다.

언젠가 내가 정말 무너졌을 때, 누군가 내게 해준 한마디가 있다. "지금부터 100일 동안, 매일 하나의 글을 써보세요. 안 써지면 한 줄

이라도 쓰세요. 끝까지 해보면 분명히 달라질 겁니다." 그게 지금
이 책의 시작이었고, 그게 지금의 나를 만든 작은 제안이었다. 위로
는 잠깐이지만, 제안은 인생을 바꾼다.

# 88 성공의 기준은 숫자가 아니다

사업을 하다 보면 숫자에 민감해질 수밖에 없다. 하루 매출, 월 매출, 순이익, 전환율, ROAS… 수많은 숫자들이 사업의 성패를 판단하는 기준처럼 따라붙는다. 나 역시 예외는 아니었다. 하루 매출이 백만 원을 넘기지 못하면 불안했고, 광고비 대비 수익률이 기대치에 미치지 못하면 모든 걸 다시 돌아보게 되곤 했다. '이 수치로는 안 돼', '이 숫자에 도달하지 못하면 실패야', 그렇게 숫자는 내 판단을 좌우했고, 나 자신을 평가하는 도구가 되어버렸다.

하지만 7년을 넘게 사업을 해보니 조금은 달라졌다. 이제는 숫자만으로 성공을 정의하지 않는다. 정확히 말하면, 숫자가 주는 의미를 좀 더 입체적으로 바라보게 되었다. 매출이 높다고 다 성공이 아니고, 수익률이 낮다고 해서 모두 실패는 아니다. 그리고 가장 중요한 것은, 어떤 숫자가 나에게 진짜 의미가 있는 숫자인지를 스스로

정의할 수 있어야 한다는 점이다.

예를 들어, 내가 월 5천만 원을 벌었을 때보다 월 5백만 원을 벌던 시절이 더 행복했던 때가 있다. 그때는 내가 어떤 고객과 어떻게 소통하며 무슨 가치를 전달하고 있는지에 대해 더 선명하게 알고 있었고, 그로 인해 얻는 만족감도 컸다. 반대로, 매출이 치솟던 시절에는 불안감이 함께 치솟았다. 숫자에 취해 본질을 잊었고, 그 결과는 아주 냉정하게 찾아왔다. 고객의 신뢰가 무너지고, 반복 구매율이 줄어들고, 결국 모든 게 원점으로 되돌아왔다.

사업을 지속 가능하게 만드는 기준은 숫자가 아니다. 오히려 관계의 질, 고객의 피드백, 나 자신이 그 일을 계속할 수 있는 에너지, 그리고 방향성 있는 성장 같은 것들이 더 중요하다. 숫자는 그 결과로서 따라오는 것이지, 시작점이 되어서는 안 된다. 그런데 많은 이들이 숫자를 먼저 바라보고, 숫자만 좇는다. 그래서 방향이 어긋난 채 전속력으로 달리는 일을 반복하게 된다.

나는 숫자 대신 '감정'을 기록하기 시작했다. 매출은 나를 흥분시키지만, 감정은 나를 돌아보게 한다. 오늘 하루 고객과 어떤 대화를 나눴는지, 그 대화가 나에게 어떤 울림을 줬는지, 나의 제품을 사용한 고객이 어떤 리뷰를 남겼는지… 그런 기록들은 숫자보다 훨씬 더 가치 있는 자산이 된다. 왜냐하면, 그 기록은 다시 내가 어디로 가야 하는지를 알려주는 나침반이 되어 주기 때문이다.

또 하나, 숫자는 '지금 이 순간'만을 말해준다. 그런데 사업은 장기전이다. 지금 잘된다고 계속 잘되는 것도 아니고, 지금 안 된다고 실패도 아니다. 중요한 건 내가 만들어가는 '추세'다. 그리고 그 추세를 결정짓는 것은 매출의 증감이 아니라, 내가 내 브랜드를 어떻게 다듬고 있는지, 고객의 반응이 어떻게 진화하고 있는지다. 그 모든 것이 곧 '브랜드의 체력'이 된다.

이런 말이 있다. "숫자는 거짓말하지 않지만, 숫자를 해석하는 사람은 거짓말을 한다." 나는 여기에 덧붙이고 싶다. "숫자는 진실이지만, 그 진실의 의미는 오직 내가 정해야 한다." 그러니까, 나의 성공을 외부의 기준으로만 해석하지 말자. 누구는 억대 매출을 찍었다고 자랑하지만, 정작 그 안에 남은 게 없다면 그건 허상일 뿐이다. 또 누구는 적은 매출에도 의미 있는 고객과의 관계를 쌓고 있다면, 그건 분명한 성공의 씨앗이다.

나는 이제 이렇게 생각한다. 성공은 숫자가 아니라 '방향성'이다. 그리고 그 방향은 내 안에 있다. 내가 뭘 위해 이 일을 시작했는지, 지금 어떤 감정을 느끼고 있는지, 앞으로 어떤 사람들과 함께하고 싶은지… 이런 질문에 선명한 답이 있다면, 그 사람은 이미 성공의 길을 걷고 있는 것이다. 숫자는 그 여정을 측정하는 도구일 뿐, 그 여정의 의미를 대신할 수는 없다.

결국, 숫자는 필요하다. 하지만 숫자에 휘둘려서는 안 된다. 우리는 매출을 만들기 위해 이 일을 시작한 것이 아니다. 가치를 만들기 위해, 그리고 그 가치를 나눌 수 있는 사람들과 함께하기 위해 시작했다. 그 가치를 만들어가는 모든 과정이 바로 '성공'이다. 그리고 나는 지금 그 길을 걷고 있다.

성공의 기준을 다시 써야 한다. 나만의 방식으로. 숫자가 아니라, 방향성으로. 지금 이 글을 읽는 당신도, 당신만의 기준으로 오늘을 정의하길 바란다. 그게 진짜 성공이다.

# 89 인생의 챕터도 브랜드가 된다

사람마다 인생에는 수많은 장면이 있다. 어떤 시절은 실패의 기록이고, 어떤 시절은 도전의 흔적이며, 어떤 시절은 말없이 흘러간 시간이다. 나는 이 모든 장면들이 각각 하나의 '챕터'라고 생각한다. 그리고 그 챕터들이 쌓여 결국 한 권의 책처럼, 나라는 사람을 만든다. 사업 역시 마찬가지다. 우리는 하나의 제품이나 서비스만을 파는 것이 아니라, 살아온 이야기, 경험, 철학, 가치관까지 통틀어 '나라는 브랜드'를 세상에 내놓는 것이다.

나는 지금껏 수많은 실수와 시행착오를 겪으며 여기까지 왔다. 망한 사업도 있었고, 누구보다 잘나갔던 순간도 있었으며, 아무도 관심을 가져 주지 않았던 어둠 속의 시간도 있었다. 그런데 이 모든 챕터들이 오히려 내 브랜드를 완성해주는 요소가 되었다. 사람들은 성공한 이야기에만 끌리는 것 같지만, 사실은 진짜로 마음을 움직이는 건 '실패를 견디고 다시 일어난 사람'의 이야기다. 완벽하지 않아서 더 진짜 같고, 상처가 있어서 더 공감되는 이야기. 그것이 브랜드가 되는 힘이다.

초창기 나는 사업을 하면서 나 자신을 최대한 감추고 싶었다. 개인사를 드러내는 것이 두렵기도 했고, 완벽하지 않은 모습이 브랜드에 도움이 되지 않을까 걱정도 됐다. 그래서 마치 잘 짜인 외피처럼, 깔끔한 웹사이트와 포장된 콘텐츠로 나를 감췄다. 그런데 이상하게도, 그럴수록 사람들은 내 브랜드에 큰 관심을 가지지 않았다. 반응도 미지근했고, 다시 찾는 이들도 많지 않았다. 이유가 뭘까? 고민 끝에 알게 됐다. 내가 진짜로 '사람'에게 닿지 못하고 있었던 것이다.

사람은 사람에게 끌린다. 이커머스 시대라고 해도, 결국 모든 구매 결정에는 감정이 작용한다. 누군가의 삶, 누군가의 태도, 누군가의 철학이 녹아 있는 브랜드는 시간을 들여 천천히 파고들게 만든다. 반면, 그럴싸한 겉포장만 있는 브랜드는 몇 초 만에 지나쳐 버린다. 그리고 다시 돌아오지 않는다. 그래서 나는 어느 순간부터 내 인생의 챕터를 브랜드 속에 담기 시작했다. 망한 이야기, 울면서 집에 들어간 이야기, 돈을 벌고 오만했던 시절, 다시 내려앉아 회복을 결심한 시기… 그 모든 것을 가감 없이 풀어냈다.

그랬더니 놀라운 일이 벌어졌다. 사람들이 내 브랜드에 감정적으로 반응하기 시작한 것이다. 어떤 이는 "이 글 보고 울었다"고 메시지를 보내왔고, 어떤 이는 "나도 이렇게 다시 시작하고 싶다"고 말했다. 고객이 아닌 사람도, 고객이 되는 일이 생겼다. 브랜드란 결국 사람이 기억하는 감정의 결과물이라는 걸, 그제야 진짜 알게 되었다.

우리는 브랜드를 만들기 위해 예쁜 로고나 고급스러운 웹디자인에 몰두한다. 물론 그런 것도 중요하다. 하지만 그것은 단지 '형식'일 뿐이다. 브랜드의 '내용'은 결국 내 인생이다. 내가 어떻게 살아왔고, 지금 어떤 생각을 하고 있으며, 앞으로 어디로 가고 싶은지를 보여주는 일. 그것이 브랜드를 사람답게 만든다. 그렇기 때문에 나는 지금도 브랜드의 본질은 '삶의 챕터를 어떻게 이야기하느냐'에 있다고 믿는다.

어떤 사람은 말한다. "지금 나는 보여줄 게 없어요." 하지만 보여줄 게 없는 것이 아니라, '정리되지 않았을 뿐'이다. 누구나 자신만의 챕터가 있다. 심지어 아무것도 하지 않은 시간에도 '무엇을 하지 않았는가'라는 선택이 담겨 있다. 중요한 건, 그 챕터를 어떻게 꺼내놓고, 어떻게 전달하느냐다. 감정을 담아 말하느냐, 진심을 다해 적느냐, 나라는 사람의 이야기를 있는 그대로 꺼내놓을 수 있느냐. 결국 이것이 브랜드의 진정성을 만든다.

이제 나는 내 브랜드를 소개할 때, 과거를 숨기지 않는다. 도리어 그 챕터들 덕분에 지금의 내가 있고, 이 브랜드가 있다고 말한다. 그리고 앞으로도 계속 새로운 챕터가 쓰일 것이다. 앞으로의 삶이 어떻게 전개될지는 모르지만, 분명한 것은 내가 그 챕터를 통해 더 단단해질 것이라는 점이다. 고객들도 그것을 알게 될 것이고, 그 단단함에 신뢰를 느낄 것이다. 이것이 곧 '브랜드의 힘'이다.

성공의 경험도, 실패의 흔적도, 모두가 콘텐츠가 된다. 내가 겪은 감정, 마주한 현실, 극복한 방식들이 다른 사람의 삶에 닿을 수 있다. 당신의 브랜드는 이미 존재하고 있다. 다만, 그 브랜드가 어떤 챕터로 구성되어 있는지를 아직 정리하지 못했을 뿐이다. 지금까지 살아온 인생을 책으로 쓰듯, 그 챕터들을 꺼내 보라. 그리고 이야기하라. 브랜드는 완성된 결과물이 아니라, 계속해서 쓰이는 이야기다.

이제는 나도 안다. 브랜드는 포장이 아니다. 브랜드는 사람이고, 인생이다. 당신의 인생에도 분명 브랜드가 숨어 있다. 그 챕터를 꺼내놓고, 있는 그대로 사람에게 전해보자. 결국 브랜드란, 당신이 살아온 삶을 어떤 방식으로 전달하느냐에 달린 것이다. 그리고 그 진심은 반드시 누군가의 마음에 닿는다.

# 90 사업가는 결국 다시 시작하는 사람이다

나는 처음부터 사업가였던 사람이 아니다. 그저 '돈을 벌고 싶다'는 마음에서 시작했다. 사실 이 말을 하면 많은 이들이 고개를 끄덕인다. 우리 대부분은 그렇다. 자유롭게 살고 싶고, 내 시간의 주인이 되고 싶어서 창업을 결심한다. 하지만 시간이 지날수록 깨닫는다. 사업은 '돈을 버는 일'이라기보다 '끊임없이 다시 시작하는 일'이라는 것을.

처음 시작은 누구나 비슷하다. 하고 싶은 것, 잘할 수 있을 것 같은 것, 혹은 지금 유행하는 것을 좇아서 무언가를 시작한다. 나도 그랬다. 7년 전, 아무것도 모른 채 사업이라는 이름표를 달았고, 운이 좋게도 빠르게 수익이 났다. 계좌에 찍히는 숫자가 내 노력의 결과라고 믿으며, 이 길이 곧 성공의 루트라고 착각했다. 그런데 생각보다 일찍 그 '끝'이라는 걸 마주했다.

한때 잘나가던 매출은 이유도 없이 꺾였고, 문제는 제품이나 마케팅이 아니라 나 자신에게 있었다. 나는 시스템을 이해하지 못했고, 돈을 관리하지 못했다. 무엇보다 '유지'라는 단어에 대한 준비가 없었다. 성장에만 집중하고 유지에 소홀했던 나는 사업의 파고를 이겨내지 못했고, 그렇게 무너지기 시작했다.

그 무너짐의 순간은 아주 조용하게 찾아온다. 갑자기 고객 반응이 식고, 광고 효율이 떨어지고, 매출이 줄어들기 시작한다. 불안은 점점 커지고, 나 자신이 믿지 못할 사람이 되어버린다. "내가 뭘 잘못했지?"라는 질문이 머릿속을 맴돌 때쯤, 이미 늦은 경우가 많다. 나는 이 과정을 두 번, 세 번 반복했고, 그때마다 공통적으로 느꼈던 감정은 '실패'였다. 그런데 시간이 지나고 나서야 알게 되었다. 그건 실패가 아니었다. 단지 '다시 시작할 시기'였을 뿐이다.

사업가는 '성공을 경험한 사람'이 아니라 '다시 시작할 수 있는 사람'이다. 무너져도 다시 짓고, 잃어도 다시 채우고, 멈춰도 다시 걷는 사람. 계속 버티는 것이 아니라, 변화에 맞춰 자신을 재정비하고 새로운 방향으로 나아가는 사람. 나는 실패했을 때마다 끝이라 생각했지만, 시간이 지난 후 돌아보면 그 순간은 오히려 내 사업의 전환점이자 새로운 장의 시작이었다.

처음엔 '왜 나에게만 이런 일이 생길까' 싶었다. 하지만 나중엔 모든 사업가가 이 시기를 겪는다는 걸 알게 됐다. 다만 어떤 이는 그 시기를 부정하고, 어떤 이는 그 시기를 기회로 삼는다. 나는 두 가지 모두를 경험했고, 이제는 기회를 택하는 쪽을 선택한다.

이전에는 사업을 '한 번 해내면 끝나는 게임'처럼 생각했다. 한 번 매출이 터지면, 계속 터질 줄 알았다. 하지만 그건 오산이었다. 사업은 한 번의 성공으로 완성되는 게 아니라, 수십 번의 전환과 수백 번의 수정, 수천 번의 반복 끝에 서서히 자리를 잡는 구조였다. 한 번 성공했다고 해서 다음이 보장되는 것도 아니고, 한 번 실패했다고 끝나는 일도 아니었다.

다시 시작하는 것은 어렵다. 용기도 필요하고, 체력도 필요하다. 하지만 무엇보다 중요한 것은 '마인드'다. 나는 실패의 기억을 단순히 잊는 것이 아니라, 받아들이고 활용하는 방향으로 마인드를 바꿨다. 처음엔 쉽지 않았지만, 그 과정을 통해 얻게 된 단단함은 지금까지 나를 지탱하는 가장 큰 힘이 되었다.

이제 나는 안다. 다시 시작하는 법을 아는 사람이 진짜 사업가다. 처음 시작할 때보다, 두 번째, 세 번째 시작이 더 어렵고도 중요하다는 것을. 그리고 그 모든 시작은 '내가 이 일을 왜 하려고 했는가'라는 본질적인 질문에서 출발해야 한다는 것도.

사업을 하다 보면 누구나 무너진다. 문제는 무너지는 것이 아니라, 무너졌을 때 다시 시작할 수 있는가에 달려 있다. 나는 아직 완성되지 않았다. 어쩌면 평생 완성되지 못할지도 모른다. 하지만 나는 매번 다시 시작하는 사람이고, 그 시작을 반복하면서 점점 더 단단해지고 있다.

당신이 지금 바닥에 있다고 느낀다면, 그건 끝이 아니라 또 하나의 출발점일 수 있다. 한 번 더, 한 걸음 더, 다시 시작할 수 있다면 당신도 나처럼 '사업가'라고 불릴 자격이 있다. 사업은 결국 완성된

사람이 하는 일이 아니라, 계속해서 다시 시작할 수 있는 사람이 하
는 일이다. 그리고 그 시작이 모여 진짜 브랜드가, 진짜 인생이 만들
어진다.

# 91 사업을 길게 보는 눈을 길러라

사업을 한다는 건, 단거리 경주가 아니라 마라톤이라는 말이 있다. 한 번쯤은 들어봤을 것이다. 문제는 대부분의 사람들이 이 말을 '아, 그렇구나' 하고 넘긴다는 데 있다. 내 경험상, 정말로 이 말의 의미를 몸으로 체득한 사람만이 살아남는다. 왜냐하면 진짜 사업은, 꾸준히 숨 쉬듯 이어가는 일이지, 단기간의 성과로 환호하는 일이 아니기 때문이다.

나 역시 초반엔 몰랐다. 아니, 안다고 착각했다. 사업을 하며 성공을 향한 수많은 단어들을 입에 달고 살았다. "이번 달 매출이 얼마였고, 다음 달은 몇 배 성장할 거야" 같은 말들을 매일 했고, 빠르게 성장하는 것이 마치 정답인 것처럼 믿었다. 하지만 현실은 달랐다. 급하게 번 돈은 급하게 빠져나갔다. 오늘의 히트 상품이 내일은 애물단지가 되었고, 어제의 전략은 하루아침에 통하지 않게 되었다.

그때야 비로소 알게 되었다. 사업을 한다는 건 순간의 수익이 아니라 흐름을 만들어가는 일이라는 걸. '이번 달에 얼마를 벌었는가' 보다 더 중요한 건 '이 구조가 앞으로 1년, 3년, 5년 이상 유지될 수 있는가'였다. 사업의 성패는 거기서 갈린다. 그리고 이 관점을 갖는 것이야말로, 진짜 '사업가'의 시선이라고 나는 생각한다.

이제 나는 숫자를 단기적으로 보지 않는다. 당장의 효율, 단일 광고의 전환율, 오늘의 트래픽 수치가 아니라 '이 구조가 어떤 흐름을 만들고 있는가'를 본다. 예전에는 하루의 매출이 내 감정을 좌우했다. 지금은 매출의 변동보다는, 그 흐름의 방향성과 일관성에 더 집중한다. 내가 만들어낸 이 구조가 시장의 흐름에 맞춰 건강하게 흘러가고 있는가, 고객의 변화에 적절히 반응하고 있는가, 반복 가능한가, 자동화될 수 있는가를 본다.

사업을 길게 보려면, 감정적으로 흔들리지 않는 연습이 필요하다. 하루 매출이 떨어졌다고 조급해하거나, 광고가 안 먹혔다고 전략을 갈아엎는 식으로는 절대 롱런할 수 없다. 감정이 앞서면, 판단은 무너지고, 무너진 판단은 지속 가능한 성장을 방해한다. 나는 시행착오 끝에 이것을 배웠다. 감정은 인정하되, 감정으로 결정하지 말자. 이것이 내가 사업을 길게 보기 위해 가장 먼저 바꾼 습관이었다.

또 한 가지. 길게 보려면, 사람을 길게 봐야 한다. 함께 일하는 사람, 거래처, 고객까지도 단발적인 소비자나 파트너가 아니라 '관계'로 봐야 한다. 한 번 사고 떠나는 고객보다, 오랜 시간 함께 성장할 수 있는 사람을 만드는 것이 더 중요하다. 실제로 내가 지금까지 버틸 수 있었던 이유 중 하나는, 단골 고객과 장기 파트너 덕분이었다. 그들은 내가 무너질 때에도 등을 돌리지 않았고, 위기 때 손을 잡아 줬다.

사업을 짧게 보면 '성공'은 결과지만, 사업을 길게 보면 '성장'이 전부가 된다. 이건 완전히 다른 관점이다. 사업을 성장으로 본다는 건, 숫자와 목표를 넘어서서 내가 어떤 사람으로 변화해 가고 있는지를 본다는 의미다. 나는 매년 돌아보며 나 자신에게 묻는다. "작년보다 단단해졌는가?" "올해는 어떤 시도를 했고, 어떤 변화를 겪었는가?" 이런 질문들이 나를 계속해서 앞으로 가게 만든다.

길게 본다는 건, 시간의 레이어를 쌓는 일이다. 단기 목표도 필요하지만, 1년 후의 나, 3년 후의 내 사업, 10년 후의 내가 무엇을 하고 있을지를 그려야 한다. 그리고 그 비전에 맞게 오늘의 일을 구성해야 한다. 그 일이 크든 작든, 중요한 것은 방향이다. 내가 지금 하고 있는 이 행동이 내가 원하는 삶의 그림으로 이어지고 있는지를 매일 점검해야 한다.

마지막으로, 나는 종종 자문한다. "이 일이 10년 뒤에도 남아 있을까?" 이 질문은 내가 하는 모든 선택의 기준이 된다. 눈앞의 이익에 혹하지 않게 만들어 주고, 지속 가능성을 늘 점검하게 해 준다. 사업을 길게 보는 눈은 결국 이런 식으로 단련된다. 매일의 선택에 의미를 부여하고, 그것이 축적되어 큰 방향성을 만들어간다.

짧은 시간 안에 터지는 성공도 좋다. 하지만 진짜 강한 브랜드는 시간이 만든다. 지금 이 글을 읽는 당신이 '지금 당장'이라는 조급함에서 벗어나 '조금씩, 꾸준히, 오래'의 마인드로 전환된다면, 그 순간부터 당신은 이미 진짜 사업가가 되어가는 길 위에 있다고 나는 확신한다.

# 92 준비된 사람은 기회를 기다릴 줄 안다

사업을 시작하고 몇 년이 지나고 나서야, 나는 깨달았다. 기회는 생각보다 자주 온다. 정말로 없다기보다는, 우리가 못 보고 있을 뿐이다. 아니면, 준비가 안 된 상태로 바라보기 때문에 그 기회가 두려움으로 다가올 때도 있다. 나는 그렇게 몇 번의 기회를 놓쳤고, 또 몇 번의 기회를 억지로 움켜쥐었다가 큰 대가를 치렀다.

기회는 준비된 사람에게만 기회로 보인다. 그렇지 않은 사람에게는 위기로, 부담으로, 혹은 '지금은 아니야'라는 자기 합리화의 핑계로 다가온다. 그래서 중요한 건 기회가 오느냐 마느냐가 아니라, 내가 지금 그걸 받아들일 수 있는 상태인가 하는 것이다. 다시 말해, 준비된 사람은 기회를 기다리며 그 시간을 단련의 시간으로 만든다. 반대로 준비되지 않은 사람은 아무리 많은 기회가 와도 그것이 기회라는 걸 알지 못하고 흘려보낸다.

내가 처음 한창 잘될 때는 기회가 나를 향해 쏟아지는 것처럼 느껴졌다. 돈도 벌고, 이름도 조금씩 알려지고, 사람들도 찾기 시작하니 여기저기서 제안이 들어왔다. 그때 나는 '이 모든 것이 나를 향한 운명의 손짓'이라고 착각했다. 그런데 웃긴 건 그 많은 기회 중에서 진짜 내 것이 된 건 거의 없었다. 왜일까?

그땐 내가 준비되어 있지 않았다. 시스템도 없었고, 팀도 없었고, 더 중요한 건 정신적으로도 준비되지 않았었다. '이런 기회 놓치면 안 돼'라는 생각에 조급했고, 내 손에 들어오지 않은 것에 대해 불안해했다. 기회는 쏟아졌지만, 나는 잡을 수도, 버릴 수도 없는 상태였다. 결국 소화하지 못한 기회들이 내 사업을 무겁게 만들었다. 사업의 본질은 '줄을 잘 서는 것'이 아니라, '내가 감당할 수 있는 길을 걷는 것'이다.

그 후로 나는 전략을 바꿨다. 무조건 뛰어들지 않기로 했다. 제안이 오면 먼저 '내가 지금 이걸 할 수 있을 만큼 준비되었는가'를 자문했다. 아무리 매력적인 조건이라도, 지금의 나에게 무리라면 과감히 뒤로 물러섰다. 그리고 그 물러섬을 후회하지 않았다. 오히려 그 시간 동안 나는 내 구조를 정비했고, 다음 기회를 위한 준비를 계속했다. 그게 진짜 사업가의 자세라는 걸 알았기 때문이다.

기회를 기다리는 사람들은 단지 멍하니 있는 게 아니다. 그들은 끊임없이 자신의 기반을 다지고, 매일을 점검하며, 습관을 다듬는다. 기회는 예상치 못한 타이밍에 온다. 그걸 안 이상, '준비된 자'라는 타이틀은 결코 가볍지 않다. 준비가 되어 있으면 기회가 오고, 기회가 오면 바로 반응할 수 있다. 반대로 준비가 안 된 상태로 기회를 잡으면, 그 기회는 언젠가 발목을 잡는 채무가 된다.

기회를 기다릴 줄 안다는 건 결국 '속도의 유혹'에서 자유로워지는 일이다. 모든 걸 빨리 이루고 싶은 마음, 남들보다 앞서고 싶은 욕망, 성공에 대한 조급함은 사업의 발목을 잡는다. 나 역시 수없이 그 유혹에 흔들렸고, 단기적 결과에 목매어 정작 중요한 걸 놓친 적이 많다. 그래서 기회를 기다리는 사람은 인내를 훈련한다. 기다림이 그들을 단단하게 만들고, 그 단단함이 기회가 왔을 때 휘둘리지 않도록 해준다.

지금 나에게는 명확한 기준이 있다. 어떤 기회든, 그 기회를 나에게 제안한 사람보다 더 많이 고민해 보지 않으면 수락하지 않는다. 그리고 그 기회가 내 사람, 내 고객, 내 브랜드에 어떤 영향을 미칠지를 시뮬레이션한다. 숫자가 아니라 구조를, 단기 이익이 아니라 장기 신뢰를 기준으로 판단한다. 이 기준이 없으면 누구나 기회를 핑계로 무너진다.

기회는 반드시 온다. 그걸 두고 조급할 필요는 없다. 중요한 건 그 기회가 왔을 때, 내가 준비되어 있느냐다. 지금 당신이 별다른 제안을 받지 못하고 있다면, 두려워하지 마라. 오히려 이 시기는 '기회가 아직 오지 않았기 때문에'가 아니라, '내가 준비되어야 할 시기이기 때문에'라는 사인일 수 있다.

그리고 무엇보다도 기억해야 할 것이 있다. 기회는 내가 생각하는 방식으로 오지 않을 수 있다. 화려하게 포장된 큰 제안이 아니라,

평범한 일상 속 작은 대화, 낯선 사람과의 짧은 만남, 우연히 듣게 된 이야기 속에서 진짜 기회가 숨어있다. 그걸 기회로 알아보는 눈, 그걸 실행에 옮길 수 있는 기반, 그게 준비된 사람의 조건이다.

기회는 기다린다고 오는 게 아니라, 준비된 사람에게만 보인다. 그러니 오늘 하루도 기회를 찾기보다, 준비하는 하루를 만들어 보자. 지금은 조용하더라도, 내일 갑자기 문이 열릴 수 있으니까. 그리고 그 순간, 당신은 말할 수 있을 것이다. "나는 이걸 위해 준비하고 있었어."

# 브랜딩은 결국 본질의 외침이다

　　브랜딩이라는 단어를 처음 들었을 때, 나는 꽤 멋지고 화려한 작업처럼 느꼈다. 말투부터 이미지, 색감, 로고, 톤 앤 매너까지. 브랜드라는 이름 아래 구성되는 모든 요소들은 무언가 잘 정돈되어 있어야만 한다고 생각했다. 그래서 나 역시 처음엔 멋을 따라 했다. 멋있는 브랜드처럼 보이고 싶었고, 잘나가는 브랜드의 분위기를 흉내 냈다. 하지만 시간이 지나면서 하나씩 무너져갔다. 이유는 간단했다. 겉은 따라 했지만 속은 따라가지 못했기 때문이다. 껍데기를 만들었지만 본질은 없었다.

　　브랜딩이란 결국 '내가 누구인가'를 묻는 과정이다. 누군가에게 보여주기 위해 꾸미는 게 아니라, 내가 진짜 어떤 생각을 하고 어떤 철학을 가지고 살아가고 있는지를 드러내는 일이다. 말하자면, 브랜딩은 '외침'이다. 그러나 그 외침은 아무 말 대잔치가 아니라, 아주 깊이 가라앉은 본질에서 올라오는 말이어야 한다. 그래야 힘이 있고, 그래야 오래간다.

처음에는 나도 그걸 몰랐다. 그래서 SNS에 멋진 말, 그럴듯한 인사이트를 흘리듯 적고, 몇 개의 멋진 영상과 이미지로 나를 포장했다. 어느 정도 반응은 있었다. 하지만 깊이가 없었다. 공감은 오지 않았고, 소비자나 고객은 내 말에 마음을 주지 않았다. 그때야 깨달았다. 말의 내용이 문제가 아니라, 그 말을 꺼낸 '의도'가 진심이 아니었기 때문이라는 것을.

이후로 나는 꾸며내기보다 들여다보는 쪽을 택했다. 내 삶을, 내 실패를, 내 철학을. 내가 왜 이 일을 하는지, 이 일로 누구를 돕고 싶은지, 그 사람들은 어떤 고민을 갖고 있는지에 대해 끊임없이 질문했다. 이 과정은 생각보다 고됐다. '왜 나는 이 일을 하는가?'에 대해 매일 물어야 했고, 그 답을 매번 갱신해야 했다. 하지만 그 질문이 나를 버티게 했고, 그 질문의 답이 브랜딩이 되어 나왔다.

요즘 '브랜딩 전문가'라는 이름이 참 많아졌다. 하지만 아이러니하게도 정작 브랜드는 점점 비슷해지고 있다. 컨설팅을 받은 브랜드도, 교육을 들은 브랜드도, 다 비슷한 톤으로 말하고, 비슷한 그림으로 꾸며진다. 왜일까? 내 생각엔, 본질보다 방법을 먼저 배웠기 때문이다. 어떤 색을 써야 하고, 어떤 글씨체가 좋아 보이는지, 무슨 말을 하면 사람들의 반응이 오는지를 중심으로 고민했기 때문이다.

그런 브랜딩은 오래가지 않는다. 왜냐하면, 브랜드의 본질은 삶의 맥락 안에 존재하기 때문이다. 나의 살아온 방식, 나의 고민과 철학이 담기지 않으면 아무리 멋지게 꾸며도 무게가 없다. 결국 브랜드란 그 사람의 태도고, 그 사람의 언어고, 그 사람의 기록이다. 그리고 그것들은 하루아침에 만들어지지 않는다.

내가 생각하는 브랜딩은 이렇게 단순하다. '이 사람이 정말로 믿고 있는 게 뭔지 보이느냐'다. 글을 읽거나 말을 들었을 때 '아, 이 사람은 이걸 진심으로 말하고 있구나' 싶은 느낌. 그게 있어야 한다. 그런 브랜드는 흔들리지 않는다. 오히려 시간이 갈수록 더 단단해지고, 어떤 유행 속에서도 자신만의 자리에서 빛난다.

나는 여전히 브랜딩을 완성하지 못했다. 아니, 아마 평생 완성하지 못할지도 모른다. 하지만 적어도 내가 무엇을 말해야 할지는 안다. 내가 겪은 실패, 내가 부딪친 벽, 그 벽을 넘기 위해 배웠던 것들, 그리고 그 안에서 발견한 작고 확실한 신념들. 이게 내가 가진 브랜드다. 이건 누구도 흉내 낼 수 없다. 왜냐하면 이건 살아있는 사람이 만든 것이고, 살아있는 이야기기 때문이다.

브랜딩은 결국 '본질의 외침'이다. 사람들이 듣고 싶은 말이 아니라, 내가 정말 하고 싶은 말을 전할 수 있을 때 비로소 그것은 브랜딩이 된다. 그리고 그 외침은 사람들의 마음에 닿는다. 오늘 당신의 브랜드는 어떤 외침을 하고 있는가? 그것이 남의 말이라면 다시 돌아보자. 당신만이 할 수 있는 이야기가 있다. 그 이야기를 꺼내는 순간, 당신의 브랜드는 시작된다.

# 94 브랜드는 혼자 만들지 않는다

사업을 시작하면 모든 걸 혼자 해내야 할 것만 같다. 특히 초반에는 사람을 쓸 여유도, 팀을 만들 자원도 없다 보니 기획부터 제작, 운영, 고객 응대, 마케팅까지 모든 과정을 스스로 책임져야 하는 상황이 반복된다. 나 역시 그랬다. 무언가를 배워야 했고, 직접 해 봐야만 직성이 풀렸다. 하지만 그 과정에서 어느 순간 한계를 마주하게 된다. 머릿속의 생각은 많고, 하고 싶은 일은 넘치는데, 실행 속도는 따라가지 못한다. 그리고 그때 깨닫는다. 브랜드는 혼자 만들 수 있는 게 아니라는 걸.

'브랜드는 혼자 만드는 거 아니야'라는 말이 처음 들렸을 땐 솔직히 반감이 있었다. 내가 이걸 얼마나 고생하며 만들어왔는데, 누가 도와줬다고 그들의 몫까지 나눠줘야 하냐는 얄팍한 자존심도 있었고, 믿고 맡길 사람이 없다는 불안도 있었다. 하지만 시간이 지나면서, 진짜 브랜드는 내 머리 안에서가 아니라, 다른 사람들과의 관계 안에서 만들어진다는 걸 체감하게 됐다.

진짜로 브랜드가 살아 움직이는 순간은, 나와 함께하는 사람들이 내 브랜드를 '자기 것처럼' 말할 때다. 직원이든, 고객이든, 파트너든 간에 누군가가 내 브랜드에 대해 나보다 더 잘 설명하고, 나보다 더 애정을 갖고 대할 때, 나는 그제야 브랜드가 확장된다는 걸 느낀다. 그 확장은 내 손끝에서가 아니라, 타인의 말과 행동에서 비롯된다.

물론 여기에는 전제가 필요하다. 함께하는 사람들이 브랜드의 철학과 목적, 그리고 방향을 정확히 이해하고 있어야 한다. 그래야 자기 언어로 브랜드를 설명할 수 있고, 그 언어가 모여 하나의 일관된 메시지가 된다. 나는 이것이 진짜 '브랜딩의 힘'이라고 생각한다. 브랜드는 사람을 통해 퍼지고, 사람을 통해 기억된다. 아무리 좋은 제품과 디자인, 마케팅 전략을 갖췄다 해도, 이를 이해하고 전달해 줄 사람이 없다면, 결국 그것은 단발적인 성과로 끝나버린다.

그래서 나는 이제 내 브랜드를 함께 키워줄 사람들을 찾고, 그들과 함께 브랜드를 만들 수 있는 구조를 고민한다. 함께 일하는 사람들과 나누는 대화, 고객과의 피드백, 때로는 날카로운 클레임까지도 브랜드를 완성해 주는 요소로 작용한다. 누군가의 말 한마디가, 나의 사고방식과는 전혀 다른 시선이, 브랜드를 더 단단하게 만들어주는 경우가 많다. 나는 그런 의견들을 통해 브랜드의 균형을 맞춰나간다. 혼자 생각하는 브랜드는 종종 일방적이지만, 함께 만든 브랜드는 유연하고 생명력이 있다.

나는 이제야 알게 되었다. 나만의 세계에 갇혀 브랜드를 만들던 시절엔 늘 외로웠고, 결과물도 한계가 분명했다. 하지만 누군가와 함께, 서로 다른 생각을 조율하고 대화하면서 만들어낸 브랜드는 깊이가 달랐다. 그것은 더 이상 나의 브랜드가 아닌, '우리의 브랜드'가 된다. 그 순간부터 브랜드는 성장하기 시작한다. 왜냐하면 나 한 사람의 힘이 아닌, 여러 사람의 공감과 실행력으로 움직이기 때문이다.

브랜드는 더 많은 사람과 함께할수록 풍성해진다. 그 속에는 다양한 경험이 녹아들고, 각기 다른 시선과 감성이 담긴다. 물론 방향성을 잃지 않기 위해 중심은 분명해야 한다. 브랜드의 철학, 핵심 메시지, 왜 존재하는가에 대한 이유는 내가 끝까지 붙들고 있어야 할 것이다. 그러나 그 외의 수많은 부분은 함께하는 사람들의 손에서 다듬어지고 확장되어야 한다. 그 확장 속에서 비로소 브랜드는 진짜로 '살아있는 무언가'가 된다.

혼자서 모든 걸 만들어야 한다는 부담을 내려놓는 순간, 브랜드는 더 멀리 나아간다. 이제는 함께할 사람들을 모으고, 그들과 함께 나의 이야기를 나누는 일에 집중해야 한다. 그들이 내 브랜드를 이해하고, 자발적으로 전파하게 만드는 것이야말로, 브랜딩의 진짜 시작이다.

그래서 다시 말하지만, 브랜드는 혼자 만들 수 없다. 좋은 브랜드는 언제나 좋은 사람들이 함께 만든다. 그리고 그 사람들은 단순히 일을 나누는 '인력'이 아니라, 브랜드를 함께 호흡하며 자라나게 하는 '동료'다. 그 동료들과 함께라면, 내 브랜드는 더 멀리, 더 깊게, 더 오래 살아남을 수 있다.

# 95

# 지속 가능성은 작은 원칙에서 시작된다

사업을 오래 하다 보면 결국 살아남는 사람이 강한 사람이 아니라, '지속 가능한 시스템'을 만든 사람이라는 걸 뼈저리게 느낀다. 처음에는 빠르게 치고 나가는 사람이 부러웠다. 하루 매출이 수백만 원, 수천만 원 찍히는 사람들을 보면서, 나도 저렇게 될 수 있겠지 하는 마음으로 무작정 따라가기도 했다. 하지만 몇 해가 지나고 나니 보이기 시작했다. 처음엔 잘나가던 사람들이 한순간에 사라지는 이유. 겉으로는 다 있어 보이던 브랜드가 말없이 폐업하는 이유. 대부분은 '버티는 힘'이 없었고, 그 버티는 힘의 출발은 작고 단단한 원칙 하나였다.

나는 그 원칙을 정하는 데에 굉장히 오랜 시간이 걸렸다. 무엇이 옳은 건지, 어떤 선택이 나를 살리는 건지 분간하지 못한 채 이리저리 흔들리기만 했다. 그럴 수밖에 없었다. 내 안에 기준이 없었기 때문이다. 매출이 좋을 때는 좋다고 착각했고, 매출이 떨어지면 그게 끝인 줄 알았다. 그때마다 '이번엔 이걸 해보자', '이 방향으로 전환하자'며 근거 없는 판단을 반복했다. 당장 눈앞의 위기를 모면하려는 조급함이 나를 원칙 없는 사업가로 만들었고, 그 결과는 불안정한 구조였다.

하지만 어느 순간부터 '단 하나라도 나만의 원칙을 만들자'는 다짐을 했다. 그리고 그것이 생각보다 강력하다는 걸 깨닫게 되었다. 예를 들어 나는 매일 아침 사업 관련 메모를 남긴다. 누군가는 사소하게 여길 수 있다. 하지만 이 작은 루틴이 하루의 흐름을 잡아주고, 생각을 정리하게 만들며, 결국 일관된 사업 태도를 유지하게 만든다. 더 나아가서는 고객에게 보여주는 메시지까지도 안정적으로 유지할 수 있게 해준다. 작지만 흔들리지 않는 원칙이 내 사업의 뼈대를 세운 셈이다.

지속 가능성은 거창한 전략에서 시작되지 않는다. 어쩌면 사소하다고 느껴질 수 있는 '이것만은 지키겠다'는 약속, 그것이 진짜 사업의 기반이 된다. 나는 상품 등록을 할 때마다 정해진 템플릿을 지키고, 고객 응대를 할 때에는 어떤 상황에서도 감정적이지 않기로 원칙을 세웠다. 이런 원칙들이 쌓이다 보니, 고객에게 신뢰를 주는 방식도 점점 정교해졌다. 반복되는 일상 안에서 원칙이 지켜지면, 고객은 브랜드에 신뢰를 갖는다. 신뢰는 곧 재구매로 이어지고, 재구매는 결국 안정적인 매출을 만든다.

우리는 자주 결과에만 집착한다. 1억, 10억, 100억. 매출이라는 숫자가 커질수록 마치 내가 커진 것처럼 착각하기 쉽다. 하지만 숫자보다 무서운 건 '지속될 수 있느냐'는 질문이다. 오늘 1억을 벌고 내일 0원이 되는 시스템은 위험하다. 반대로 오늘 100만 원을 벌더라도 내일도 100만 원이 가능하고, 다음 달에도 이 흐름이 이어질 수 있다면 그건 이미 탄탄한 구조를 갖춘 사업이다. 그리고 그 구조는 원칙에서 나온다.

이 원칙은 사업뿐 아니라 삶 전체에도 영향을 미친다. 나는 사업하면서 자주 내 삶이 무너지는 느낌을 받았다. 밤새워 일하고, 식사는 거르고, 가족과의 시간도 줄어들었다. 이유는 간단하다. '내 삶의 원칙'이 없었기 때문이다. 오롯이 매출만을 향해 달리다 보니 어느새 나는 내가 만든 사업의 노예가 되어 있었다. 어느 날 문득 거울을 보니, 초췌한 얼굴의 내가 낯설게 느껴졌다. 그때 비로소 사업이 전부가 아니란 걸 다시 깨달았다.

그래서 나는 사업 외의 일상에도 원칙을 세우기 시작했다. 정해진 시간에 일어나기, 가족과의 식사 시간은 반드시 지키기, 일주일에 한 번은 혼자만의 시간 갖기. 말만 들으면 흔한 자기관리 루틴이지만, 나에게는 생존 전략이었다. 그리고 이 작은 원칙들이 나를 살렸고, 내 브랜드를 살렸다. 우리는 너무 쉽게 '대단한 전략'을 좇는다. 하지만 그 전략이 작동하려면 일상을 지탱하는 원칙이 있어야 한다.

나는 지금도 새로운 원칙을 만들어가고 있다. 그리고 그것을 하나씩 지켜 나가고 있다. 나만의 방식으로. 완벽하진 않지만 매일 조금씩 좋아지고 있다는 걸 느낀다. 그것이 내가 버틸 수 있는 이유이고, 내가 다시 일어설 수 있는 힘이다. 원칙은 우리를 구체적인 실천으로 이끌고, 실천은 결국 결과를 바꾼다. 그리고 그 결과가 쌓이면, 우리는 지속 가능한 사업가가 된다.

이제는 자신 있게 말할 수 있다. 사업은 원칙에서 시작해야 한다고. 단 하나의 원칙이 당신을 지켜주고, 브랜드를 지탱해줄 것이다. 오늘 당신이 세운 작은 원칙 하나가 내일의 당신을 만들고, 그 내일이 모여 결국 '지속 가능한 삶'이라는 이름으로 불리게 될 것이다.

# 96

# 숫자보다 방향, 속도보다 지속성

나는 초기에 숫자에 집착했다. 매출, 순이익, 팔린 수량, 팔리지 않은 재고까지. 하루 매출이 얼마나 되는지 실시간으로 확인하고, 광고비 대비 ROAS 수치를 보며 잠을 설치기도 했다. 숫자가 올라가면 잠깐 기뻤지만, 곧 그 숫자에 익숙해지고 다시 더 큰 숫자를 갈망했다. 숫자가 내려가면, 이유를 찾기에 급급했고 결국은 자책하거나 조급한 결정을 내리곤 했다.

사업을 처음 시작한 사람이라면 누구나 그렇다. 잘되고 싶은 욕망이 크고, 내가 잘하고 있다는 걸 확인할 유일한 기준이 숫자뿐이니까. 하지만 시간이 지나고, 위기와 실패를 반복하며 느꼈다. 숫자는 결과일 뿐이지 목적이 아니었다. 내가 진짜 봐야 할 건 '어디로 가고 있는가'였다.

속도를 올리는 건 생각보다 쉽다. 단기적으로 할인 이벤트를 걸고, 광고를 몰아넣고, 말 그대로 '땡기는 장사'를 하면 일시적인 숫자는 얼마든지 만들 수 있다. 하지만 그 숫자를 만든 다음엔 반드시 후폭풍이 따라왔다. 고객 불만, 재고 문제, 브랜드 신뢰도 하락, 그리고 무엇보다도 나 자신이 지친다. 힘을 짧게 집중해서 튕겨나가는 방식은 마라톤을 뛰는 데 적합하지 않다. 사업은 단거리 경주가 아니니까.

한 번은 그런 일이 있었다. 하루 매출이 3천만 원 넘게 나왔던 날, 처음엔 기분이 너무 좋았다. '드디어 해냈다'는 뿌듯함. 그런데 며칠 뒤, 그날 주문된 제품 중 5% 이상에서 불량이 나왔고, 고객센터가 터졌다. 팀원들도 혼란에 빠졌고, 내 머릿속은 다시 숫자보다 '사람'으로 돌아갔다. "내가 뭘 놓쳤지?" 그때 생각했다. "아, 나는 방향을 잃고 있었다."

속도는 유혹이다. 특히 초보 사업가일수록 빨리 달리고 싶어 한다. '지금 잘돼야 한다'는 압박감은 주변을 전혀 돌아보지 못하게 만든다. 그런데 조금만 더 길게 보면 답이 보인다. 오늘보다 내일 더 나아지고, 이번 달보다 다음 달에 더 정교해지면 결국 원하는 위치에 도착하게 되어 있다. 문제는, 대부분이 중간에 속도만 높이다가 지쳐서 멈춘다는 것이다. 빠르게 갔다가 멈추는 것보다, 느리더라도 꾸준히 가는 게 낫다. 왜냐면, 사업은 '완주'의 싸움이니까.

방향성을 잡는 것도 쉬운 일은 아니다. 내 제품이 진짜로 해결해주는 문제는 뭔가? 내가 진짜로 도달하고 싶은 고객은 누구인가? 나는 어떤 가치를 꾸준히 이야기하고 싶은가? 이런 질문에 답을 찾으려면 생각보다 많은 시간이 걸린다. 나 역시 처음엔 '잘 팔릴 것 같은 제품'만 찾았다. 하지만 정작 그 제품이 누구를 위한 건지, 내가 그 제품에 대해 얼마나 애정을 가지고 설명할 수 있는지는 놓치고 있었다.

결국 사업의 방향성은 나 자신에 대한 질문에서 시작된다. 나는 무엇에 공감하고, 무엇을 통해 성장했고, 어떤 삶을 제안할 수 있는 사람인가? 숫자는 그 방향성의 결과물이다. 방향이 명확하면 속도는 점차 따라오고, 그 속도가 쌓이면 브랜드가 된다. 반대로 숫자만 보고 방향을 잊으면, 겉보기엔 잘되는 것 같아도 안에서 무너지는 구조가 된다.

지금 내가 가장 중요하게 생각하는 건 '지속성'이다. 일회성이 아니라 반복 가능하고, 그 반복이 지루하지 않고 의미 있게 느껴지는 구조를 만드는 일이다. 매달 같은 매출을 만들 수 있는 구조, 고객이 자주 찾게 되는 제품력, 브랜드가 일관되게 전달되는 콘텐츠, 팀이 안정적으로 유지되는 업무 환경. 이 모든 것이 숫자보다 중요한 지속성의 구성요소다.

나는 이제 사업을 시작하는 사람들에게 이렇게 말한다. "숫자를 너무 사랑하지 마세요. 숫자는 당신을 배신할 수 있어요. 숫자는 당신을 더 높이 올려놓고, 더 크게 떨어뜨릴 수도 있어요. 그러니 숫자를 믿기보다 방향을 먼저 세우세요."

결국 사업의 본질은 숫자를 만드는 것이 아니라, 의미를 만드는 일이다. 내가 세상에 어떤 문제를 해결하고, 어떤 변화를 만들고 있는지를 고민할 때 숫자는 따라온다. 그리고 그 숫자가 나를 부풀게 하지 않고, 나를 다지게 만들어야 한다. 그럴 때 비로소 사업은 나를 살리고, 내가 사업을 살릴 수 있다.

지금 눈앞의 매출이 줄었다고 불안해하지 말자. 속도가 느려졌다고 조급해하지 말자. 오히려 지금이 방향을 점검할 기회일 수 있다. 사업은 길다. 오래 살아남는 사람이 결국 이긴다. 숫자보다 방향, 속도보다 지속성. 이 원리를 이해하고 실천하는 순간, 우리는 흔들리지 않는 힘을 얻게 된다. 그리고 그 힘이 바로 '지속 가능한 성장'이라는 가장 강력한 무기가 된다.

# 97 성공한 브랜드는 오래된 고객이 만든다

나는 언젠가부터 '신규 고객'이라는 단어에 집착하고 있었다. 광고 효율을 높이고, 전환율을 분석하고, 매출 대비 ROAS를 끌어올리는 모든 과정의 중심에는 늘 새로운 고객이 있었다. 마치 새로운 고객만이 내 사업을 성장시켜줄 유일한 열쇠라고 믿었다. 그러나 시간이 지나면서 그 생각이 완전히 틀렸다는 것을 몸으로 배웠다.

신규 고객은 브랜드의 시작점일 수는 있어도, 브랜드의 중심은 아니다. 성공적인 브랜드를 지탱하고 있는 진짜 기둥은 오래된 고객, 그러니까 나를 한두 번이 아니라 여러 번 선택해준 사람들이다.

오래된 고객은 단순히 '오래 거래한 사람'이라는 의미를 넘는다. 그들은 브랜드가 어떻게 변화해왔는지를 지켜봐 준 사람들이다. 처음엔 미숙했던 제품, 혼란스러웠던 서비스, 어설펐던 메시지마저도 함께 겪어 주고 견뎌준 사람들이다. 이들의 존재는 단순한 숫자로는 절대 환산할 수 없는 자산이다.

한때 나는 이 오래된 고객에게 너무 익숙해졌다. '이 사람은 어차피 또 살 거야', '이제는 설명 안 해도 되겠지' 하는 방심이 생겼다. 하지만 그런 방심이 반복되면 결국 그 관계는 끊어진다. 브랜드가 고객과 맺는 관계는 인간관계와 같다. 오랜 친구일수록 더 자주 연락하고, 더 진심을 담아야 오래간다.

특히 요즘같이 대체재가 넘치는 시장에서는 오래된 고객이 더욱 중요해졌다. 새로운 제품이 넘쳐나는 시대지만, 사람들은 여전히 익숙하고 신뢰할 수 있는 곳으로 돌아온다. 선택지가 많을수록 사람들은 혼란스러워지고, 결국 자신이 믿을 수 있는 브랜드를 찾게 된다. 그게 바로 내가 돼야 한다.

오래된 고객은 또 다른 고객을 데려온다. 진심으로 브랜드를 좋아하는 사람은 주위 사람에게 그것을 알리고 싶어 한다. 가짜 리뷰나 광고보다 훨씬 강력한 건 진짜 사용자의 한 마디다. 누군가 "이거 진짜 써 보니까 좋아"라고 말하면 그 말 한마디는 수십 번의 광고보다 훨씬 큰 힘을 가진다.

내가 이커머스 사업을 하며 가장 큰 전환점을 맞이한 순간도, 오래된 고객을 다시 마주하고 나서였다. 그들은 내가 잠시 흔들릴 때에도, 제품력이 떨어졌을 때에도, 꾸준히 내 콘텐츠를 보고 피드백을 줬고, 다시 구매해 주었다. 그들에게서 나의 초심을 발견했다.

그래서 나는 오래된 고객을 단순히 '재구매자'가 아닌 '브랜드의 동반자'라고 부른다. 그들은 나의 브랜딩 여정에 함께 올라탄 승객이 아니라 공동 운전자다. 내가 방향을 잡을 때, 그들의 반응이 내게 내비게이션이 되었다.

많은 사람들은 마케팅에서 '퍼널'을 이야기한다. 인지, 관심, 구매, 충성, 전도. 이 흐름의 끝이 충성 고객이라고 생각하지만, 나는 그게 끝이 아니라고 믿는다. 진짜는 '관계'다. 충성이라는 단어로 표현할 수 없는 감정적 유대, 그것이 있는 고객은 단지 물건을 사는 사람이 아니라 내 브랜드의 일부다.

그러니 내가 사업을 하며 가장 신경 써야 할 건 '어떻게 고객을 더 많이 모을까'가 아니라 '이미 나를 알고 있는 사람과의 관계를 어떻게 더 깊게 만들까'다. 새로운 사람을 찾는 데 드는 시간과 비용의 절반만이라도 기존 고객에게 쓴다면, 그 성과는 배가 된다.

브랜드를 오래 지켜온 사람들은 내 실수도 용서해 줄 수 있다. 하지만 그것은 '관계'가 전제되어 있을 때다. 관계를 만들기 위해선 시간과 정성이 필요하고, 그 과정을 브랜드가 먼저 해야 한다.

이제는 하루 매출보다 월 재구매율을 더 중요하게 본다. 신규 고객 유입 수보다, 6개월 이상 내 브랜드를 기억해 주는 사람 수를 더 중요하게 생각한다. 그 수치들이 내가 만들어온 관계의 결과물이기 때문이다.

결국 브랜드의 성공이란 숫자 그래프의 궤적이 아니라, 사람들과 맺은 관계의 깊이로 증명된다. 어떤 위기가 와도, 어떤 시장 변화가 있어도, 내 브랜드를 믿고 다시 돌아오는 사람들이 있다면, 나는 그 자체로 '성공한 브랜드'를 갖고 있는 것이다.

지금 당신의 브랜드에는 그런 사람이 있는가? 그들이 당신의 성공이다. 그리고 그 성공을 키우는 방법은 오직 하나, 오래된 고객을 끝까지 존중하고, 그들과 함께 성장하는 것이다. 진짜 브랜드는 화려한 광고가 아니라, 그 조용한 신뢰 위에 세워진다.

# 98 나를 지키는 브랜드가 진짜다

나는 브랜딩 전문가가 아니다. 애초에 브랜딩이라는 단어를 제대로 배우거나 분석해서 시작한 사람이 아니었고, 지금도 누군가에게 '브랜딩이 뭡니까?'라고 물으면 선뜻 답하지 못한다. 오히려 그 단어가 입에 붙을수록 불편해진다. 마치 내가 무언가를 포장해서 보여줘야 하는 사람처럼 느껴지기 때문이다. 나는 그저, 내 이야기를 사람들에게 들려주고 싶었고, 누군가에게 도움이 될 수 있기를 바랐던 사람일 뿐이다.

처음부터 그랬다. 매장을 오픈할 때도, 콘텐츠를 만들기 시작했을 때도, 누구보다 솔직했다. 잘되는 척하지 않았고, 잘나가는 모습을 연출하려고 하지도 않았다. 힘들면 힘들다고 말했고, 잘 안 풀리는 날엔 그런 날이라고 기록했다. 그런 나의 솔직함에 사람들이 반응했다. 무언가 대단한 전략이나 스킬이 있었던 게 아니다. 나라는 사람 자체에 공감하고, 그 진심을 믿어준 것뿐이었다.

그래서 지금도 말하고 싶다. 브랜드를 만든다는 것은, 뭔가를 포장하는 일이 아니다. 브랜드라는 단어로 자신을 감싸기 시작하면, 오히려 그 안에 있는 '나'가 사라지기 쉽다. 나는 그런 함정을 여러 번 경험했다. 주변에서 "이제 대표님도 브랜드화하셔야죠", "캐릭터가 필요해요", "페르소나를 구축해야 합니다"라고 말할 때마다, 그 말들이 점점 나를 멀어지게 했다. 내가 아닌 누군가가 되기를 강요받는 듯한 기분이 들었다.

그때 나는 질문을 바꿨다. '브랜드가 무엇이냐'가 아니라, '내가 왜 이 일을 하고 있느냐'로. 그러자 명확해졌다. 나는 내가 진심으로 좋아하는 일, 사람들과 나누고 싶은 이야기, 그리고 내가 먼저 살아낸 실패와 경험들을 전하고 싶어서 이 일을 하고 있었다. 그게 내가 가진 전부였고, 그 안에 어떤 '브랜드 전략'도 들어 있지 않았다.

요즘 많은 사람들이 브랜드를 만들고 싶다고 말한다. 그런데 그들이 원하는 건 대개 유명세다. 팔로워 수를 늘리고, 조회 수를 높이고, 누군가가 알아봐 주는 삶. 물론 그게 나쁘다는 건 아니다. 하지만 내가 보기에 진짜 중요한 건, 그런 외부의 수치가 아니라 내가 '계속할 수 있는가'다. 내가 이 일에 진심일 수 있는가, 내가 만든 말과 콘텐츠를 스스로도 믿을 수 있는가.

지속 가능한 브랜드는 거창하거나 화려하지 않다. 오히려 자기자신을 잘 지키는 사람에게서 나온다. 나는 이런 말을 종종 한다. '내가 나를 버티게 할 수 있을 때, 남도 함께 버틸 수 있다.' 브랜드도 마찬가지다. 나 스스로 지치고 무너지면 브랜드는 그 자리에서 멈취 버린다. 나라는 사람의 무게를 감당할 수 있을 때, 비로소 내 말과 일이 설득력을 가진다.

내가 브랜드를 만든 것이 아니라, 나라는 사람의 삶이 브랜드가 되었을 뿐이다. 그리고 그 브랜드는 매출을 만들어내는 것보다, 나를 살아가게 만들고, 사람들과 연결되게 만든다. 나는 여전히 브랜딩이 뭔지는 잘 모르겠다. 하지만 내가 아는 한 가지는 있다. 진심을 다해 나라는 사람을 살피고 지켜낼 수 있다면, 그 자체가 브랜드로 기억된다는 것. 그리고 그 브랜드는 쉽게 흔들리지 않는다.

그래서 나는 말하고 싶다. 나를 지키는 브랜드가 진짜다. 거창하게 보이려고 애쓰지 않아도 된다. 이미 당신의 하루, 당신이 쌓아온 삶의 무게, 그리고 그 안에 있는 수많은 이야기들이 바로 브랜드다. 그걸 먼저 믿고, 지켜내는 것. 그게 우리가 진짜 해야 할 일이다.

지금 당신이 뭘 하든, 어떤 일을 하든, 당신 스스로에게 물어보자. "나는 지금 나를 지키고 있는가?" 그 질문에 고개를 끄덕일 수 있다면, 당신은 이미 진짜 브랜드를 만들고 있는 중이다.

# 브랜드는 나의 자존감이다

어떤 시점부터였을까. 브랜드라는 단어를 들으면, 단순히 사업을 운영하는 수단이나 마케팅 전략이 아닌, '내 자존감'이라는 생각이 먼저 떠올랐다. 그리고 그것은 내가 이 일을 계속할 수 있게 해주는 가장 큰 동력 중 하나였다. 브랜드를 만든다는 건 결국 나라는 사람을 믿고 밀어붙이는 일이었다. 세상이 어떻게 변하든, 결과가 어떻든, 나 스스로를 흔들리지 않게 붙잡아 주는 중심이 필요했고, 그게 바로 나만의 브랜드였다.

처음부터 그랬던 건 아니다. 한때는 내 브랜드가 없다면 아무것도 아닌 것처럼 느껴졌다. 팔리는 제품 하나 없이, 누군가가 나를 알아봐 주지도 않고, 내가 하는 일이 시장에서 주목받지 않을 때는 그저 조용히 사라지고 싶었다. 나는 그저 하나의 계정, 하나의 사업자 번호에 불과한 느낌이었다. 사람들이 나를 보지 않으면, 내 브랜드도 없는 것 같았고, 내가 사라진다면 세상은 아무 일도 없었던 듯 흘러갈 것 같았다.

하지만 그 모든 무기력함 속에서, 아주 작은 순간들이 내 마음을 붙잡아 주곤 했다. DM으로 날아온 한 통의 메시지, "대표님 글 보고 힘이 났어요." "그때 말씀 기억나서 견딜 수 있었어요." 사실 나는 그 글이 누군가에게 힘이 될 거라고 기대하고 쓴 게 아니었다. 그냥 내가 지나온 감정의 잔해들을 정리하고 싶었고, 그게 습관이 되어버렸을 뿐이었다. 그런데 그런 기록들이, 누군가에겐 삶을 다시 움직이게 하는 동력이 되어 돌아오는 걸 보고 깨달았다. 내가 쌓아온 브랜드는 결국 내가 쓴 말, 내가 보인 태도, 내가 꾸준히 살아낸 일상 그 자체였다는 것을.

브랜드는 외적인 게 아니다. 예쁜 로고나 통일된 피드만으로는 절대 지속되지 않는다. 브랜드는 내가 어떤 말과 행동을 일관되게 해왔는가에 따라 쌓여간다. 그리고 그 브랜드는 바로 나 자신과의 약속이기도 하다. 내가 나에게 부끄럽지 않기 위해 유지하는 것. 내가 내가 되기 위해 붙잡고 살아가는 힘. 누군가는 브랜드를 자산이라고 말하지만, 나는 자존감이라고 말하고 싶다.

살면서 자존감이 바닥나는 날이 있다. 잘못된 선택 하나로 몇 년을 돌이켜야 하는 경우도 있다. 나는 그 시절을 안다. 모든 걸 다 내려놓고 싶었던 시기, 말 그대로 망하기 직전까지 갔던 경험이 있다. 그때 나를 다시 세운 건 '브랜드'가 아니라, '내가 만든 브랜드를 지켜야 한다'는 자존감이었다. 아무도 모를지언정 나는 내가 어떤 사람인지 알고 있었고, 그 정체성을 놓치고 싶지 않았다. 그렇게 매일 조금씩 다시 시작했고, 어느새 예전보다 더 단단한 사람이 되어 있었다.

내가 만든 브랜드는 나를 평가하는 잣대가 아니다. 그것은 나를 증명하는 과정이며, 살아온 날들의 결과물이다. 누군가의 평가에 흔들릴 이유도 없고, 트렌드에 휘둘릴 필요도 없다. 나는 내가 해온 일을 누구보다 잘 알고 있고, 그것이 결국 나라는 사람을 설명해주는 가장 진실한 언어라는 것을 믿고 있다. 그 브랜드는 어떤 미사여구보다 진하게 남는다.

자존감이란 결국 내가 나를 믿는 마음이다. 그 믿음을 브랜드로 증명해내는 것, 그것이 내가 지금껏 사업을 하며 배운 전부다. 누군가는 나에게 물을 수도 있다. 브랜드를 어떻게 키웠냐고, 어떤 전략이 있었냐고. 그때마다 나는 웃으면서 말할 것이다. "내 자존감을 지키는 데 집중했을 뿐이에요." 그 이상도 이하도 아니라고.

그리고 지금 이 글을 읽고 있는 당신에게도 말하고 싶다. 브랜드가 어렵게 느껴진다면, 자존감부터 챙겨보라고. 내가 매일 반복해 살아가는 작은 습관들, 말투, 태도, 인내심, 사람을 대하는 방식이 결국 당신만의 브랜드다. 누구와도 같을 수 없는, 당신만의 고유한 무늬가 된다.

당신이 브랜드를 만드는 것이 아니라, 당신이 바로 브랜드라는 사실. 그걸 잊지 않길 바란다. 브랜드는 매출이 아니라, 나를 지켜내기 위한 장치다. 그리고 그 장치가 결국 당신을 끝까지 버티게 해 줄 것이다.

브랜드는 곧, 당신의 자존감이다.

# 100 끝이 보이더라도, 나는 또다시 시작할 것이다

사업을 시작한 지 8년이 지났다. 그 안에 수많은 시작이 있었고, 그만큼 많은 끝도 있었다. 처음에는 몰랐다. 일이 끝나면 끝나는 줄 알았다. 무언가가 무너지면 내 인생도 무너지는 줄 알았다. 하지만 살아보니 꼭 그렇지만은 않았다. 끝이 오는 순간은, 항상 또 다른 시작의 입구였다. 지금 이 책의 마지막 챕터를 쓰고 있는 이 순간처럼 말이다.

나는 한때 운이 좋았다. 마치 로또라도 맞은 것처럼, 사업 초반부터 성과가 났고, 돈이 몰려들었다. 그 시절엔 잘되는 것이 너무 당연했다. 내가 잘해서 그런 줄 알았고, 계속 그렇게만 갈 줄 알았다. 그런데 그건 잠깐이었다. 성과가 정점을 찍고 나자, 이유도 모른 채 내리막길이 시작됐다. 모든 게 허무할 만큼 순식간이었다. 숫자는 떨어졌고, 직원은 떠났으며, 나는 무너졌다. 한 번도 생각하지 못했던 깊이까지 떨어져 봤다.

그런데 그 끝에서, 나를 다시 일으킨 건 놀랍게도 내 과거였다. 실패조차도 지나고 나니 자산이었다. 잘된 적 있었던 과거, 잘하려고 애썼던 기록, 그동안 만들어온 관계, 진심을 담았던 말들. 그 모든 것들이 부스러기처럼 모여, 나를 다시 지탱해 주었다. 과거의 내가 지금의 나를 구한 것이다.

그래서 나는 이제 두렵지 않다. 다시 끝이 온다 해도, 나는 또다시 시작할 수 있다. 끝이라고 생각했던 순간마다 새로운 시작이 나를 기다리고 있었고, 그 시작은 늘 이전보다 나은 방향으로 나를 이끌었다. 세상은 나를 밀어내는 것처럼 보였지만, 실은 내가 내 자리로 가는 길을 열어 준 것이었다.

사람들은 자주 묻는다. "이제 다 잘되시잖아요?" "이젠 괜찮으시죠?" 나는 그 말에 항상 애매하게 웃는다. 겉으론 괜찮아 보여도, 사실 여전히 매일이 시작이고, 여전히 무섭고, 여전히 불안하다. 하지만 이제는 안다. 그 불안이 나를 다시 움직이게 하는 연료라는 것을. 불확실함은 나를 긴장시키고, 긴장은 나를 살아 있게 한다. 나는 그 감각을 이제 외면하지 않는다. 오히려 꼭 껴안고 간다. 왜냐하면 그 속에 또 다른 시작이 있으니까.

이 책을 통해 100개의 이야기를 나눴다. 실패도 있었고, 시행착오도 있었고, 간절함도 담겼다. 하지만 이건 어디까지나 '지금까지'의 기록이다. 나도 여전히 가는 중이고, 이 기록은 이제 또 다른 이야기의 문이 될 것이다. 챕터100은 이 책의 마지막일지 몰라도, 내 삶에선 또 다른 챕터 1이다.

우리는 흔히 끝을 무서워한다. 하지만 사실 끝은 무서운 게 아니다. 끝이 없다고 믿는 것이 더 위험하다. 언제든 끝날 수 있다는 사실을 인정하는 사람만이, 지금을 진짜로 살아낼 수 있다. 나는 이제야 그걸 깨달았다. 그래서 나는 끝을 받아들이는 법을 배웠고, 그 끝에서 다시 처음처럼 눈을 뜬다.

혹시 지금 이 글을 읽고 있는 당신이 끝이라고 느끼는 순간에 서 있다면, 진심으로 말해주고 싶다. 당신은 끝에 있는 것이 아니다. 당신은 또 다른 시작선 앞에 서 있을 뿐이다. 나는 그걸 너무도 잘 안다. 그러니 한 걸음만 더 내디뎌 보자. 단 1mm라도 앞으로 나아가자. 그러다 보면 분명, 당신만의 1이 열릴 것이다.

나는 앞으로도 또다시 무너질지 모른다. 일이 잘못될 수도 있고, 예측하지 못한 상황이 닥쳐올 수도 있다. 하지만 그때마다 나는 다시 시작할 것이다. 그게 내가 이 일을, 이 삶을, 이 업을 사랑하는 방식이다.

끝이 보이더라도 나는 또다시 시작할 것이다. 그리고 언젠가, 당신과도 그 시작을 나눌 날이 오기를 진심으로 바란다.

# 나는 실패를 팔아 150억을 벌었다

100일이었나요, 100주였나요. 저와 함께한 이 여정은 어떠셨나요.

많은 사람들이 저를 찾아옵니다. 아마도 '150억'이라는 숫자를 봤기 때문일 겁니다. 그리고 저를 직접 만나면 누군가는 실망을, 누군가는 안도를 합니다.

"어마어마해 보였는데… 그냥 사람이었네."

맞습니다. 저는 그냥 사람입니다. 먼저 이 숫자에 대해 솔직히 말씀드리겠습니다.

'150억을 벌었다'는 말이 누군가에겐 과장처럼 들릴 수도 있습니다. 또 누군가는 이렇게 묻고 싶을지도 모릅니다. "매출인가요? 순이익인가요? 증명할 수 있나요?" 이 책에서 말하는 150억은 몇 년에 걸쳐 만든 누적 매출의 기록입니다. 온라인 사업을 하다 보면 연

매출 20~30억을 만드는 사람들은 생각보다 많습니다. 하지만 그 흐름을 몇 년간 유지하는 사람은 많지 않습니다.

저 역시 4억부터 시작해 16억, 32억, 39억으로 올라가며 꿈꿔왔던 것들을 하나씩 이뤄봤습니다. 좋은 사무실도 써 보고, 직원 20명과 함께 일도 해 보고, 원하던 것들을 가져보기도 했습니다. 하지만 동시에 하고 싶어도 하지 못한 것들, 만나고 싶어도 멀어진 사람들, 버려야 했던 선택들도 많았습니다. 성장은 얻는 것만큼, 잃는 것도 많다는 사실을 그때 배웠습니다. 이 책은 자랑하기 위해 쓴 책이 아닙니다. 대단해서 쓴 책도 아닙니다. 지극히 평범한 사람이 열심히 하다 보니 올라가기도 하고, 무너지기도 하고, 다시 일어나 보려고 애쓴 기록입니다.

망해도 보고, 모든 게 악몽처럼 느껴지는 날도 있었고, 출근하기 싫어 도망치고 싶던 날도 많았습니다. 직원들 얼굴 보기가 괴롭던 날도 있었고, "그만할까"를 수없이 되뇌었습니다. 그런데 이상하게도 실패가 쌓이기 시작하자 이전에는 보이지 않던 것들이 보이기 시작했습니다. 만날 수 없던 사람을 만나고, 할 수 없던 일을 하게 되고, 상상도 못한 기회를 맞이하게 됐습니다.

돈을 좇았을 땐 무언가를 잃고 있다고 느꼈습니다. 하지만 실패를 기록하고 팔기 시작하면서 저는 오히려 많은 것을 얻게 되었습니다. 그래서 이 책의 제목을 〈나는 실패를 팔아 150억을 벌었다〉라고 지었습니다.

이 말은 돈 자랑이 아니라, "실패를 숨기지 않고 드러내면 그 자체가 자산이 된다"는 고백입니다.

많은 사람을 만나며 배운 교훈이 하나 있습니다. 나는 나 자체만으로도 이미 위대하다. 제가 만난 사람들은 모두 지문처럼 각자의 스토리를 가지고 있었습니다. 각자의 무기를 가지고 있었습니다. 그런데 잘되지 않는 사람들의 공통점이 있습니다. 자기 무기를 들고 있으면서도 타인의 무기를 부러워합니다. 반대로 잘되는 사람들은 자기 무기가 무엇인지 정확히 알고 그 위에 타인의 무기를 얹을 수 있는 '시스템'을 만듭니다. 사업도, 인생도, 심지어 오늘 제 기분도 생각보다 단순합니다. 우리는 자꾸 밖을 봅니다. 흐름을 좇고, 트렌드를 좇고, 남들이 무엇을 하는지 바라봅니다. 그러다 정작 '나'를 놓칩니다.

– AI로 돈을 어떻게 버는가? → 나는 AI로 어떻게 벌 것인가?

– 온라인 사업이 돈이 되는가? → 내가 하는 온라인 사업은 어떻게 해야 돈이 될 것인가?

질문에 '나'를 붙이는 순간 인생은 복잡함에서 단순함으로 바뀝니다.

프롤로그에서도 이야기한 것처럼, 이 책의 원래 제목은 〈활어〉, 살아있는 언어였습니다. 저는 이 책이 종이에서 끝나지 않기를 바랍니다. 그래서 이번 챕터의 마지막에 '윤 대표 AI'로 연결되는 QR 코드를 담았습니다.

책을 덮는 순간 대화가 끝나는 구조가 아니라, 책을 덮은 후에도 힘든 날, 결정이 어려운 날, 다시 시작해야 하는 날, 우리가 함께 이야기할 수 있는 구조를 만들고 싶었습니다.

저는 완벽한 사람이 아닙니다. 지금도 실패하고 있습니다. 지금도 배우고 있습니다. 하지만 기록하고, 공유하고, 대화하는 사람입니다. 이 책을 읽은 당신이 100일이든 100주든, 자신만의 여정을 걸어가다 어느 날 멈춰 서게 된다면, QR코드를 열고 다시 질문을 던져 주세요. 이 책은 여기서 끝나지만, 이야기는 끝이 아니라 계속 살아 숨 쉬길 바랍니다.

감사합니다.

윤동규

# 나는 실패를 팔아 150억을 벌었다

ⓒ 윤동규(메이크패밀리)

초판 1쇄 인쇄 2026년 3월 20일

**지은이** 윤동규
**기  획** 조영훈
**디자인** STUDIO 보글
**마케팅** 정호윤, 김민지, 김은주, 송유경, 최서환
**펴낸곳** 모티브
**이메일** motive@billionairecorp.com

ISBN 979-11-24370-15-5  03190